Wolfgang Meisenheimer

Choreografie des architektonischen Raumes.

Das Verschwinden des Raumes in der Zeit.

Liebe Freunde,

endlich, ein paar Jahre zu spät - ich weiß! - schicke ich Euch meine „choreographischen Notizen".
Wir hatten in der Zeit unserer schönsten Begegnungen die Sprache des Gebauten als eine Art „Szenerie" entdeckt, die unsere Gespräche, Spaziergänge und Träume in bestimmten Einstellungen umgab. Und wir wollten nicht loslassen von der Idee, die Formen der Architektur seien gestisch zu verstehen, Bewegung und Raum seien in ihren Elementen und den Systemen ihrer Kombinatorik miteinander verknüpft. Gerade das Zauberhafte der Orte schließe sich auf, wenn man von den Gesetzmäßigkeiten der Überlagerung mehr wüßte. Das Wissen sollte uns am Genuß nicht hindern, die Erkenntnis nicht das Erlebnis verderben, der Kopf nicht das Fühlen im Bauch.
So ist dieses Buch als Ideensammlung entstanden, aber es geht sehr wohl von der Erfahrung aus. (Wir waren skeptisch gegenüber Ideengebäuden, die NICHT von Erfahrungen ausgingen, sondern von Begriffen...). Insbesondere von der Erfahrung, daß die Räume der Architektur nur unter dem Aspekt einer Handlung, nur von tatsächlichen oder möglichen Bewegungen her zu begreifen sind, sie müßten deshalb mit choreographischem Verständnis interpretiert, dargestellt und auch geplant werden. Zeit und Raum seien in der Architektur untrennbar miteinander verbunden, seien gewisse Anteile einer „Erlebnismolluske".
(Ich erinnere mich an diesen Ausdruck meines Vaters Jo, den er für solche vielschichtigen Erlebnisphänomene einsetzte...)
Alle anderen Parameter, Maß, Proportion, Anordnung der Nutzflächen, Tiefenraum, Konstruktion, Material etc., seien im Verhältnis zu dieser elementaren Erfahrung abstrakt und isoliert gedacht. Die Raum-Zeit-Erfahrung selbst aber sei unausweichlich, geradezu selbstverständlich erlebbar, wissenschaftlich allerdings kaum erforscht. Die Architektur ist unter diesem Aspekt dem Tanz, der Pantomime und den szenischen Künsten sehr nah. Ist doch der Ausdruck des gebauten Raumes im Hinblick auf Handlungen konzipiert, die wir ausführen, aber gleichwohl auch solche, die wir uns vorstellen...

Es ist, als wenn auch mein Buch aus solcher Erfahrung gelernt hätte. Es ist,
als wenn Ihr jeden Augenblick eintreten und auf den Trampelpfaden der Erfindung mit mir umhergehen könntet!

Inhalt

1

Die Gesten der Orte.
Orte als mimetische Positionen.

Die Gesten der Orte. Einführung.

Die einfachen Gesten: Urakte.

- 1.1 hiersein. jetzt hiersein.
- 1.2 hierher! dorthin!
- 1.3 Orte festlegen.
- 1.4 Steine errichten.
- 1.5 Orte, die den Himmel tragen.
- 1.6 Quellorte, Ursprungsorte, die Orte von Geburt und Tod.
- 1.7 Orte der Verkündigung.
- 1.8 Orte der Erinnerung.
- 1.9 Denkmale. Ehrenmale. Grabmale.

Die Orte im Haus.

- 1.10 Orte des privaten Lebens.
- 1.11 Der Tisch.

Die Orte der Stadt.

- 1.12 Die Brennpunkte der Stadt. Orte des öffentlichen Lebens.
- 1.13 Orientierungspunkte. Merkzeichen. Orte der Aufmerksamkeit.
- 1.14 Historische, museale, touristische Orte.
- 1.15 Temporäre Orte.

Kein Ort: nirgends.

- 1.16 Von der Aufhebung des Ortes.
- 1.17 Fahrende, schwimmende, fliegende Architektur.
- 1.18 Irgendwo zuhause außerhalb des Raumes.

2
Die Gesten der Wege.

Die Gesten der Wege. Einführung.

Anfang und Ende. Schwellenphänomene.
2.1 Der Anfang. Der allererste Anfang.
2.2 Das Ende. Der Abschluß.
2.3 Das Vorspiel. Die Ankündigung.
2.4 Vorräume. Das Vor- und Nachspiel in der Architektur.
2.5 Schwellen.

Schwellenphänomene.

2.6 Gebaute Schwellen.

Der gerade Weg.
2.7 Gehen. Architektur für den Fuß, für das Gehen.
2.8 Fahrradfahren. Schlittschuhlaufen.
2.9 Fahren. Gleiten. Rollen.
2.10 Architektur für das Fahren, Gleiten, Rollen.
2.11 Der Pfeil.

Die Richtung der Zeit. Die Nicht-Umkehrbarkeit der Wege.

2.12 zwischen ... hindurch! auf ... zu! an ... entlang! von ... weg! über ... hinwe
2.13 hinein! hinaus!

Krümmung. Wendung. Kurve.
2.14 Leibraum als Bewegungsraum.
2.15 nach rechts! nach links!
2.16 rechts! links! rechts herum! links herum!

2.17	um etwas herum! am Rand entlang!
2.18	Abbiegung. Verzweigung. Gabelung. Kreuzung.

Steigung. Gefälle. Auf und ab.

2.19	aufwärts! abwärts!
2.20	hinaufsteigen!
2.21	ans Licht: nach oben! zu den Göttern: nach oben
2.22	Aufstieg als Pathos-Motiv.
2.23	springen!
2.24	Ikarus-Motive der Architektur.
2.25	hinuntergehen! Abstieg. Absturz.

Verzögerung. Beschleunigung.

2.26	Verzögerung.
2.27	Beschleunigung.
2.28	Spannen. Entspannen. Rhythmusphänomene.
2.29	Der gebaute Rhythmus.

Sisyphus-Phänomene. Der unendliche Weg.

2.30	Spirale. Wirbel. Strudel.
2.31	Schleife. Falte. Knoten.
2.32	Technische Unendlichkeit. Maschinen-Ewigkeit.
2.33	Der ewig neue Anfang.
2.34	Seelenflüge. Flugträume.

3

Stille Szenen. Ruheräume.
Das Verschwinden der Zeit aus dem Raume.

Stille Szenen. Einführung.

Räume für den Rückzug ins Private.
- 3.1 Das Bett. Die Kuschelecke.
- 3.2 Räume für die Liebe. Räume für die Einsamkeit.
- 3.3 Räume für das intime Alleinsein.
- 3.4 Sauna. Räume für intime Geselligkeit.
- 3.5 Das Heim. Die Hütte. Das Wochenendhaus.
- 3.6 Die Sitzecke. Der stille Winkel.
- 3.7 Die Präsentationsnische.
- 3.8 Der intime Hof.
- 3.9 Die Grotte. Die Muschel. Die Mulde.
- 3.10 Die Falte. Die Buchtung. Die Schlucht.

Verwahren und Erhalten. Räume der Erinnerung.
- 3.11 Der Schrank. Die Truhe. Das Schatzkästchen.
- 3.12 Der Speicher. Der Keller. Das Lager. Die Scheune.
- 3.13 Der Schrein. Das Grab. Der Kenotaph.
- 3.14 Das Museum. Pathos-Szenen der Erinnerung.

Meditative Szenen.

3.15	Die Nacht. Urszene der Meditation.
3.16	Das Meer. Die Wüste. Das Himmelszelt. Die Weite der Natur.
3.17	Ins Innere der Erde. Höhlen.
3.18	Die Klöster. Die Kirchen. Große Gehäuse der Meditation.
3.19	Die Leere als Seelenlandschaft.
3.20	Erste Annäherung an das Erhabene.
3.21	Der Kreis, das Quadrat als meditative Grundmuster.
3.22	Mandalaformen.
3.23	Das Idyll. Räume für Träume.
3.24	Die Einrahmung der Innenwelten. Räume als Rahmen.
3.25	Hortus Conclusus: der Garten als Innenwelt.

Tote Räume. Räume der Ohnmacht.

3.26	Der Kerker. Das Verlies.
3.27	Trümmer, Asche: der verlorene Raum.

4

Erregte Szenen.
Unruheräume.
Die Auflösung des Raumes in der Zeit.

Erregte Szenen. Einführung.

Die Irritation der Form. Das Aufbrechen des Raumes.

4.1 Störfiguren in der Natur.
4.2 Störfiguren in der Technik.
4.3 Das Finden der Balance. Das Stören der Balance.
4.4 Gestaltirritationen. Der Fehler in einem regelmäßigen Muster.
4.5 Die Erregung der Haut als erotischer Ausdruck.
4.6 Textur. Die Haut das Materials.
4.7 Verkleidung. Verpackung. Dekor.

Räume für den flüchtigen Gebrauch.

4.8 Minutenarchitektur.
4.9 Bauten auf Zeit. Temporäre Architektur.
4.10 Die Trivialkultur der Straße. Schnellimbiss-Welt.
4.11 Die Szene um den Tisch herum ...

Der szenische Raum.

Tanz: Das Öffnen des Raumes durch gestische Bewegung.

4.12 Tänzerische Momente des gebauten Raumes.
4.13 Pulsation. Rhythmusphänomene.
4.14 Körpergestik als Gestaltungsmotiv.

	4.15	Gerüst, Gerät, Maschine als „architektonische Bilder".
	4.16	Augenillusionen, perspektivische Spiele.
	4.17	Mehrdeutigkeit als Stimulans: Nicht-Eindeutigkeit. Nicht-Simultaneität
	4.18	Das Prinzip Zufall.
	4.19	Theaterräume. Bühnen. Kulissen. Szenische Bilder.

Rausch. Der verrückte Raum.

Action, action! Die Ewigkeit des Flüchtigen.

	4.20	Die Lösung des Ich aus dem Raume.
	4.21	Labyrinthe. Irrgärten.
	4.22	Knicken. Kippen. Brechen.
	4.23	Spiegel. Anamorphosen. Illusionistische Verwirrung.
	4.24	Die Aufhebung der Orte. Das Verschwinden des Raumes.
	4.25	Der Mythos Fliegen! Abheben! Auflösen! Ikarusmotive.
	4.26	Das Rasen der Maschine als Ausdrucksmotiv.
	4.27	Architektur, Fahrzeug, Flugzeug.
	4.28	Die Potenzierung der sinnlichen Reize. Die Grenze zum Wahnsinn.

Skizze zu einer Katastrophen-Theorie.

	4.29	Apokalypse. Zersplittern, Zerbrechen als Schauspiel.
	4.30	Verbrecherische Aufhebung des Raumes.
	4.31	Explosion. Implosion. Heilige Raserei.
	4.32	Ekstase. Der Sprung aus dem Raum in die Zeit.

Einleitung

Baukörper und gebaute Räume wirken suggestiv anregend oder auch langweilig, herausfordernd, beruhigend usw. auf uns, besonders dadurch, daß sie mit unserem Körpergefühl korrespondieren, d.h. mit unserer Vorstellung vom Leib, seiner Gestalt und seinen möglichen Bewegungen. Die Architektur wird spontan als Gegen-Welt und Um-Welt des Körpers erlebt. Die Ordnung des Leibes - sein Rhythmus, seine figurative Gestalt und insbesondere das Repertoire seiner Ausdrucksbewegungen - bildet den dynamischen Hintergrund für das Erlebnis der Architektur. Das Wahrnehmen und Benutzen der gebauten Dinge, das Genießen, Erleiden, Messen, das Darstellen, Machen und Verändern, alle diese Vorgänge haben den Charakter von Handlungen. Die Gestalt- und Bewegungsstrukturen des Körpers treten in Verbindung mit denen der gebauten Räume. Erkenntnisvorgänge ganz allgemein, selbst einfachste Wahrnehmungen, sind aktuale Ereignisse, sie führen durch Handlungen zu einem Ergebnis, - auch die Erkenntnis der Architektur.

In diesem Sinne ist jede Architektur szenisch, - nicht nur die Bühnenarchitektur. Die gebauten Dinge lassen uns agieren, auch wenn wir als Betrachter an einem Ort verharren, selbst dann, wenn wir die Betrachtung auf einen einzigen Anblick (auch z.B. ein Foto) beschränken: unser Körper setzt sich in Bezug zu diesen Objekten, er mißt sie, verteilt sie, er dringt in sie ein.

Wahrnehmende Körperbewegung ist die Ur-Erkenntnis, spontan, komplex, gelenkt vom vitalen Interesse. Die Augen sind ebenso beteiligt wie der Schweresinn, die Tastempfindung ebenso wie das Bewegungsinteresse unserer Glieder: der Körper erzeugt mit seinem synchronen Instrumentarium eine raumzeitliche „Frage-Situation". Seine Rolle ist in der Szenerie der Objekte sofort mitgemeint, ohne ihn ist Architektur weder erlebbar noch erkennbar.

Das Architektur-Körper-Verhältnis ist nicht abbildhaft-statisch, vielmehr fluktuierend, tastend, von Suchbewegungen abhängig. Beim Erleben, beim Wahrnehmen von gebauten Dingen versucht der Körper, seine bevorzugten und vertrauten Bewegungsstrukturen einzusetzen. Ein guter Entwerfer versucht, im architektonischen Projekt diese Erlebnismöglichkeiten des Körpers zu berücksichtigen.

In der Tür ist das Gehen vorweggenommen und erkennbar, im Fenster das Hinausblicken, - ob diese Möglichkeit nun in physische Wirklichkeit umgesetzt wird oder nicht. In diesem Sinne versteht die amerikanische Philosophin Susanne K. Langer (Feeling and Form) Architekturraum als „virtuellen Lebensraum". Ein Leben-der-Möglichkeit-nach, das sich im Gebauten andeutet, ist für sie der Inbegriff des architektonischen Ausdrucks. Das Gebaute spricht etwas Vorhandenes aus und deutet zugleich etwas Zukünftiges an. Es enthält in sich Bedeutungsqualitäten, die rückwärts verweisen: z.B. gibt es Auskunft über archaische topoi sowie über die Bedingungen seiner Entstehungszeit, über Bauherren, Architekten und die Umstände seiner Geschichte. Es enthält andererseits Bedeutungsspuren, die vorwärts verweisen ins Mögliche, noch nicht Geschehene hinein. Da der Körper „in Bewegungen denkt", da er seine Erkenntnis niemals starr übernimmt, sondern immer in eingeübten „Suchgesten", halte ich es für reizvoll und zugleich lehrreich, die Architektur nach gestischen Qualitäten zu befragen, d.h. nach den Gestaltqualitäten, die mit Ausdrucks-Bewegungen des menschlichen Körpers korrespondieren. Gibt es doch bei der Architektur-Analyse wie beim Architekturentwurf nichts Elementareres als Raum-Bewegung-Zusammenhänge. Alle anderen Aspekte sind vergleichsweise abstrakt und sekundär: Maße, Proportionen, Formfragen, Materialkombinationen, Licht, Tragwerk, Stilmerkmale usw.

Was nun diese Sammlung und ihre Systematik betrifft, so bleibe ich ein wenig skeptisch. Einmal, weil die gemeinten Phänomene ganz und gar ohne Worte auskommen, weil ihre Ordnungen von anderer Art sind als die der Worte. Und auch, weil es neben der elementaren Codierung der Architektur, die wohl alle Menschen in allen Ländern der Erde verstehen, unendlich viele kulturelle Varianten und Ergänzungen gibt, die sich voneinander abheben und sogar widersprechen können. Es ist unmöglich, diese Vielfalt zu erfassen. Auch die Tatsache könnte uns mutlos machen, daß wir das wunderbare Zusammenspiel der Sinne nicht angemessen darstellen können, tun doch die Ohren, der Tastsinn, ja das Riechen mit, wenn der Körper seine Antworten auf die Architektur gibt ...
Dennoch, laßt uns den Versuch machen, eine knappe Sammlung von Raum / Zeit - Phänomenen anzulegen und sie zugleich typologisch zu ordnen. Tretet ein in diese Sammlung wie in ein neues RAUMLABOR!
Ein Schlüsselbegriff zugleich für die Darstellung von Leibesbewegung und korrespondierende Architekturformen ist „das Körperschema". Es handelt sich um das jedem Menschen in seiner Vorstellung gegebene Bild seines eigenen Körpers. Es liegt als figurative Gestalt und als Schema der Ausdrucksbewegungen allen Aktionen seines Leibes zugrunde.
Die figurative Gestalt ist durch die Saggitalebene bestimmt, die seinen Körper in zwei Hälften teilt: rechts und links. Vertikal aufgerichtet erhebt sich die Körperachse aus den Fußsohlen. Die Füße stehen unten fest auf der Erde, der Kopf erhebt sich unter dem Himmel.
Die beweglichen Glieder lösen sich aus der Vertikale des Körpers, bilden rechts und links charakteristische Silhouetten. Die Gestalt strahlt vorwiegend nach vorne aus, in geringerem Maße nach hinten, in noch geringerem seitlich. Das Achsenkreuz oben / unten, vorne / hinten, rechts / links ist dem Körpergefühl im Raum vorgegeben, wobei die Pole verschiedene Wertigkeit

haben. Als die Mitte des Systems wird die Brust empfunden (in anderen Kulturlandschaften eher der Bauch). Das stärkste Element im Körperschema ist wohl das „hier!", und dabei ist wohl vor allem das Oben/unten-Gefühl des Körpers gemeint, mein Bezug zur Erde. Dem folgt die Vorstellung der stehenden Figur, die nach vorn gerichtet vorgestellt wird, insbesondere auch die Vorstellung ihrer Achse, die Extremitäten rechts und links angeordnet.
Den Bewegungen des Körpers im Raum liegen Ordnungsschemata zugrunde, die auch dann im Körperbewußtsein mitgegeben sind, wenn sie nicht physisch ausgeführt werden. Und umgekehrt: die Formen der Architektur fordern den Körper zu bestimmten Haltungen und Bewegungen heraus, ob er sie nun de facto ausführt oder nicht.
Ich gehe davon aus, daß die Architektur primär durch den Bewegungssinn erlebt wird. Architektur ist zunächst ein Pendant des Leibraumes, eine Bühne für die Anordnung des Körpers und das Repertoire seiner bevorzugten Bewegungen.

Die architektonischen Kulissen müssen seit ein paar tausend Jahren so hergestellt werden, daß willkommene Bewegungsfiguren hineinpassen. Architektur gilt dann als besonders wirkungsvoll, wenn sie bestimmte Körperbewegungen nahelegt. Gute Architektur ruft Tanz hervor. Der Anstoß zu Körperbewegungen ist gerade der Gegenstand architektonischer Darstellung. Architektur ist „virtuelle Szenerie". Entwürfe sollten deshalb choreographische Züge haben, d.h. Zeitdimensionen müssen in die Komposition des Raumes einbezogen sein.
Neben dem ausdruckhaften, virtuellen Bewegungscharakter der Architektur ist die faktische, physikalische Bewegung von Bauten von untergeordneter Bedeutung. In den Frühzeiten der industriellen Revolution - zum dritten Mal auch heute wieder - lenkt die Faszination der maschinellen Arbeit zwar die Aufmerksamkeit auf die Möglichkeiten „objektiver" Bewegung

des Gebauten, auf das Drehen, Schieben, Flattern, Fliegen der gebauten Dinge, das Abheben von der Erde. Doch es bleibt ein Randphänomen der Architektur, - es sei denn, wir wären bereit, die Welt der Fahrzeuge als Teil der Architektur zu verstehen.

Allzulange ist die Architektur als eine der bildenden Künste betrachtet worden, als wäre der Bild-Charakter einer schönen Fassade, eines Grundrisses, einer Säule das Wesentliche ihrer Struktur. Die Ausbildung der Architekten - besonders bei der ehrwürdigen École-des-Beaux-Arts - hat diese Ansicht verstärkt: die Studenten wurden vor allem zu hervorragenden Zeichnern und Malern erzogen, die von ihren Rom-Reisen zauberhafte Ansichten, Schnitte und Detailzeichnungen mitbrachten. Es ging vor allem um Bild-Illusionismus. Die Reduktion der Architektur auf Bildwirkungen ist aber keineswegs ausgeräumt, wenn das Gebaute dreidimensional verstanden wird, d.h. durch Hinzufügen weiterer Koordinaten zu mehrdimensionalen Bildern. Was dabei völlig verlorenging (bei der Darstellung in der Lehre und im architekturtheoretischen Verständnis) ist die Tatsache, daß Architektur als Bühne für Bewegung konzipiert werden muß, d.h. choreographisch. Wir müssen herausfinden, daß es sich beim Bauen und Entwerfen um Konzepte handelt, die nicht eigentlich durch bildhafte Nebeneinander-Ordnungen dargestellt werden können.

Ich versuche, Freunde, den architektonischen Ausdruck vom Gestischen her zu verstehen. Der Zeitcharakter ist das Salz, das die räumlichen Formen würzt, Dimensionen, Proportionen, Figuren und Verteilungen. Darauf möchte ich Eure Aufmerksamkeit lenken, vor allem auf die möglichen Vorgänge im Gebauten, auf die virtuellen, vorgestellten Bewegungen, die den Raum ausdrucksvoll erscheinen lassen. Unser Thema ist der in Zeit aufgelöste Raum, die im Raum ausgebreitete Zeit.

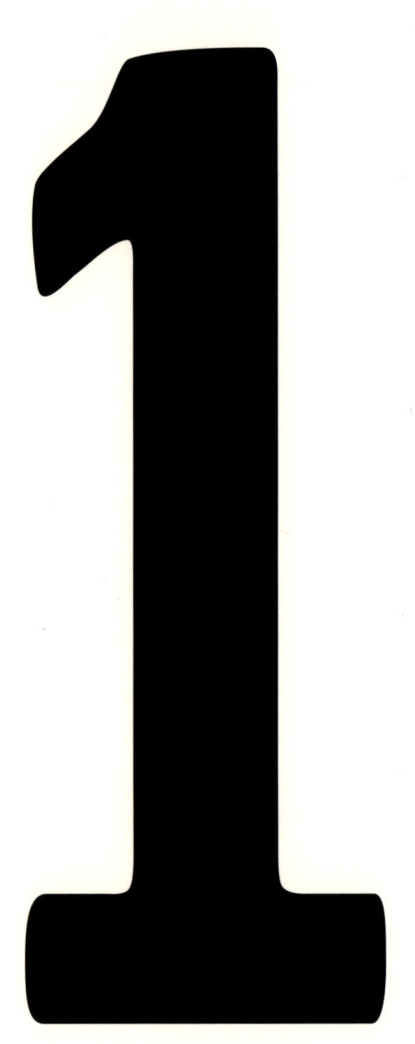

Die Gesten der Orte.
Orte als mimetische Positionen.

Die Gesten der Orte. Einführung.

Dieses Buch soll von Architektur und Bewegung handeln. Dennoch muß ich zunächst von Orten sprechen. Denn die Bestimmung der Orte ist die erste, die elementarste Arbeit beim Entwerfen und beim Bauen. Allerdings sind gebaute Orte keineswegs primär geometrische Bestimmungen im Nebeneinander des meßbaren Raumes. Sie sind eher zu verstehen als Stationen, bei denen die Vorgänge des Lebens innehalten. Die Qualität der Orte ist ebenso raum- wie zeitbezogen. Ihre Charakteristik betrifft vitale oder geistige Werte, funktionale Verknüpfungen, alles in allem: die raumzeitlichen Zusammenhänge unserer Umwelt. Wenn wir aber „Umwelt" und „Welt" (im Sinne von Max Scheler) voneinander trennen, so meint „Umwelt" das Netz des VITALEN Lebens, seine aktualen Abhängigkeiten als Funktionszusammenhänge von „Merken und Wirken" (J. v. Uexküll), dagegen meint „Welt" (eher pluralisch) die vielschichtigen Systeme von Formen und Symbolen, die der Mensch räumlich um sich ausgebreitet hat und schöpferisch weiter entwickelt. Wir leben in unserer Umwelt, gleichzeitig existieren wir in einer Welt, die wir gelernt haben zu entwerfen und auszubauen. Sowohl in den Umwelt- als in den Weltstrukturen spielen Orte bedeutsame Rollen. Ich werde Euch zeigen, auf welche Weise unsere Phantasie an ihnen hängt, wie das vitale Leben und das geistige sich auf Orte bezieht. Und wie man die Gewebe unserer Handlungen verstehen und ordnen lernt, wenn man sie als Systeme von Orten darstellt, die sinnvoll miteinander verknüpft sind.

Die architektonische Formulierung von Orten kann in verschiedener Art auf unsere Interessen bezogen werden. Manchmal sind ihre Charakteristika primär auf vitale und soziale Vorgänge bezogen, (z.B. bei Schlafplatz, Küche, Haustür, Gästezimmer etc.). Manchmal sind eher ideelle Verbindungen gemeint, (z.B. bei Denkmal, Dom, Litfaßsäule etc.). Bei anderen Realisierungen treten praktische und ideelle Zwecke gemischt und überlagert auf, (z.B. bei Theater, Grab, Schule, Stadtpark etc.). So kommt es, daß wir einige Orte spontan und ohne Vorwissen an ihrer Form, Lage etc. erkennen (Wetterschutzdach, Brücke, Schlafplatz etc.), andere - und das sind bei weitem die meisten - müssen interpretiert, entschlüsselt und an symbolischen Merkmalen erkannt werden. Immer aber sind es Handlungszusammenhänge, die in dieser Erkenntnis aufleuchten.

Tätigkeiten und Vorgänge, vergangene oder zukünftige, liegen dem Verständnis aller architektonischen Orte zugrunde. Bestimmte Bewegungen des Leibes beziehen sich auf solche vergangenen und zukünftigen Handlungszusammenhänge. Architekturformen sind darauf angelegt, an sie zu erinnern, sie zu stimulieren, sie herauszufordern oder lediglich von ihnen zu „reden". Sie sind für uns Orte des Beginns, Ziele, Brennpunkte bestimmter Erwartungen, Merkzeichen und Wege-Knoten. Auch die „großen Orte" des Lebens, die Geburtsorte, Sterbeorte, die Ursprungsorte von Religionen, die Zufluchtsorte, die Sammelpunkte der Flüchtlinge, der Betenden usw. sind Bewegungen, mit Reisen, mit Vorgängen der Annäherung und Verteilung, d.h. mit Handlungen verknüpft.

Die „Aufladung" der Orte als Brennpunkte bestimmter Ereignisse, geschieht zu bestimmten Zeiten, regelmäßig oder unregelmäßig über den Tag und das Jahr verteilt. Es gibt Orte, die ihre szenische Qualität ständig zeigen, bei Tag und bei Nacht, ihre aktuale Macht tritt nicht nur hervor, wenn Nutzer sie faktisch beleben, sondern unabhängig von der Nutzung - immer, sie drücken in ihren Formen die möglichen Nutzungen beredt aus. Es ist erkennbar, was sie möglich machen. Das aber ist nicht selbstverständlich und nicht immer gegeben. Das architektonische Gesicht des Markusplatzes in Venedig zeigt mit dem schönsten Pathos auch nachts, in den stillsten Stunden, seinen Charakter als theaterhafter Raum, als Alltags- und als Festtagsbühne. Dagegen läßt der Jemma-el-Fna, der Marktplatz von Marrakesh, am Vormittag kaum ahnen, was gegen Abend aus ihm wird -; ein berauschendes Volkstheater. Es gibt also sichtbare und unsichtbare Orte; die Darstellung der Belebung des Raumes durch Architektur kann angestrebt und gelungen, aber auch nicht gewünscht, nicht erreicht und nicht gelungen sein. Mit anderen Worten: die erregenden Szenen des Lebens spielen sich beileibe nicht alle an Orten ab, die architektonisch gestaltet und erst recht nicht an solchen, die angemessen gestaltet sind. Aber umgekehrt: die gestalteten Orte, die großen und die kleinen, nützlichen und symbolischen, biologischen, sozialen und heiligen Orte, die durch Architektur markiert sind, sie sind Positionen in einem Bewegungsfeld, sie sind szenische Orte.

Die einfachen Gesten: Urakte.

1
■
1

hiersein. jetzt hiersein.

hiersein. jetzt hiersein.

1
2

hierher! dorthin!

hierher!

1
■
2

hierher! dorthin!

dorthin!

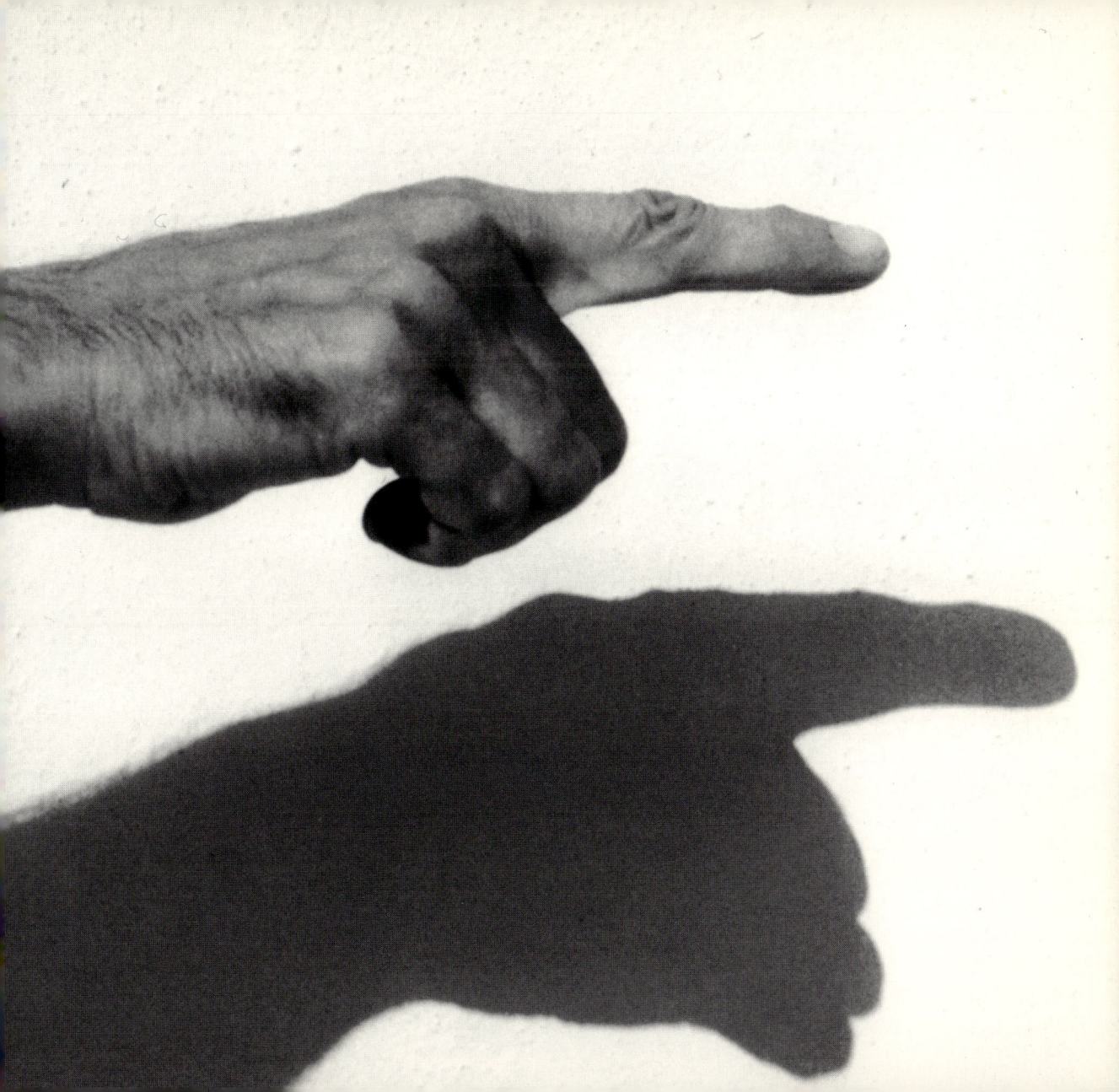

1
■
3

Orte festlegen.

Einen Ort festlegen.
Eine Stelle bezeichnen. Einen Platz besetzen.

Ich kenne keine einfachere Bestimmung räumlicher Qualität.
Von dieser Qualität müssen wir ausgehen, wenn wir über Architektur sprechen.
Hier will ich bleiben! Hier werde ich wohnen! Hier sterben!
Worte der Reiter. Worte der Bauern. Worte der Könige.
Erste Hinwendung zur Architektur.

1/4 — Steine errichten.

**Die einfachen Handlungen,
die notwendig sind,
das „Hier" in ein Bauwerk zu verwandeln.
Steine errichten, Pfähle einschlagen,
einen Berg aufschütten, einen Sockel...
Keine Architektur wird ohne Erinnerung
an diese einfachen Handlungen sein.**

Bauwerke als Hügel, Berge und Türme:
Orte, die den Himmel tragen.
Mit der Geste des Erhabenen
wird ein Ort aus der Zeit herausgehoben.
Statt der Veränderung des Lebens
erscheint das Bild einer Idee.
Nicht das Eintauchen in die Zeit,
vielmehr das Abstandnehmen von Hier und Jetzt
wird pathetisch dargestellt.
In die Gegenwart tritt Ewigkeit.

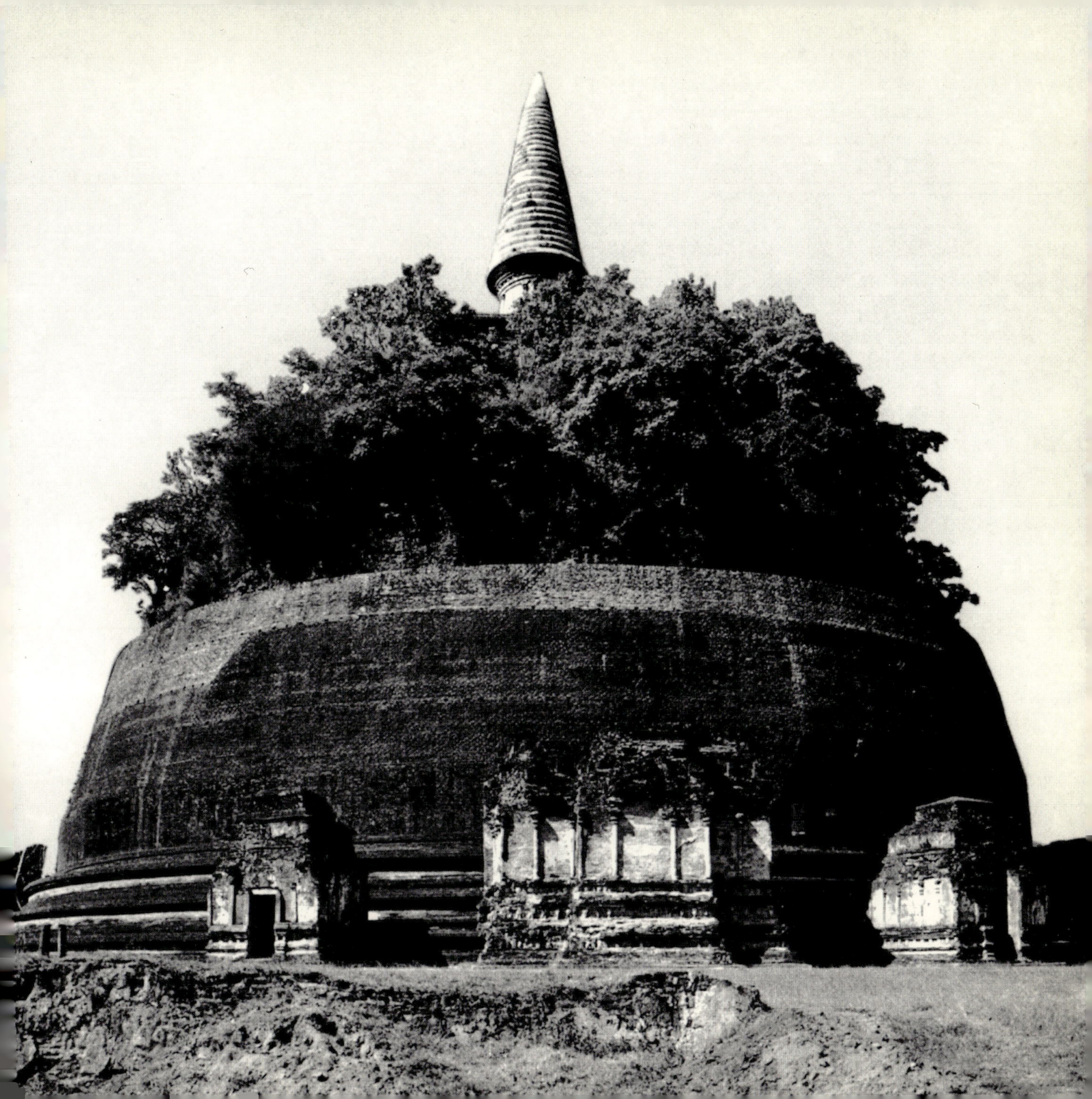

1
6

Quellorte, Ursprungsorte, die Orte von Geburt und Tod.

Teiche,
Quellen,
Höhlen,
heilige Berge:

Orte, an die Ursprungsmythen gebunden sind.

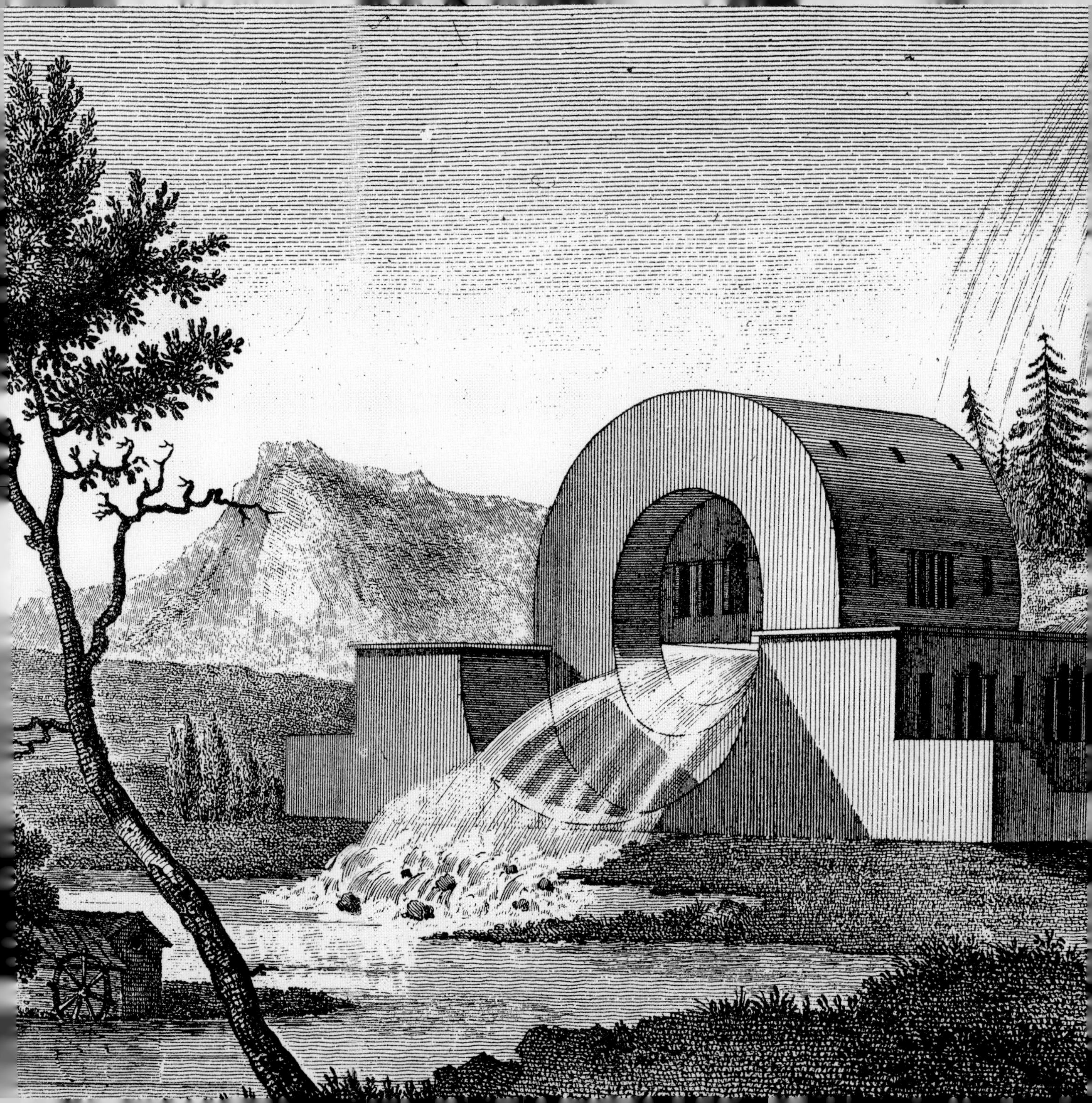

Es ist, als könnten wir an den Geburtsorten, den Sterbeorten der Großen ihre Bedeutung festmachen, die Entfaltung und die Macht ihres Geistes. Apollo, der unter einer Palme auf Delos geboren wird ▶ Christus in einem Stall von Bethlehem ▶ Empedokles, der in den Ätna springt ▶ Walter Benjamin, zu

Tode verzweifelt in einem Zollhaus der Pyrenäen ▶ Goethe in seinem Bett am Frauenplan, Weimar. Kostbar ist die Stelle der Entstehung eines Gedichtes, eines Romans, einer Liebe für den Dichter, für den Liebenden.

Und für seine Freunde.

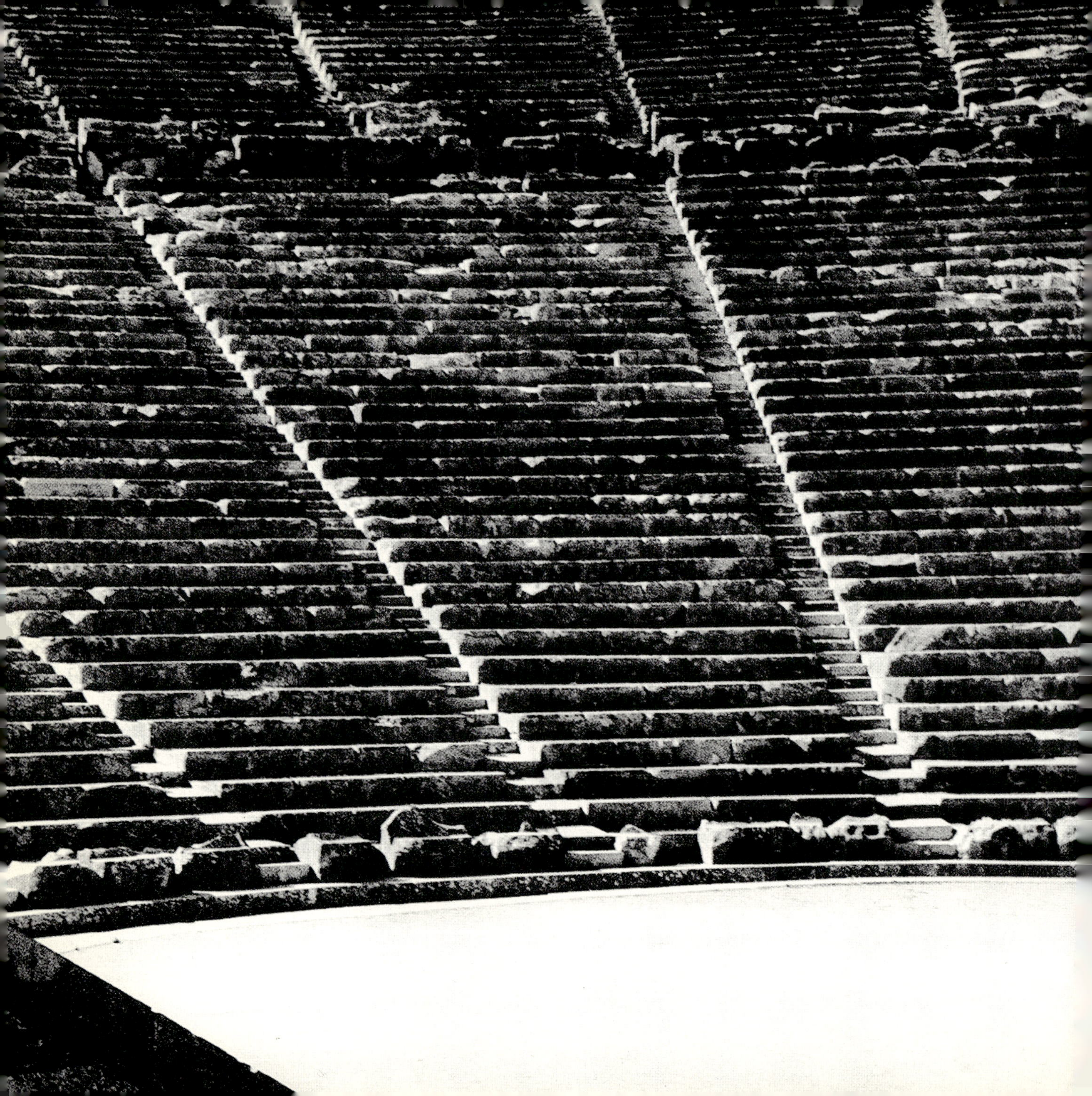

**Die kleinen Orte der Verkündigung:
der Platz des Erzählers,
der Stuhl des Partners,
der Platz am Kopf des Tisches.
Die großen Orte der Verkündigung:
Altäre, Kanzeln, Tribünen.**

Kleine und große Bühnen zur Verkündigung von Wahrheiten,
Erkenntnissen, Forderungen, Regeln, Machtansprüchen.
Bei den großen, raumgreifenden Formulierungen der Verkündigung
fällt die Architektur in die Haltung des Ausrufers.
Eine aussterbende Geste im Zeitalter
der elektronischen Nachrichten-Verbreitung?

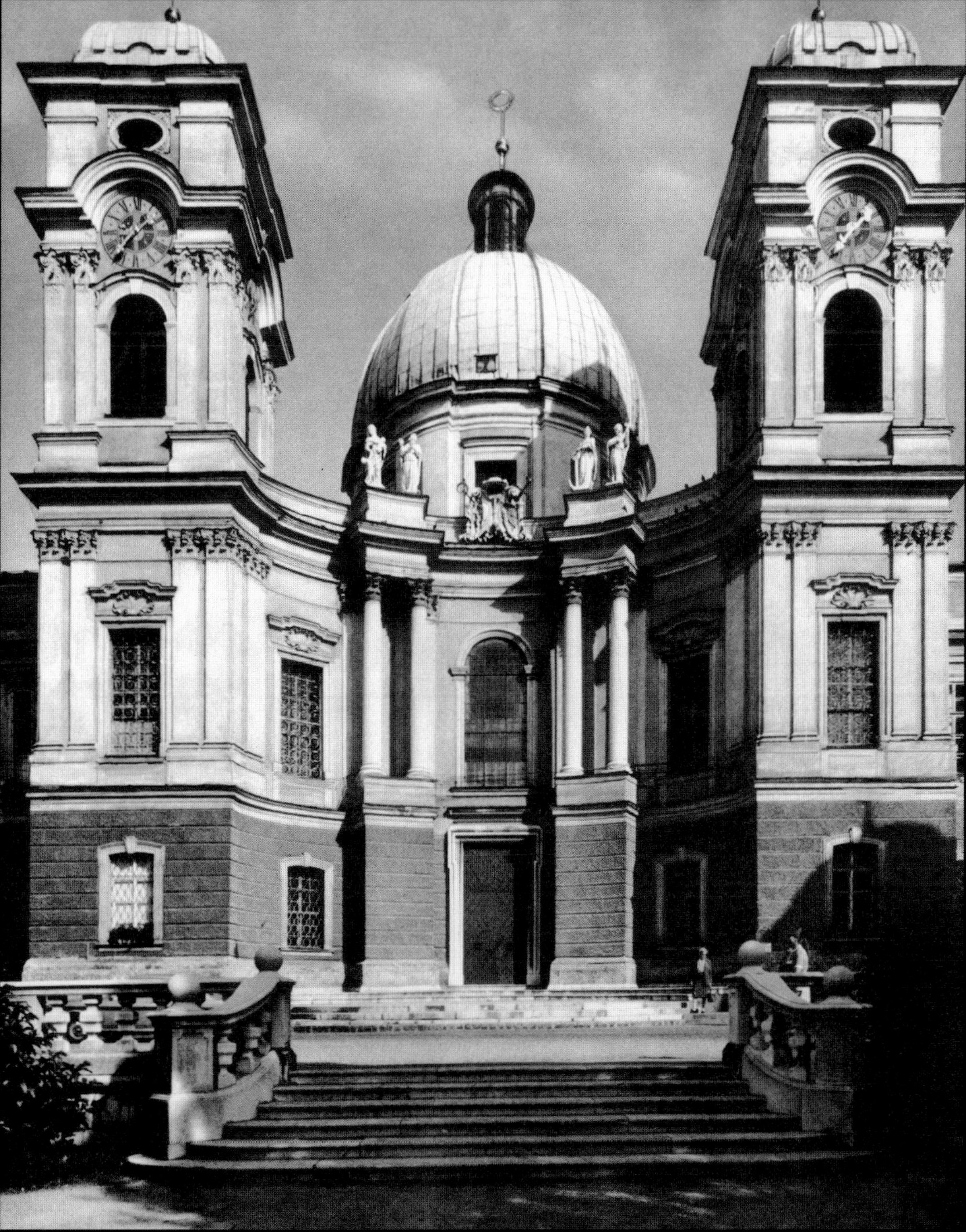

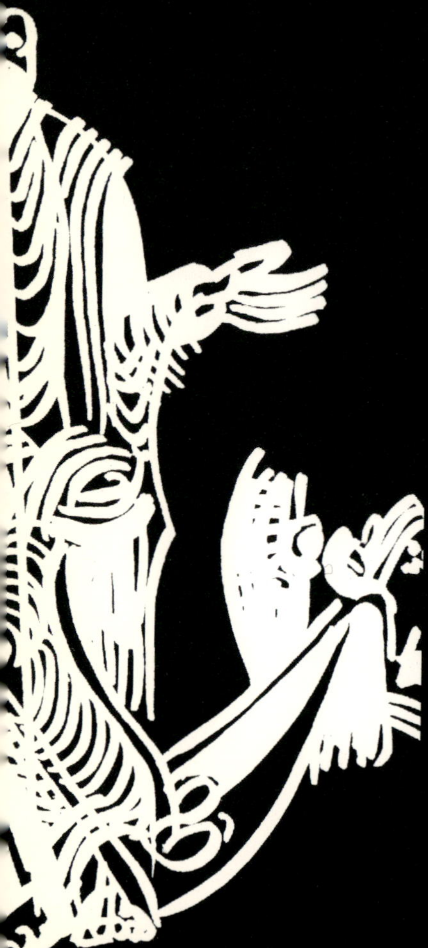

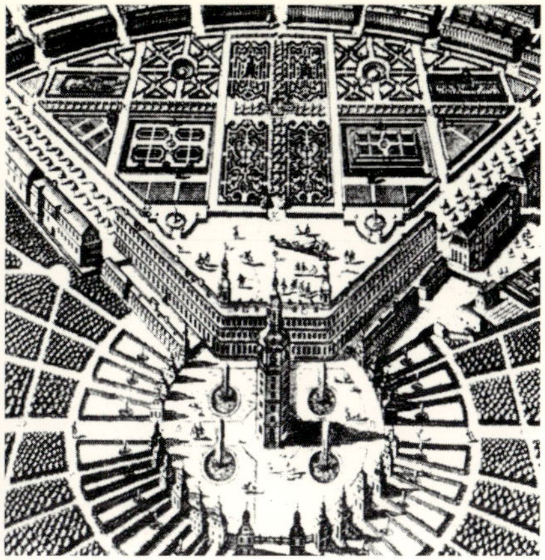
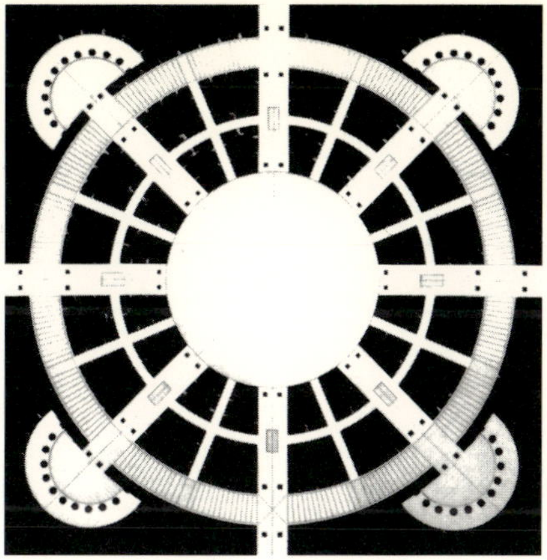
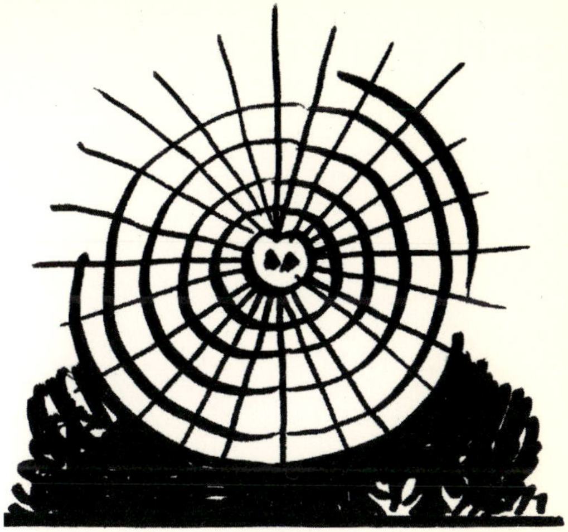
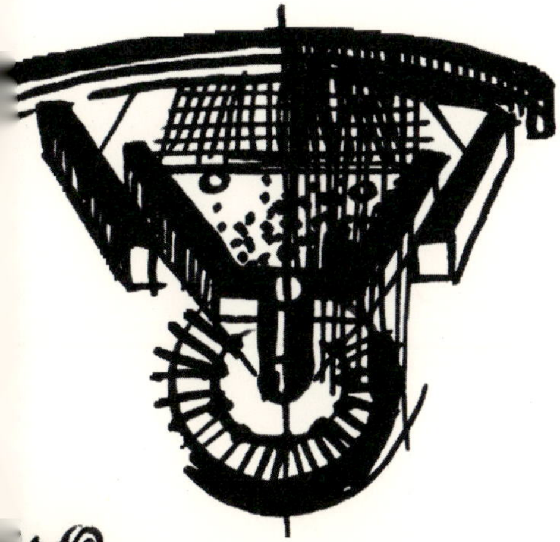
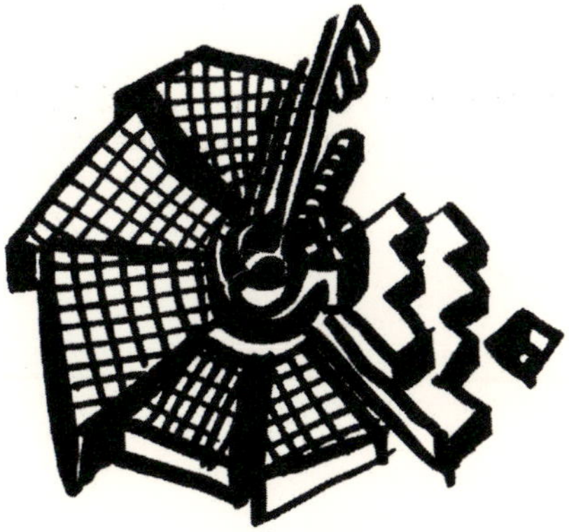
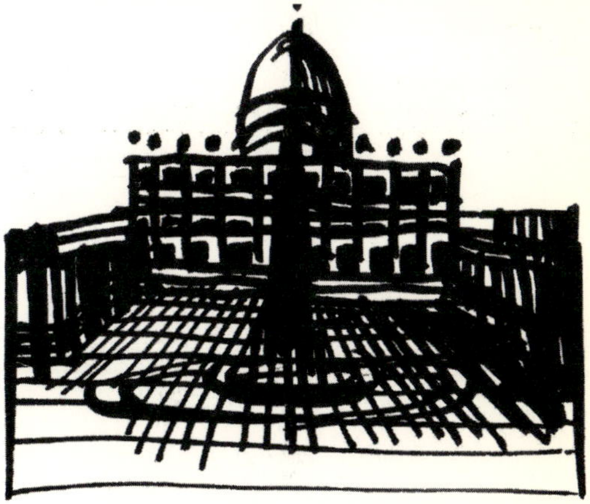
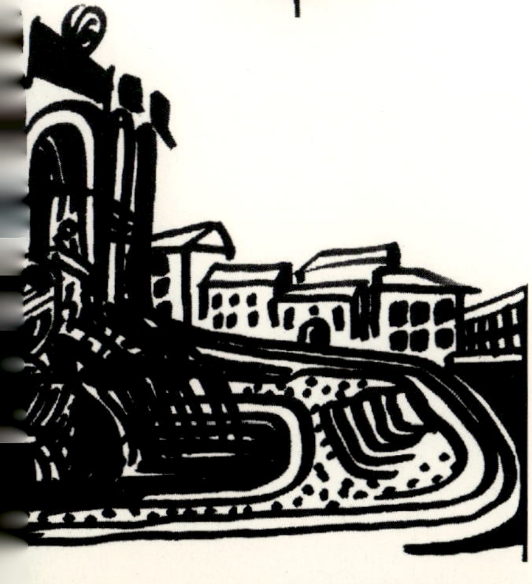
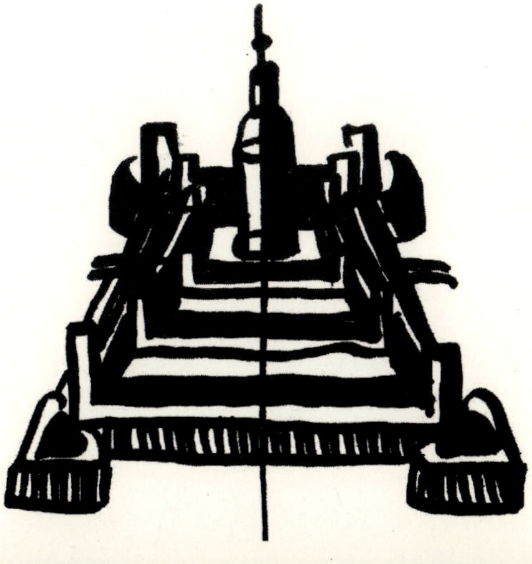
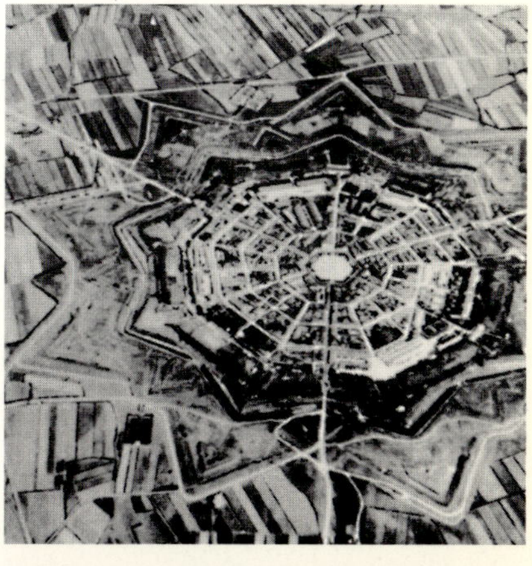

Einen Ort in der Erinnerung festhalten.
Sich auf einen Ort besinnen.
Sich einen Ort einprägen.
Einen Ort wiedererkennen.
Orte, die Vater und Mutter betreffen.
Orte der ersten, der letzten Begegnung.
Orte der Liebe, des höchsten Glückes.
Orte des Todes.
Orte der gemeinsamen Erinnerung.

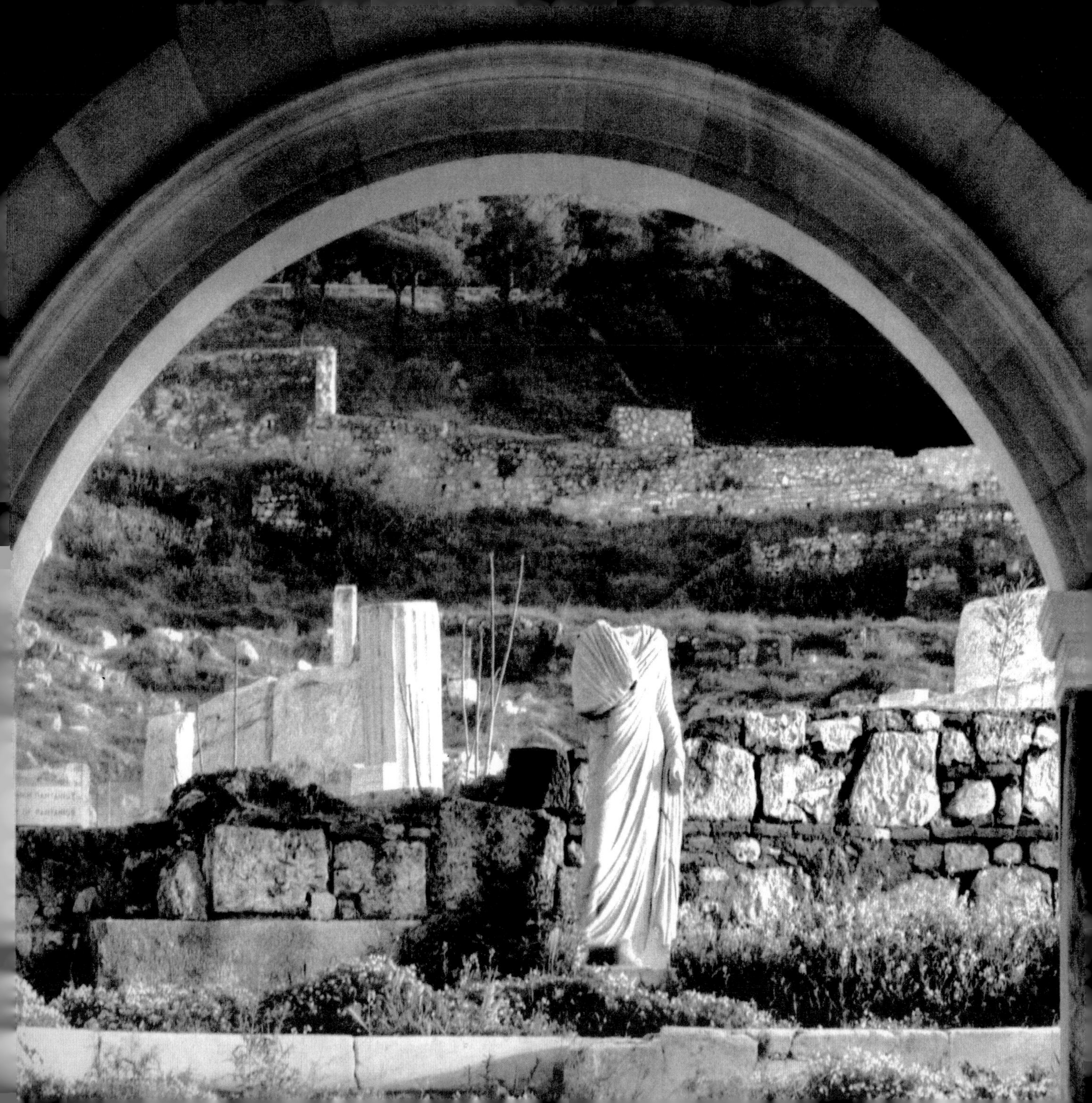

**Denkmal.
Ehrenmal.
Grabmal.
Mahnmal.
Die steinernen Zeichen
für Orte der Erinnerung.
Der Versuch,
die Zeit an einem Ort zu fixieren.**

Die belebende, mahnende, unterhaltende Erinnerung
an einen Menschen, ein Ereignis, ein Zeitalter.
Die steinernen Zeichen haben begonnen, sich von
den Originalplätzen der Erinnerung zu lösen,
sie tragen ihre Aufforderungen an einen beliebigen Ort.
Sie werden zu Machtmitteln in der
gebauten Landkarte des Lebens.

A GIUSEPPE RAVENNA
CAPITANO MARITTIMO

Die Orte im Haus.

1
10

Orte des privaten Lebens.

Das Bad ◻ die Garderobe ◻ der Eßtisch ◻ das Bett ◻ die Haustür ◻
◻ die Leseecke ◻ der Fernsehplatz ◻ die Toilette ◻ der Herd ◻
der Arbeitsplatz ◻ die Garage ◻ der Kleiderschrank: feste Orte im Haus.
An ihnen ist das private Leben festgemacht.
Es zeigt sich, daß der Ablauf der alltäglichen Vorgänge weitgehend eine
ritualisierte Verbindung, ein bestimmtes Hin und Her zwischen diesen Orten ist.
Die Wohnung, ein sorgfältig inszenierter Lebensraum,
legt bevorzugte Handlungszusammenhänge zwischen diesen Festpunkten nah.
Feine Abweichungen, Nuancen im choreographischen System
machen die besondere Stimmung eines Tages aus.

Die Zeit bestimmt mit ihren Verdichtungen die Atmosphäre des Raumes.

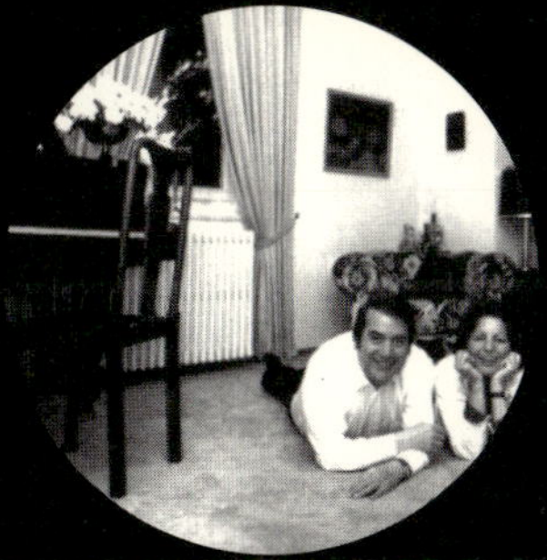
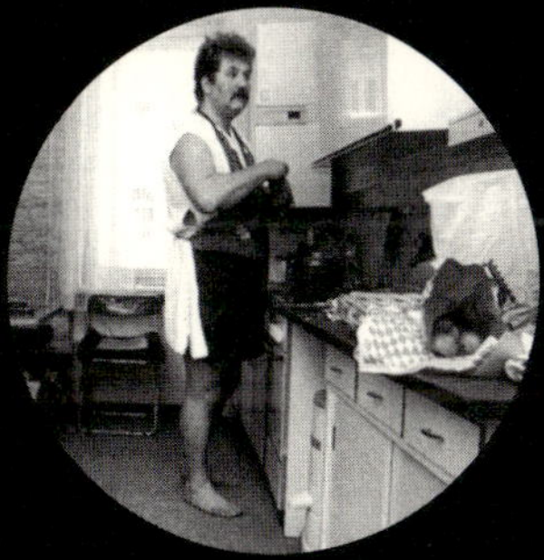
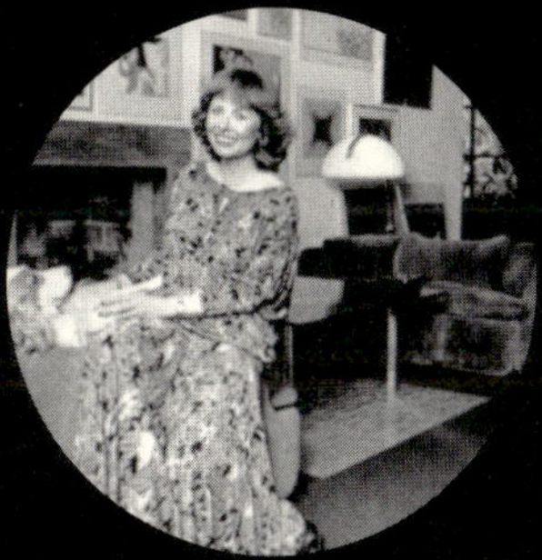
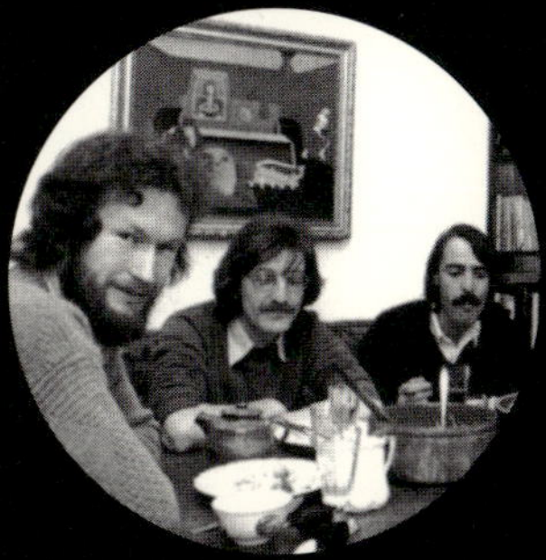
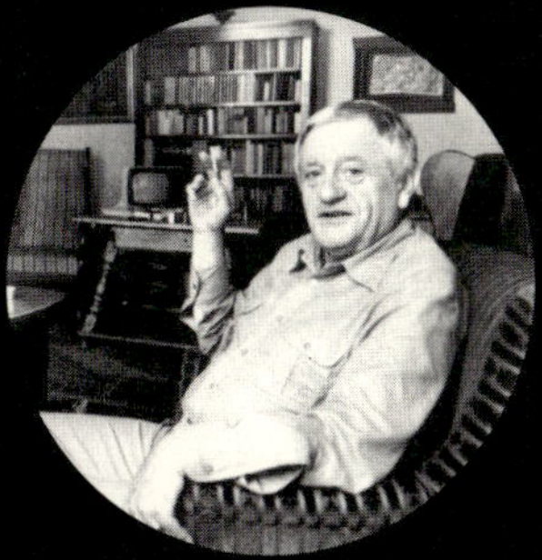
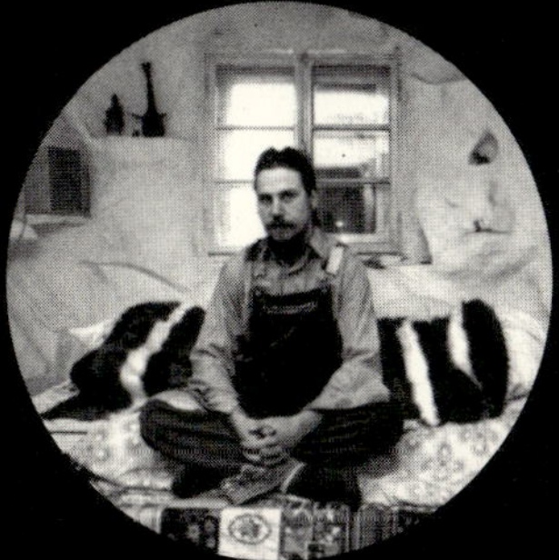
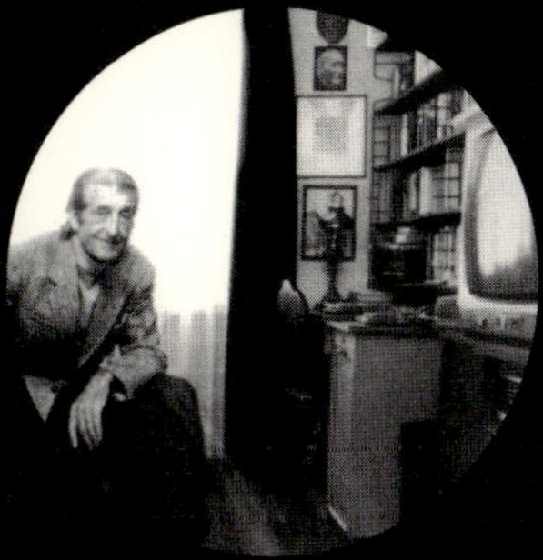

Der Tisch –
was für ein Thema für die Architektur,
für die Szenerie des Lebens!
Eßtische ▫ Arbeitstische ▫ Schreibtische ▫
Küchentische ▫ Wickeltische ▫ Frisiertische ▫
Auslegetische ▫ Tische für Konferenzen,
Hochzeiten, Abendmahle.

Der Tisch hebt einen bedeutenden Ort der Erde auf die Höhe der Hände,
das heißt an die Stelle der höchsten Aufmerksamkeit.
Hier soll etwas geschehen.
Im Raum ist mit größter Dichte ein Ereignis vorbereitet.

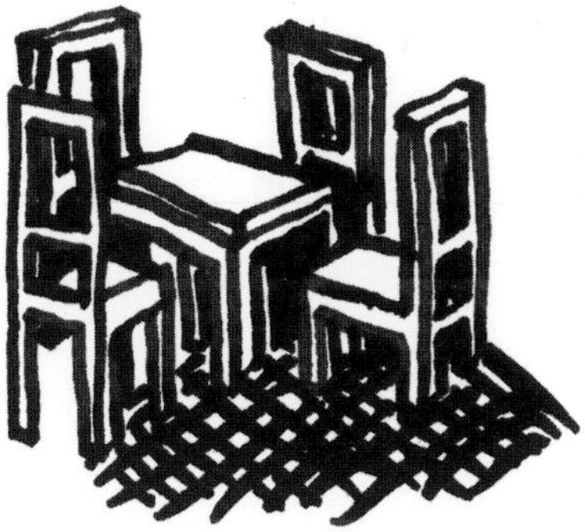
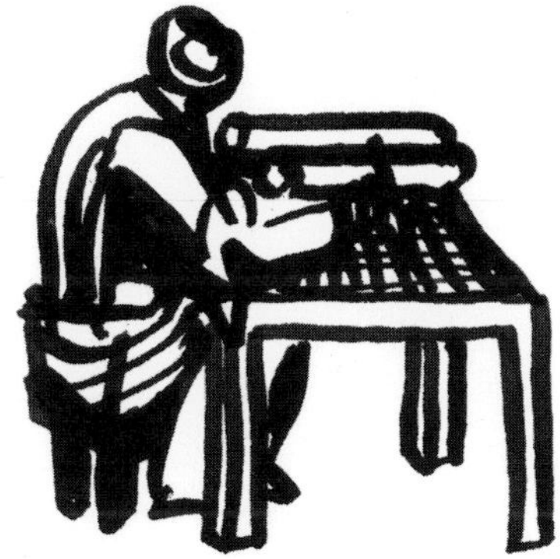
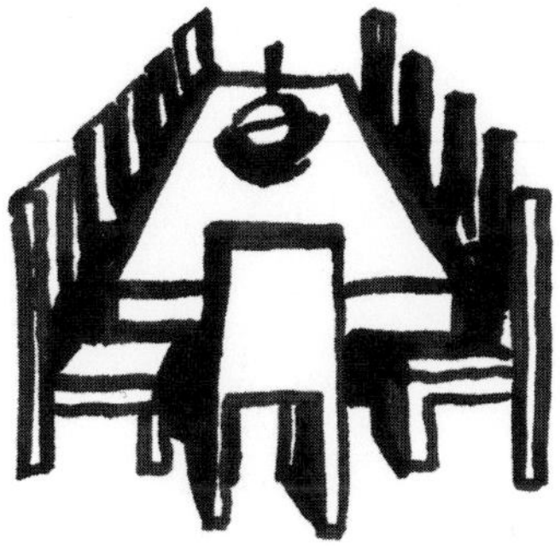
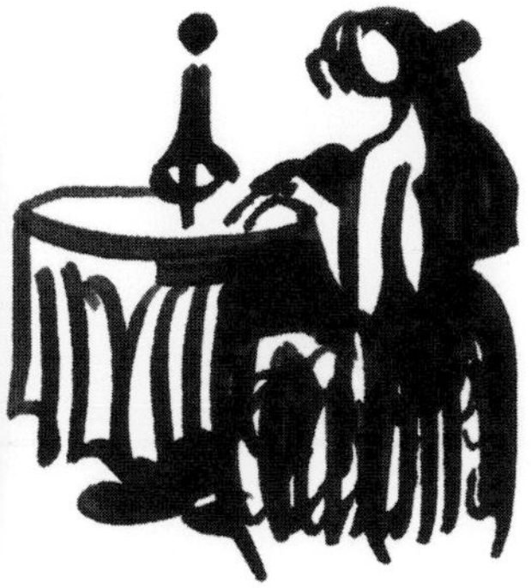
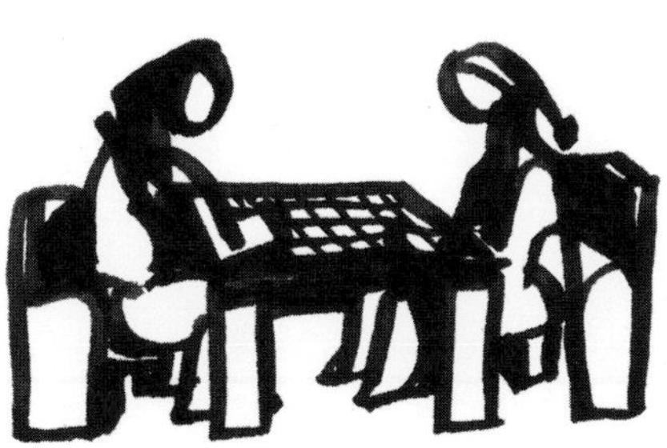
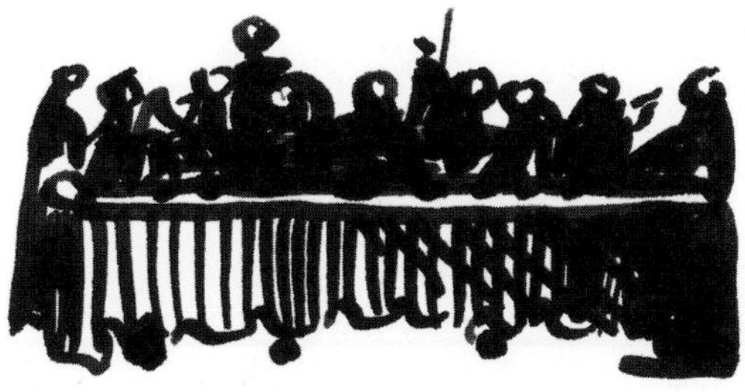
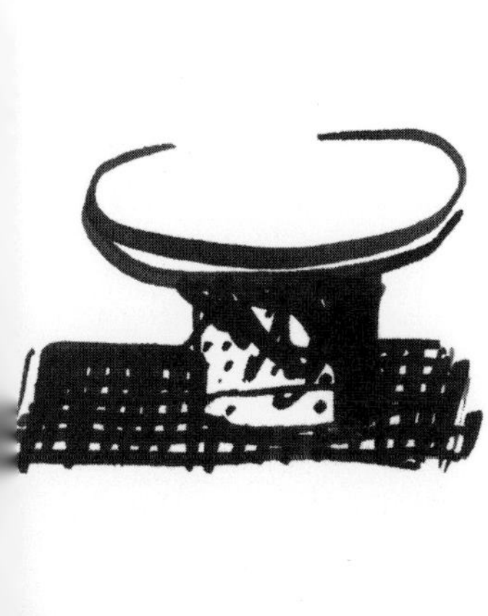
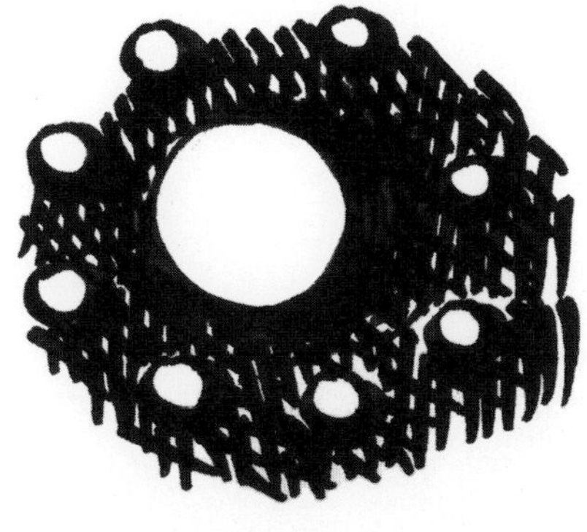
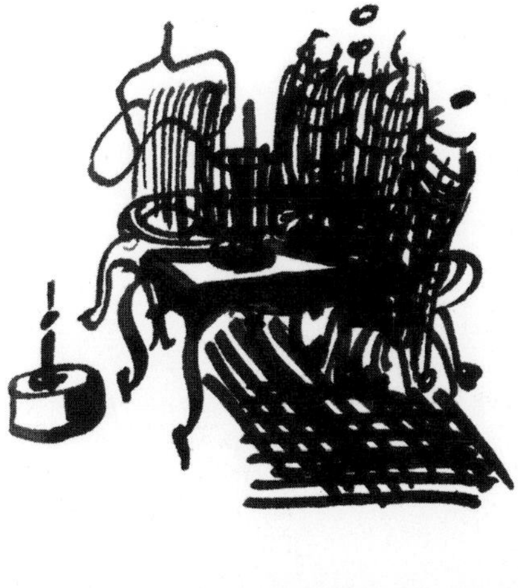

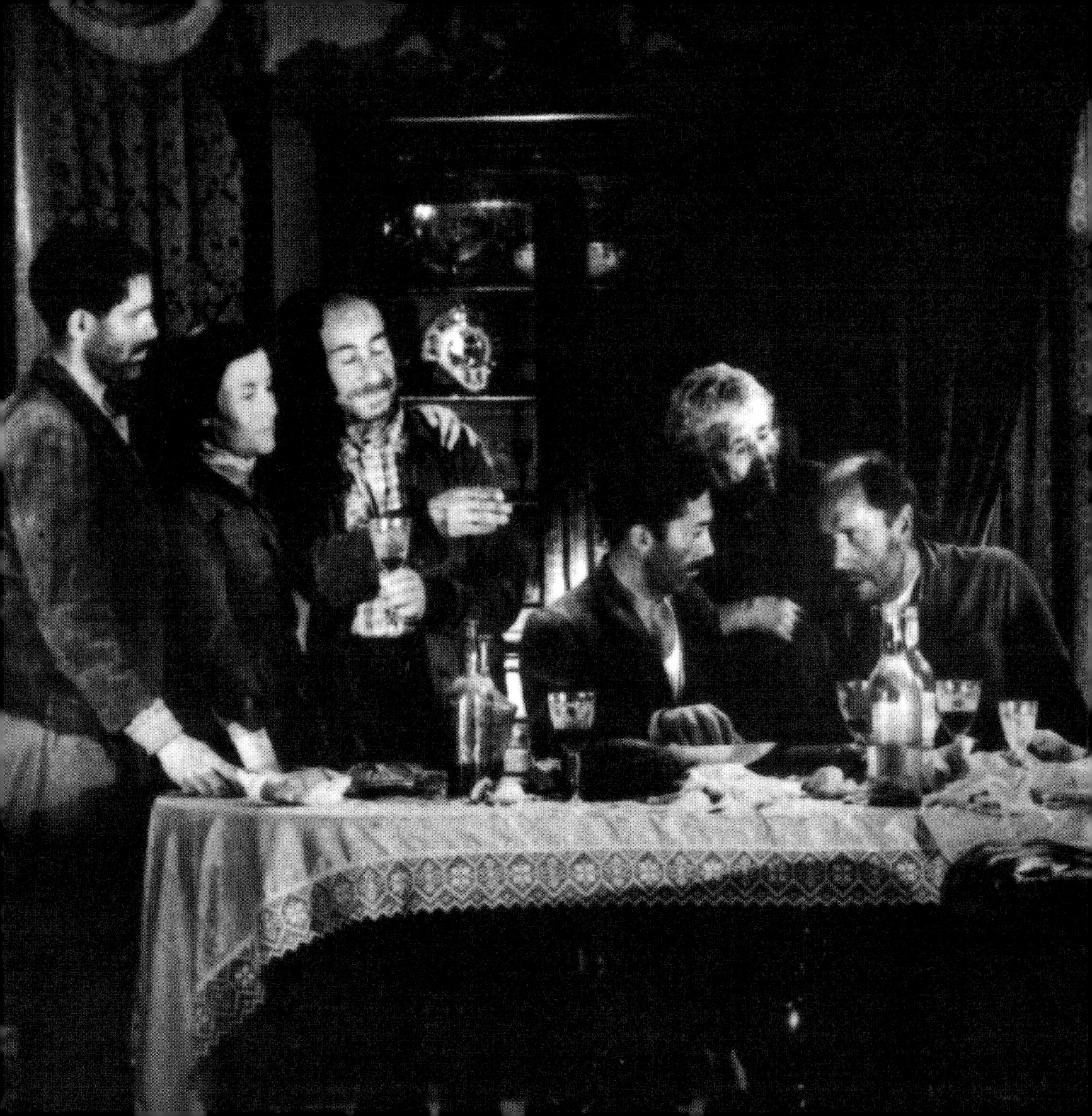

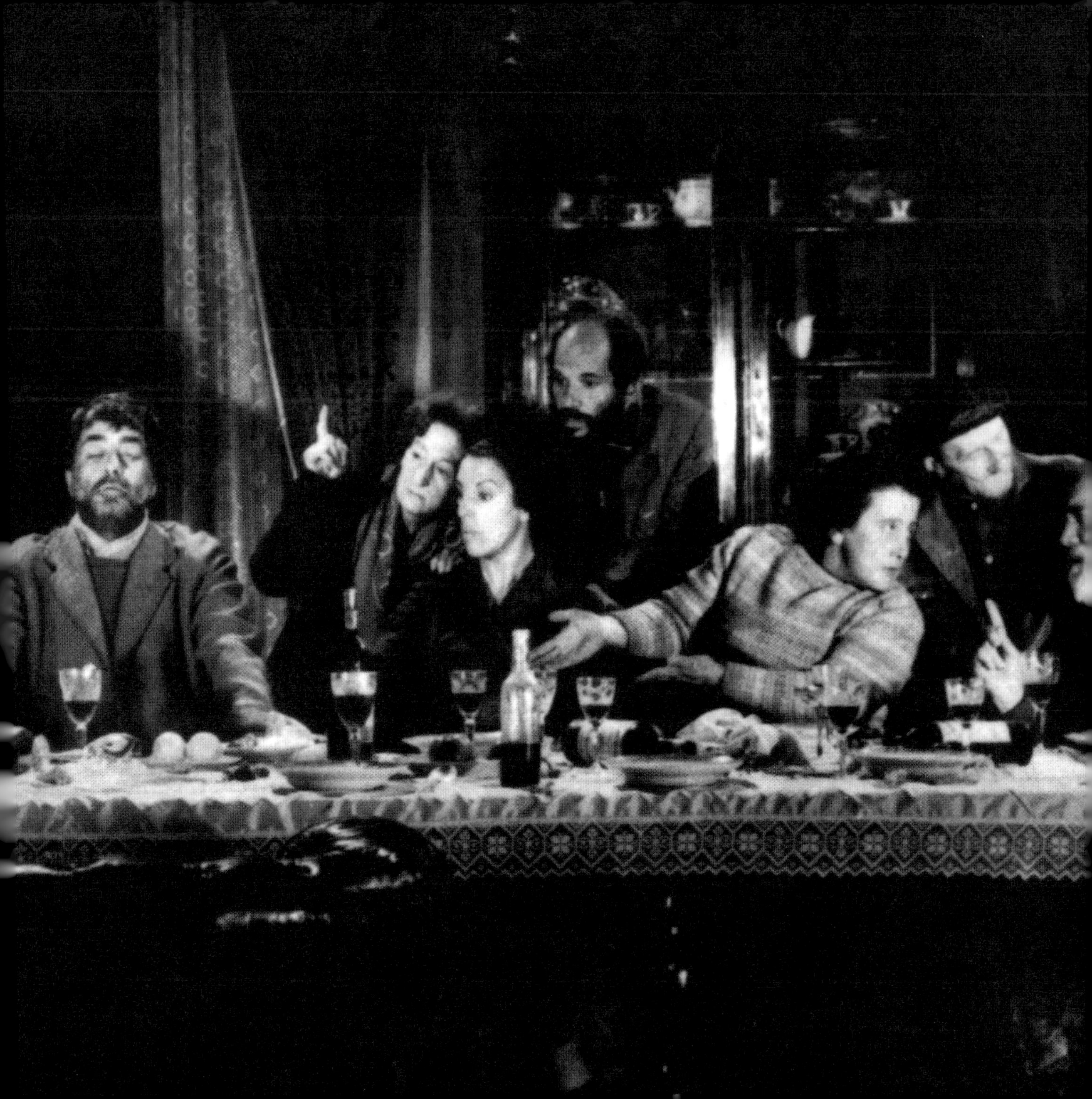

Die Orte der Stadt.

1
■
12

Die Brennpunkte der Stadt. Orte des öffentlichen Lebens.

**Der Bahnhof,
der Dom,
das Rathaus,
der Blumenmarkt.
Die Punkte der schönen Aussicht,
die belebten Orte der Nacht.**

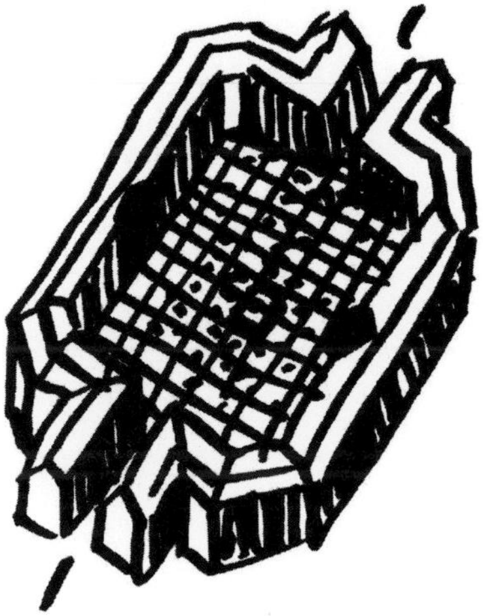

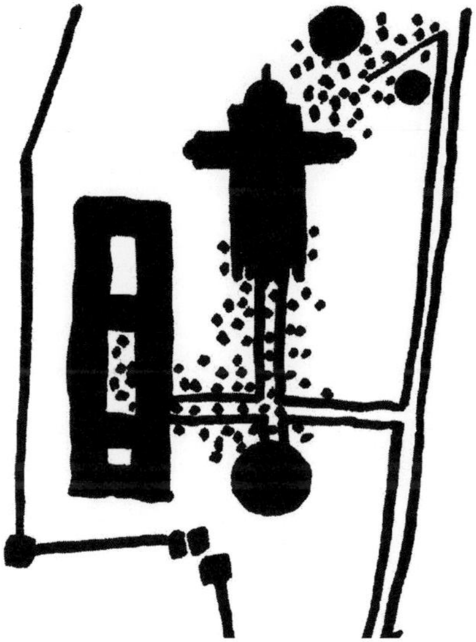

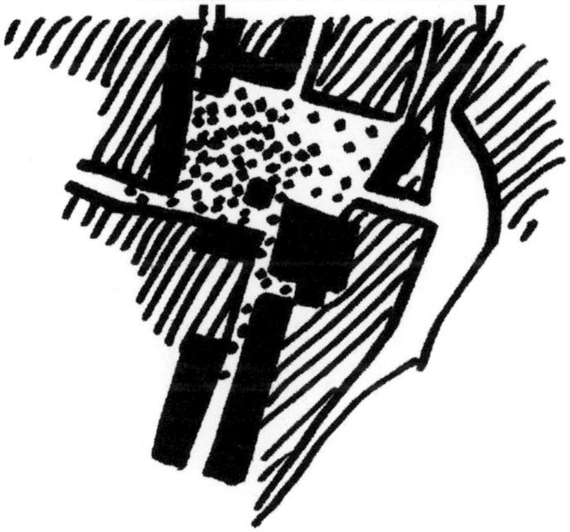

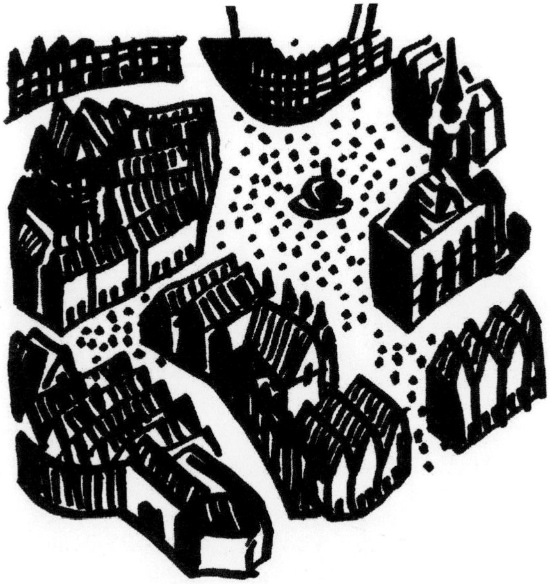

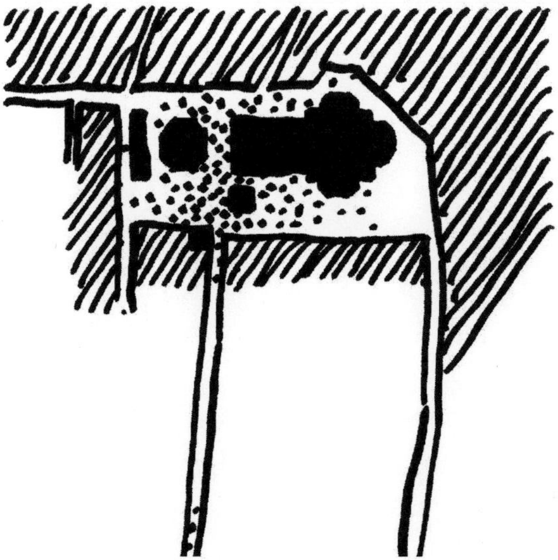

Öffentliches Leben - was immer das in München, Wien oder Derendorf heißt - entfaltet sich an bestimmten Orten der Stadt schneller, lauter, dichter als an anderen. Hier gewinnt die Stadt erst ihre öffentliche Gestalt, hier ist sie mehr als die Summe ihrer Funktionen. In der Szenerie ihrer Brennpunkte erscheint die Stadt als virtuelles Ereignis. Sie ist gefüllt mit Angeboten zum Tun, die Nachbarschaft, die Leute gegenüber, auch das Fremde einbeziehend. In dieser Entfaltung ist gesellschaftlicher Raum körperlich spürbar.
Er rührt uns an mit dem Geschiebe seiner Bewegungen, den Geräuschen und Gerüchen der Dinge und Menschen, sind doch Brennpunkte der Stadt nicht nur Kulissentheater, sondern auch Leiberlandschaften.

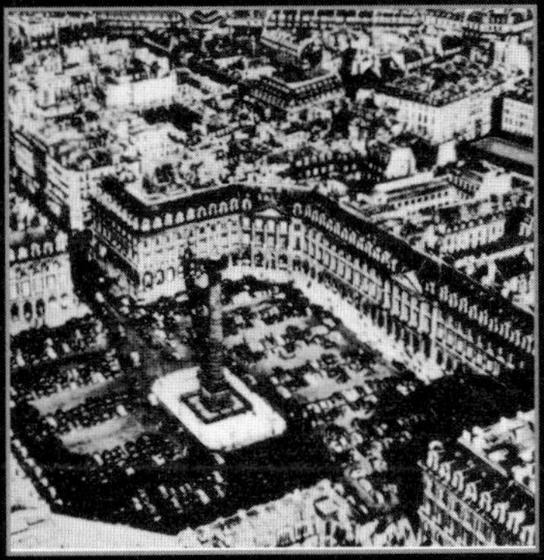

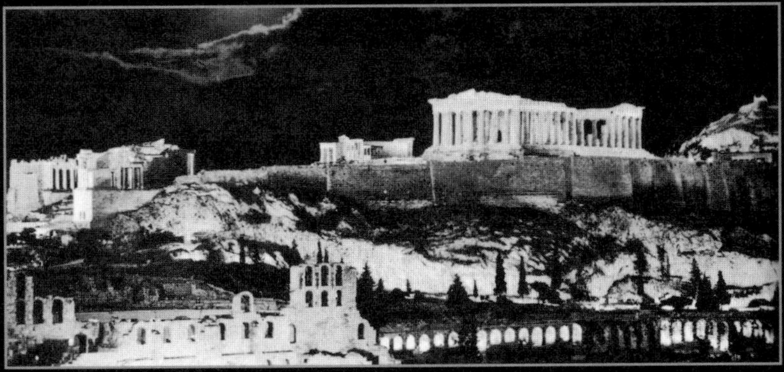

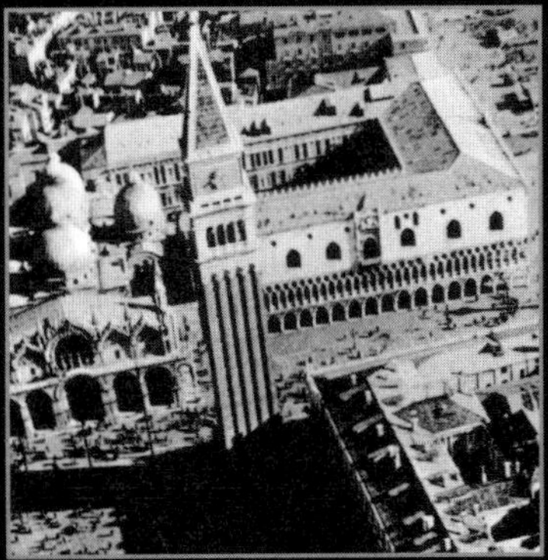

Orientierungspunkte. Merkzeichen. Orte der Aufmerksamkeit.

**Wie ein Berg oder ein Baum in der Landschaft,
so kann ein gebautes Ding den Weg weisen,
die Orientierung erleichtern, ein Anhaltspunkt
sein für unsere Alltagsmanöver.
Wir brauchen die Ecktürme, Kirchturmspitzen,
die Blickfänge der Läden und Kneipen,
die Positionen der Brücken und der Sendetürme,
um die Straßenkarte in unserem Inneren zu ordnen.**

Sie stellen eine Auswahl von Bildzeichen in unserer räumlichen Vorstellung dar.
Sie sind Orte der Stadt, nicht zum Betreten, aber zum Festmachen der Erinnerung.
An ihren Gesten hängt unser Gefühl, wiederzukehren, zuhause zu sein.
Zwischen den großen bekannten Orientierungspunkten, über die man mit jedermann reden kann,
liegt der Teppich der kleinen individuellen Merkzeichen, die einzig unserem Leben
zugeordnet sind, und von denen unser Alltag ganz und gar abhängt.

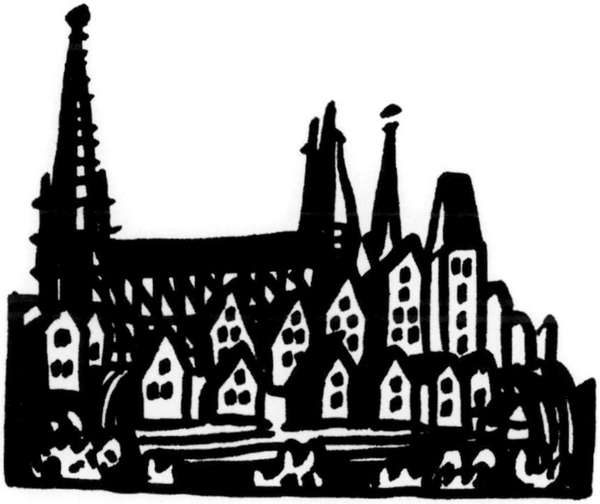
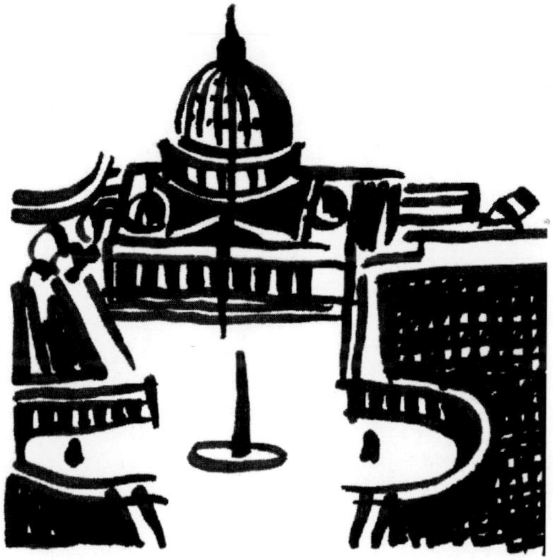
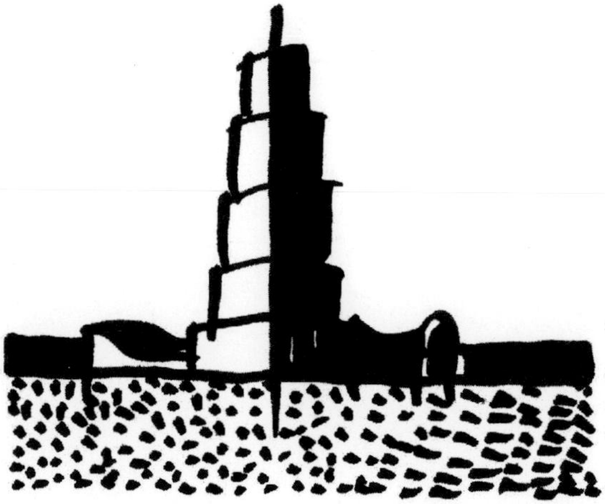
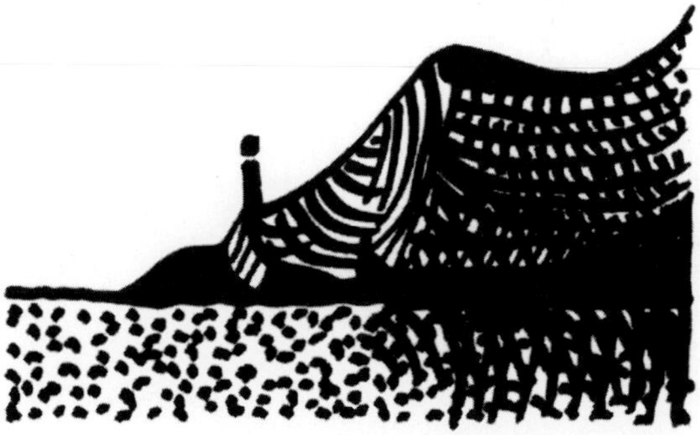

Orte, die mit architektonischen Bildern auf die Geschichte verweisen.
Orte, die außerhalb der Ereignisse stehen, von denen sie reden.
Brennpunkte außerhalb der Zeit.

Historische und museale Architektur ist nicht Szenerie für heutige Ereignisse,
für aktuelle Verwendung, sie verweist vielmehr auf fremde, auf andere Ebenen der Zeit.

Mit dem Angebot der Formen wird zugleich der zeitliche Abstand ihrer Verwendung gezeigt.
Innerhalb der vielschichtigen Zeit werden Distanzen sichtbar.
Bedeutendes Geschehen erscheint abgerückt vom Jetzt: Vergangenheit als Perspektive.
In den touristischen Hochburgen der Welt akkumulieren die gebauten Ereignisse „perspektivischer Zeit".
Arsenale historischer Formen werden zu Reizangeboten für die öffentliche Neugier.
In der Gegenwart breitet sich lehrreich, unterhaltsam und auch verhängnisvoll die Vergangenheit aus.

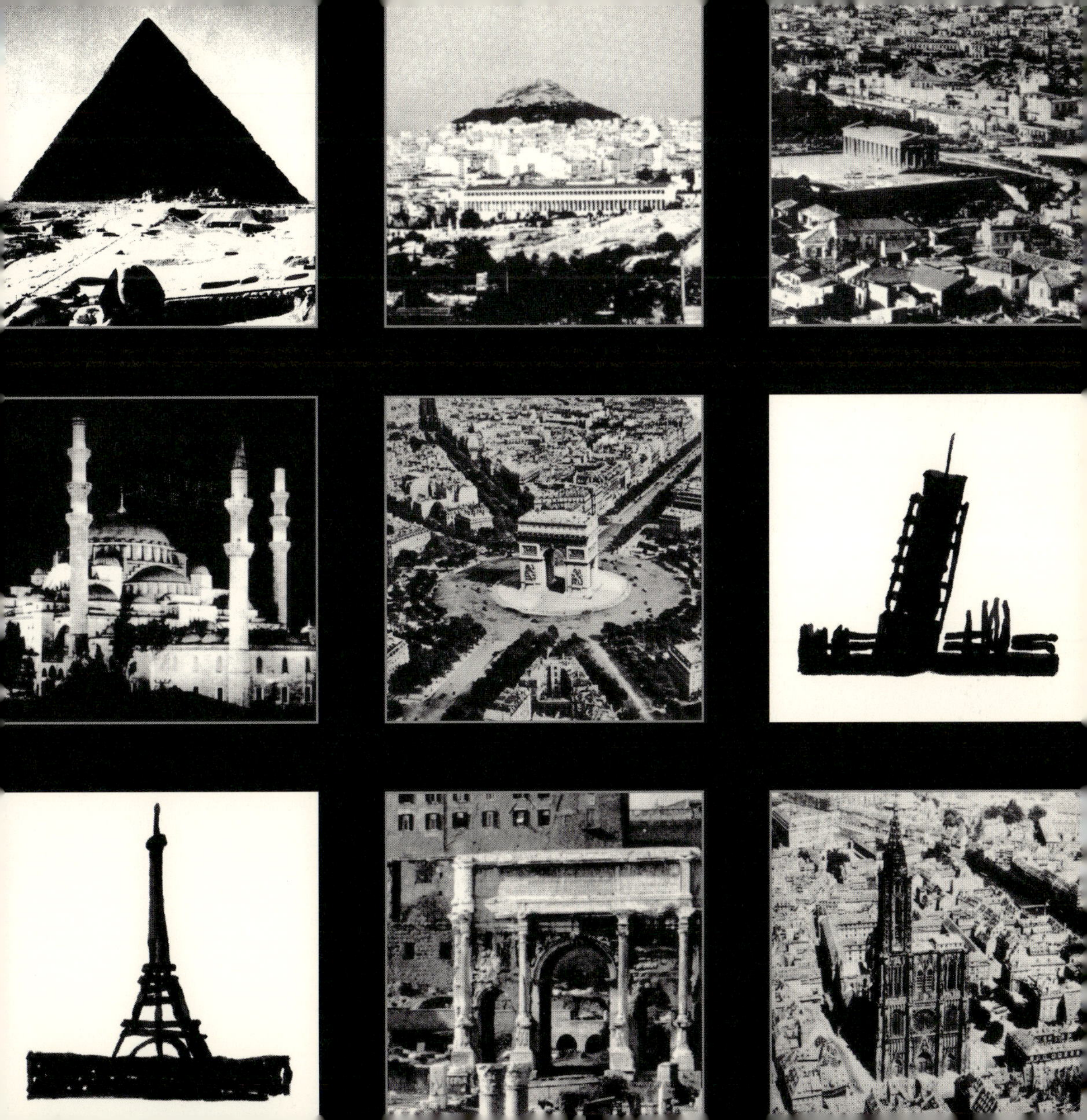

Orte für den flüchtigen Gebrauch.
Orte, deren Bedeutung auf kurze Zeit gilt.

Die Gemüsemärkte, Viehmärkte, Flohmärkte am Wochenende,
an den Sonntagen, einmal im Monat. Die Festwiesen an den Kirmestagen,
die Aktionsfelder für Demos, Festivals und Aktionen, einmal im Jahr
oder auch für ein einziges Mal. Aber auch die Straßenecke für den
Würstchenverkäufer, der Glühweinstand vor Weihnachten, die Losbude
am Sportstadion: Solche Orte tragen ihre eigene Würde.
Wir erinnern uns an sie mit besonderer Anhänglichkeit. Gerade die Eile
der tausend kleinen Aktivitäten, der schnelle Wechsel der Szene ringsum,
geben uns einen Begriff vom Leben als flüchtiges Ereignis.
Im Raum entfaltet sich die Zeit.
So instabil auch das Motiv sein mag - der temporäre Ort, der Ort auf Zeit -
die zugeordneten architektonischen Formen (der freie Platz □
der Auslagetisch □ das Podest □ das Zeltdach □ die Bude) beruhen auf
jahrtausendealten Typen. Sie sind archaisch. Gerade die Flüchtigkeit des
Gebrauchs verlangt nach räumlichem Inventar, das dem Wandel standhält.

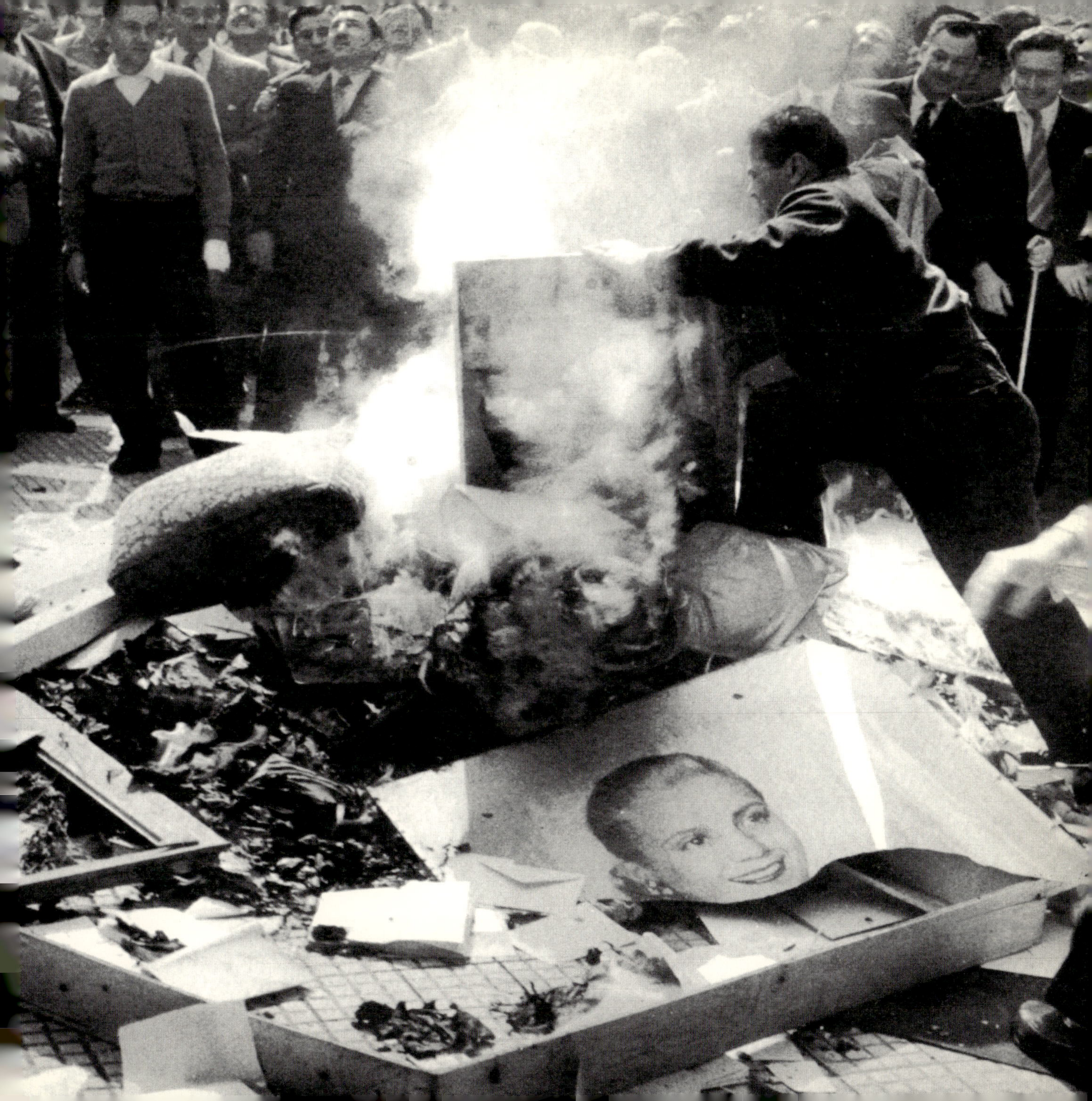

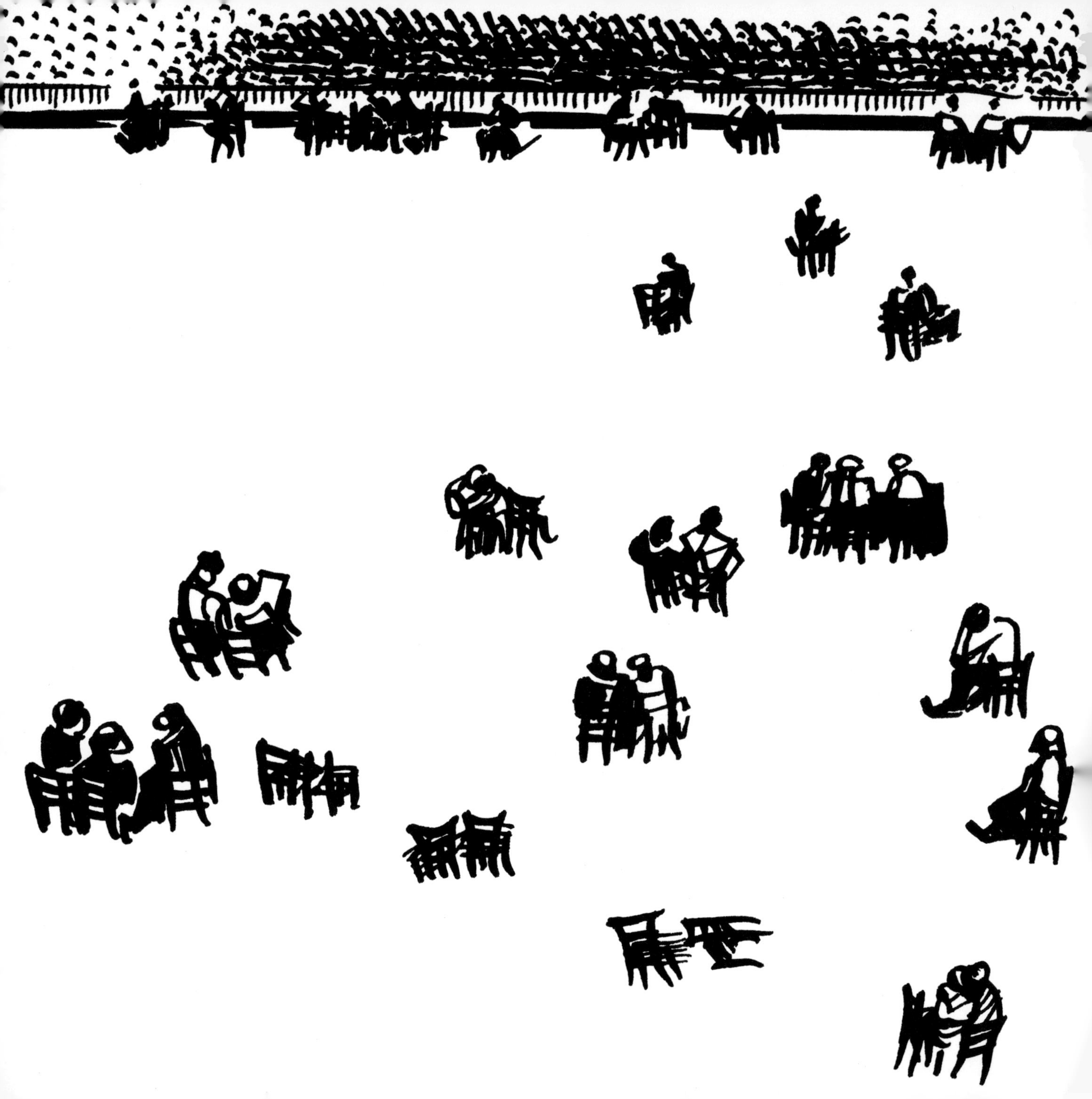

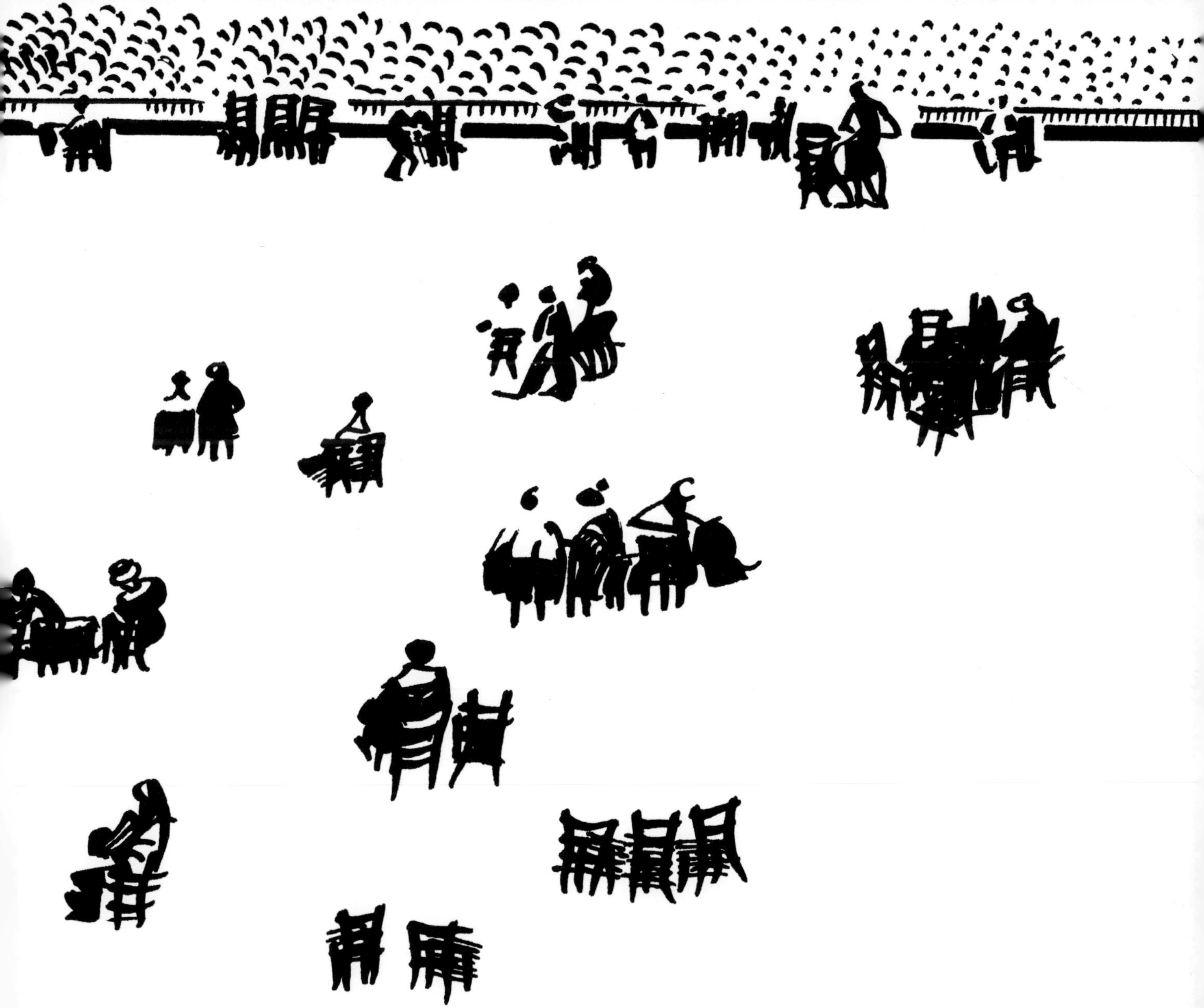

Kein Ort. nirgends.

Die Darstellung des schrecklichsten aller Raumgefühle: nirgendwo zu sein, ortlos, verloren.

Vorstufen dazu sind vielleicht das Aufgeben der Wohnung,
der Abbruch des Hauses, die Zerstörung der Stadt.
Wie ein Spiel mit diesem Schicksal ist das Ablösen einer Fassade,
das Verstecken, Verschleiern, Verbergen der festen Orte, die Aufhebung der Orte,
das Fallenlassen der Orte, auch aber das Auf-Reisen-Gehen.
Utopie heißt U-Topos, kein Ort, nirgends.
Das Verständnis des Utopischen dehnt sich in zwei Richtungen aus:
Utopie ist das Verlorene, der Un-Raum, auch aber das erträumte,
unerreichbare Ideal. Seltsam.

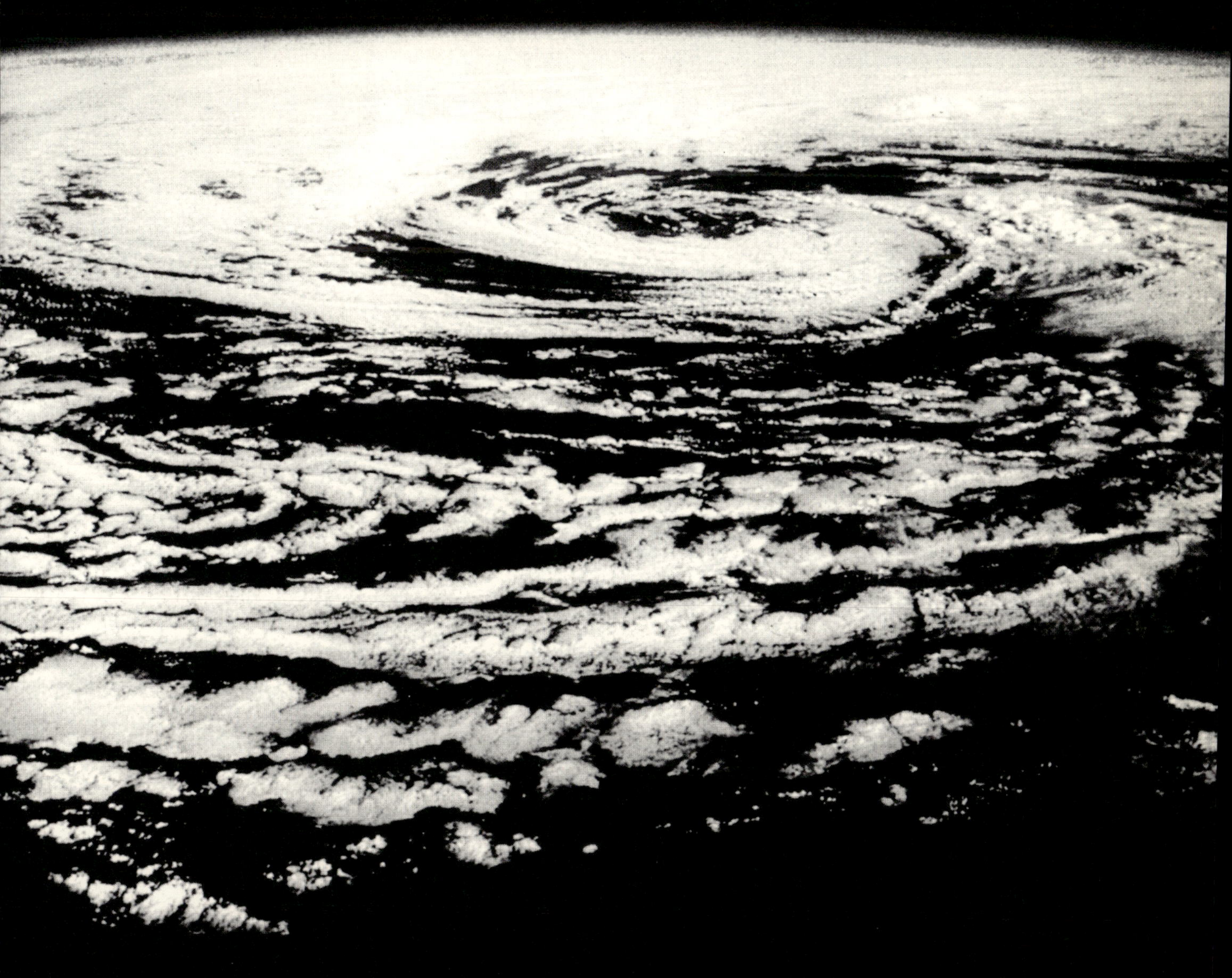

Fahrende, schwimmende, fliegende Architektur.

Die Arche, das Floß, das Schiff, waren schon vor Jahrtausenden schwimmende Bauten.

Die fahrenden Tempel der Inder, die wandernden Häuser der Mongolen, die Wohnungen der Zigeuner

sind frühe Vorformen für die schwebende, fliegende Architektur des elektronischen Zeitalters,

die Flugzeuge, Raketen, Weltraumstationen. Ein großer Anteil der virtuellen Traumwelt,

die für die Menschen von heute produziert wird, Filme, Videos, CD-Roms etc.,

ist in bewegten Szenerien angesiedelt, in Fahrzeugen, Flugzeugen und schwebenden Stationen.

So wird allmählich die Formen-Phantasie von den besonderen Orten und Landschaften der Erde gelöst,

zugleich werden deren Kulissen austauschbar. Auch körperlich verbringt inzwischen jeder zivilisierte Mensch -

zum mindesten der städtische - einen Teil seines Lebens in beweglicher Architektur.

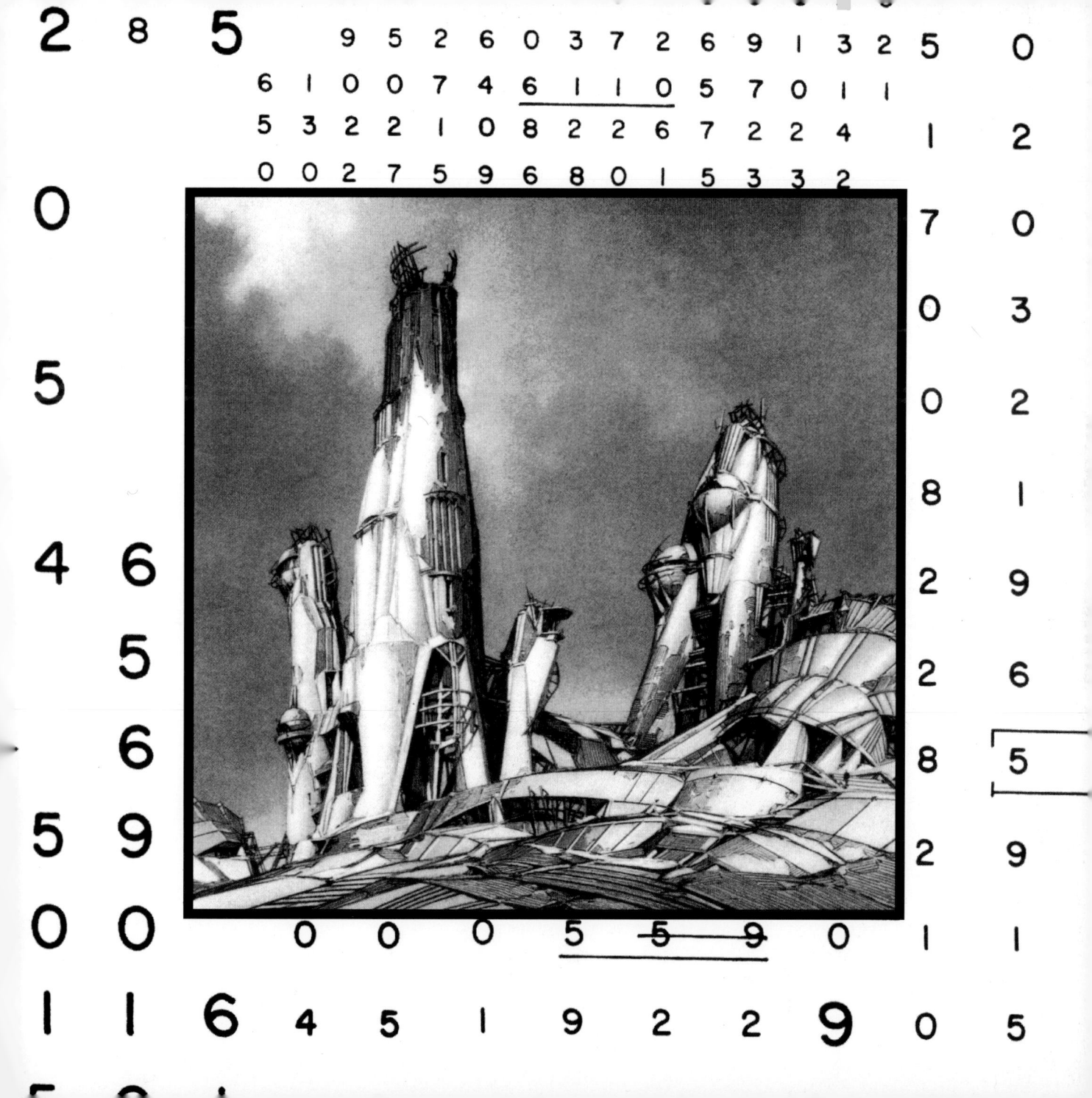

2	8	5		9	5	2	6	0	3	7	2	6	9	1	3	2	5		0
			6	1	0	0	7	4	<u>6</u>	<u>1</u>	<u>1</u>	<u>0</u>	5	7	0	1	1
			5	3	2	2	1	0	8	2	2	6	7	2	2	4		1	2
			0	0	2	7	5	9	6	8	0	1	5	3	3	2

0   7   0

5   0   3

        0   2

4   6   8   1

     5   2   9

     6   2   6

        8   ⌐5

5   9   2   9

0   0   0   0   0   <u>5   5̶   9</u>   0   1   1

1   1   6   4   5   1   9   2   2   **9**   0   5

Irgendwo zuhause außerhalb des Raumes.

Im Cyberspace ist die Orientierung (der Piloten) an Instrumenten festgemacht, d.h. an Skalen von Anzeigen, nicht mehr an konkreten Dingen und Orten.

Kann es gelingen, für das „Raumschiff Erde" Positionen im Körperraum festzumachen?
Werden diese Positionen ausschließlich Realitäten im Inneren des Cockpits sein?
Wo liegen die Referenten der verfügbaren Zeichen?
Mehr und mehr entziehen sich die Handlungsrituale der Piloten dem korrespondierenden Körpergefühl.
Das Gefüge der Aktionen im Raumschiff ist vorwiegend durch das Netz der Sende- und Empfangsdaten bestimmt.
Diese Zeichen sind nunmehr die eigentliche, die primäre Wahrnehmungswelt, ihre Welt- und Körperbezüge bleiben dagegen virtuell, d.h. Möglichkeitsdimensionen in der Vorstellung…

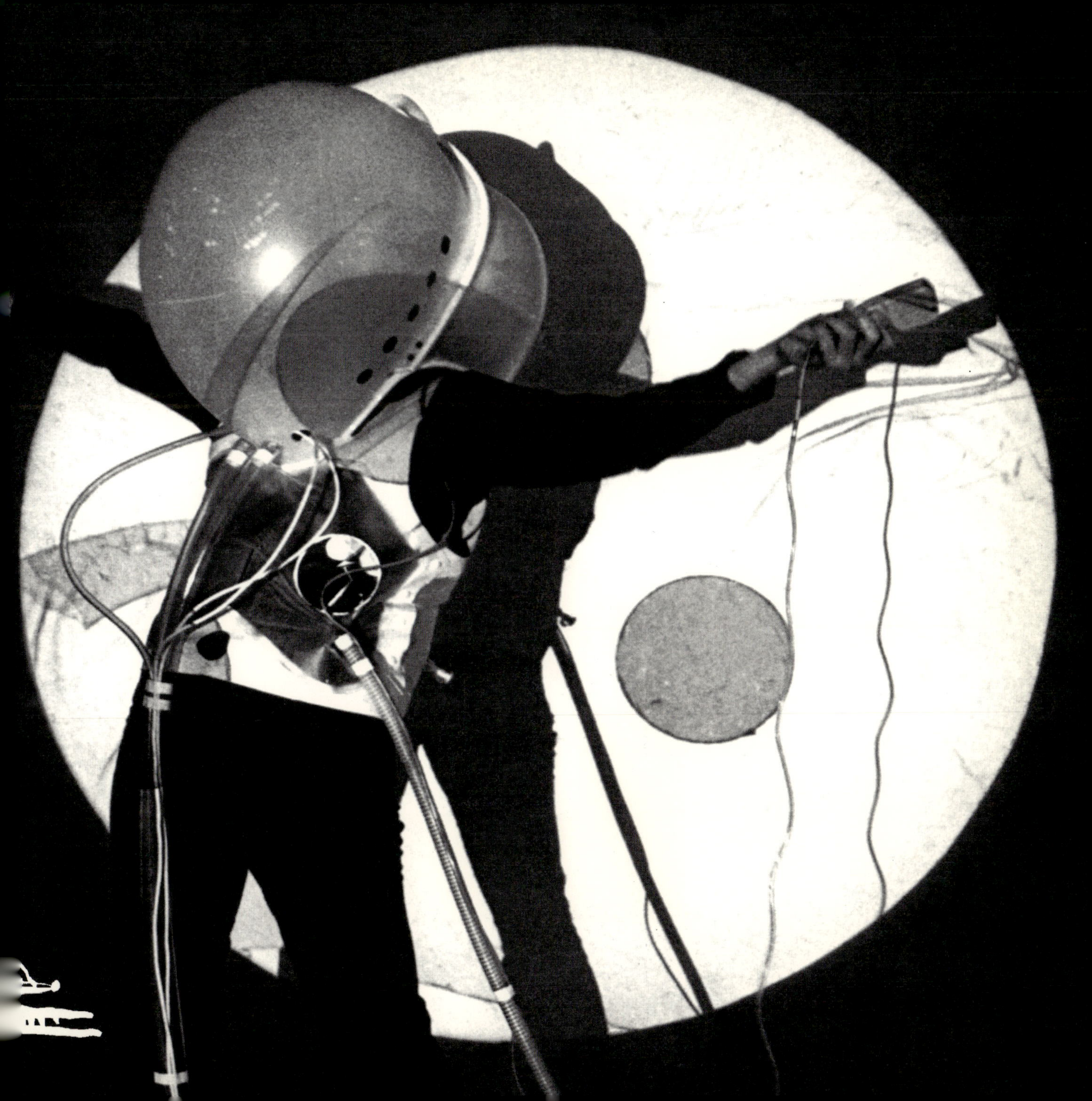

2

Die Gesten der Wege.

Die Gesten der Wege. Einführung.

> „Jeder architekturale Ort, jegliche Bewohnbarkeit hat zur Voraussetzung, daß sich das Gebäude an einem Weg befindet, an einer Kreuzung, auf der das Kommen und Gehen möglich ist. Es gibt kein Gebäude ohne Straßen, die zu ihm hin oder von ihm wegführen, ohne Gänge, Treppen, Durchgänge, Türen." (Jacques Derrida)

Geradeaus! Rechts herum, links herum, Die Treppe rauf! Hinunter! An der Wand entlang! Auf solche Wegweisungen ist ein ganzes Arsenal architektonischer Elemente ausgerichtet. Es handelt sich um Weg-Phänomene im weitesten Sinne. Ihre praktische Funktionalität wie ihre Ausdrucksqualitäten, ihre „Gesten", machen die Charakteristik der Architektur besonders deutlich.
In einem Flur, einem Durchgang, eine Straße entlang, über eine Brücke hinweg geschieht etwas der Möglichkeit nach...
Die Gestalten der architektonischen Elemente deuten virtuelle Bewegungen an, stellen im Raum dar, was passieren könnte.
Der Raum bietet sich an als Voraus-Entwurf eines Ereignisses. Während die Orte „geronnene Zustände" zeigen, führen die Wege virtuelle Abläufe vor. Die Zeit wird im Raum als Vorher-Nachher-Phänomen abgebildet, d. h. als Text und zwar so, daß der Gehende selbst zum Leser dieser Lektüre wird. Ein Weg muß abgeschritten, ein Vorraum betreten, eine Tür durchschritten werden, um die Vorher-Nachher-Qualität zu erzeugen. Die Tür, die Schwelle, die Treppe, die Straßenkreuzung usw. sind zwar räumliche Formen, was aber in ihnen gemeint ist, sind mögliche Vorgänge. Raum und Zeit sind untrennbar miteinander verwoben. Der Raum enthält die Zeit als virtuelle Qualität.
Wegformen enthalten Bewegungsschemata, die beim Gehenden Protension und Retension (Husserl) aufbauen, d.h. Vorausgerichtetsein und Rückblick, Erwartung und Erinnerung. Sie legen ihm bestimmte Körperbewegungen nahe, indem sie sich auf seine Erinnerungen und Wünsche, Vorteile und Erfahrungen beziehen. Die gebauten Formen werden ihnen, wenn sie gut entworfen sind, helfen, die Bewegungen, die sie brauchen, zu vereinfachen und zu kanalisieren.
In vertrauten Gebäuden können wir diese Bewegungen geradezu blind wiederholen.

Ich werde versuchen, ein Repertoire von Wege-Phänomenen aufzuführen, Elemente und Varianten ihrer Verknüpfung. Dazu gehören Formen für Anfang und Ende und Schwellen, die die Verläufe der Wege gliedern. Dazu selbstverständlich die klassischen Kriterien Richtung und sequenzielle Ordnung. Schließlich gehören Grenzphänomene zu dieser Skizze der Wegetypologie: Spiralen, Labyrinthe und unendliche, vergebliche Wege.

Die Darstellung der Wege als Raum-Zeit-Strukturen, also Bewegungsnotation, ist in der Architektur wohl nie gelungen. Und eigentlich auch nicht im Tanz, obgleich die Versuche (von Feuillets Notationen höfischer Tänze bis zur Laban-Schrift) bedeutende Anleitungen sind, analogen Phänomenen in der Architektur auf die Spur zu kommen. Denn, wenn wir für die Darstellung der Architektur (und für ihren Entwurf) neue Formen suchen, so müssen sie nicht nur ihre räumlichen, sondern auch ihre aktualen Eigenschaften erfassen, d. h. Raum-Qualität in Verbindung mit Handlungen, d. h. mit Zeit. Die einfachsten Handlungen sind die Bewegungen des menschlichen Körpers und seiner Geräte, der Fahrzeuge usw. Umkehrbarkeit und Nicht-Umkehrbarkeit der Abläufe - beide Zeitkonzeptionen gehören zur Szenerie der menschlichen Kultur. Die eine führt Bewegungsschemata - auch die architekturalen - auf den Körperraum zurück. Hier sind die Abläufe rhythmusgebunden und unumkehrbar, der Anfang ist von ganz anderer Art als das Ende etc... Die andere Zeitkonzeption geht - auch bei den Wegformen der Architektur - auf das physikalisch-chronometrische Modell zurück, auf den gleichmäßigen, prinzipiell umkehrbaren Ablauf der Maschinen. Die Geschichte der Architektur zeigt, daß beide Zeitkonzeptionen bei gebauten Wegen eine Rolle spielen und daß diese beiden Strukturen Innenräume, Gebäude und Stadtraum gegensätzlich prägen. Einmal wird Architektur im organischen Körperraum verankert. Diese Szenerie ist der Tendenz nach endlich gestaltet durch Höhepunkte, Pausen, Steigerungen etc. Ein andermal wird Architektur an physikalischen Schemata orientiert, ihre Wegformen sind dann - wie technische Nachrichtenverläufe - umkehrbar und der Tendenz nach unendlich.

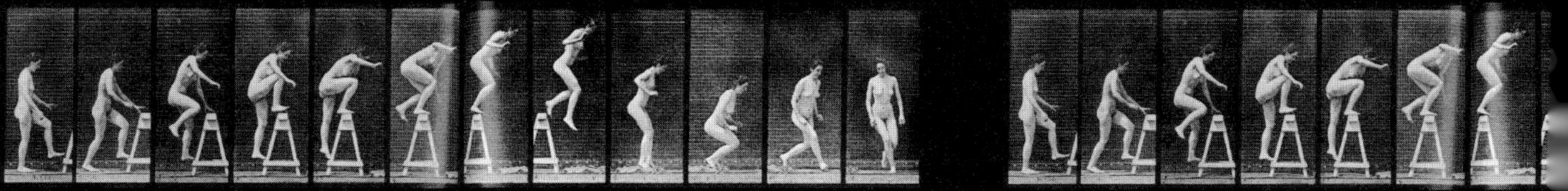

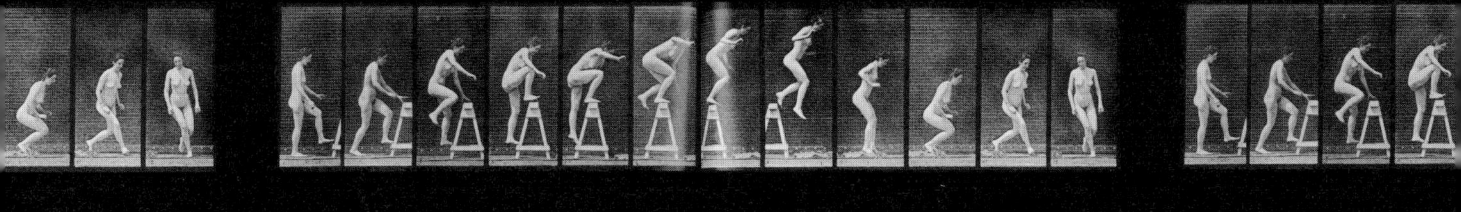

Anfang und Ende. Schwellenphänomene.

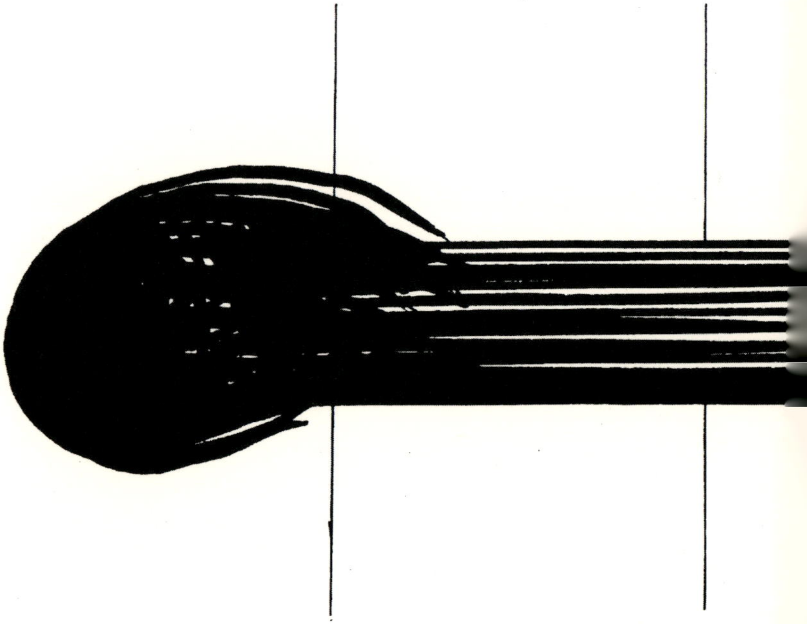

2 — 1 Der Anfang. Der allererste Anfang.

Die Vorspiele, die Vorankündigungen, die ersten Andeutungen! Die betörende erste Ahnung der Liebe, der erste Schreck usw..
Die Geste des Anfangs zielt auf eine Qualität, die vorausgeahnt wird. Sie enthält die Zukunft als Erwartungsmoment.
Zur Erwartung aber - seltsam genug - gehören auch Momente der Erinnerung. Spuren von Erfahrung sind bereits im Anfang mitgegeben,
so ist der Anfang ein Teil des Kommenden.

2━**2** Das Ende. Der Abschluß.

Nehmt einen Pinselstrich, einen Federstrich als Spur einer Bewegung, einer konkreten Handlung.
Im mechanischen Sinne könnte diese Handlung in jedem Augenblick abgeschnitten werden, wird sie aber zu Ende gedacht,
so gewinnt sie die Qualität eines Ganzen. Erst mit dem Ende gewinnt der Anfang seine volle Bedeutung.
Wie die Erlebniszeit am Anfang einen Vorgriff in sich enthält, so enthält sie am Ende einen Rückgriff.
Indem der Verlauf beendet wird, wird er aus der flüchtigen Zeit herausgenommen, wird aus einem Vorgang ein Ereignis.

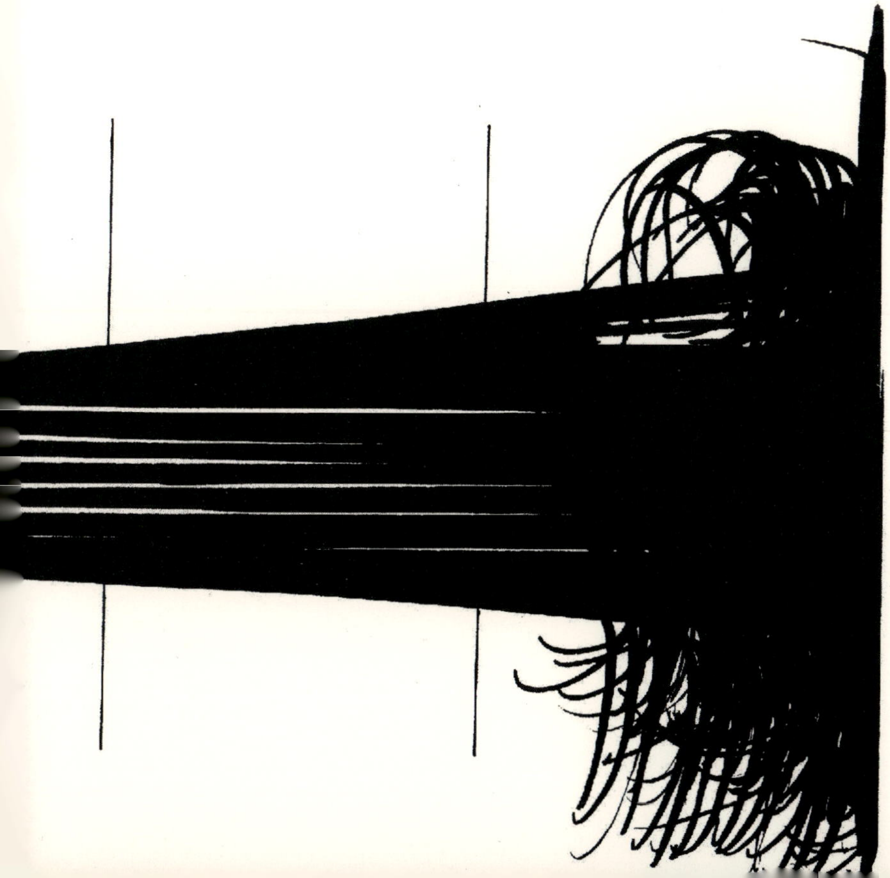

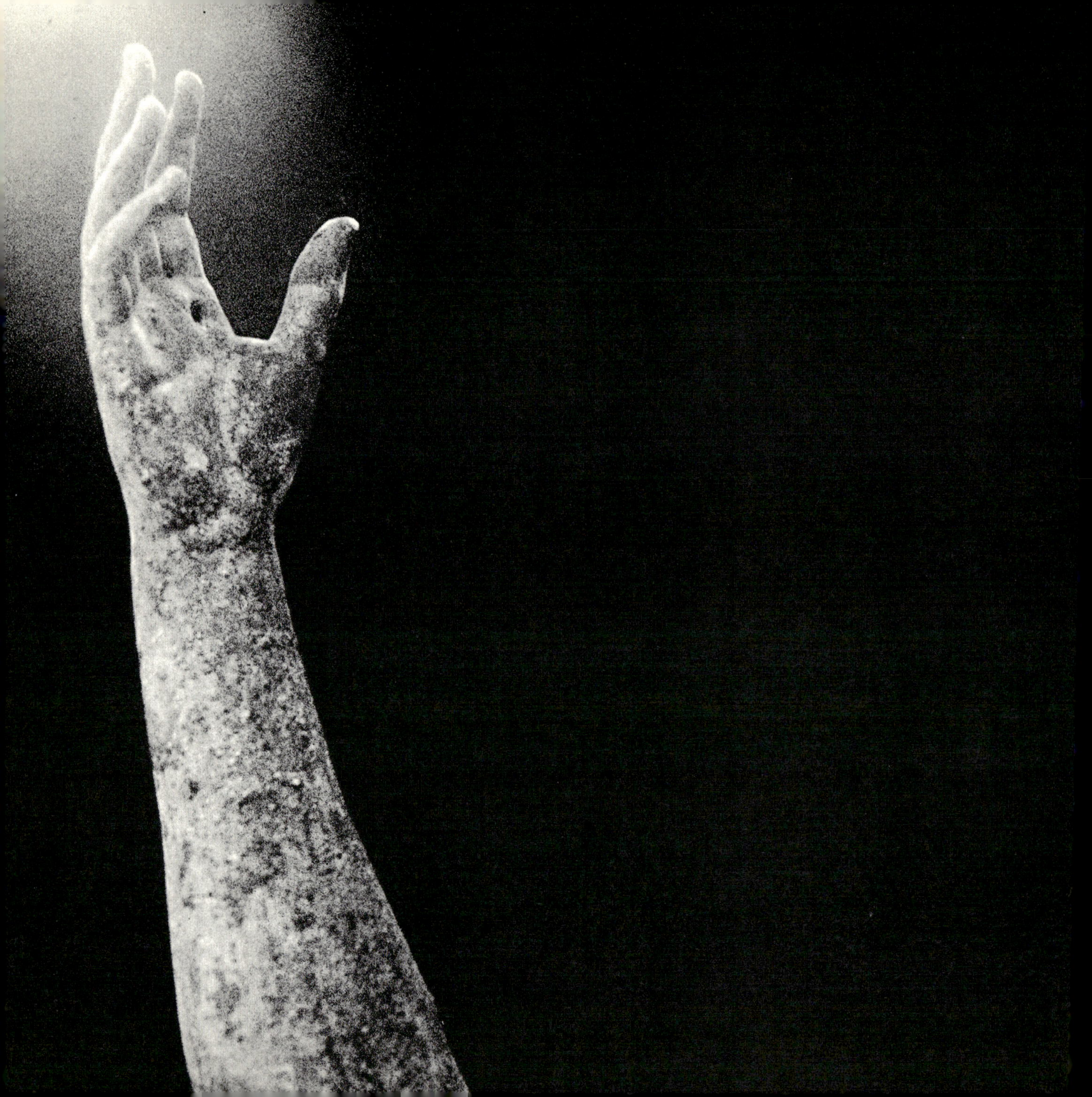

2 — 3   Das Vorspiel. Die Ankündigung.

Die Erwartung des Beginns. Die Vorahnung der Ereignisse. Die Vorbereitung des Stückes. Das Noch-nicht-aber-bald.

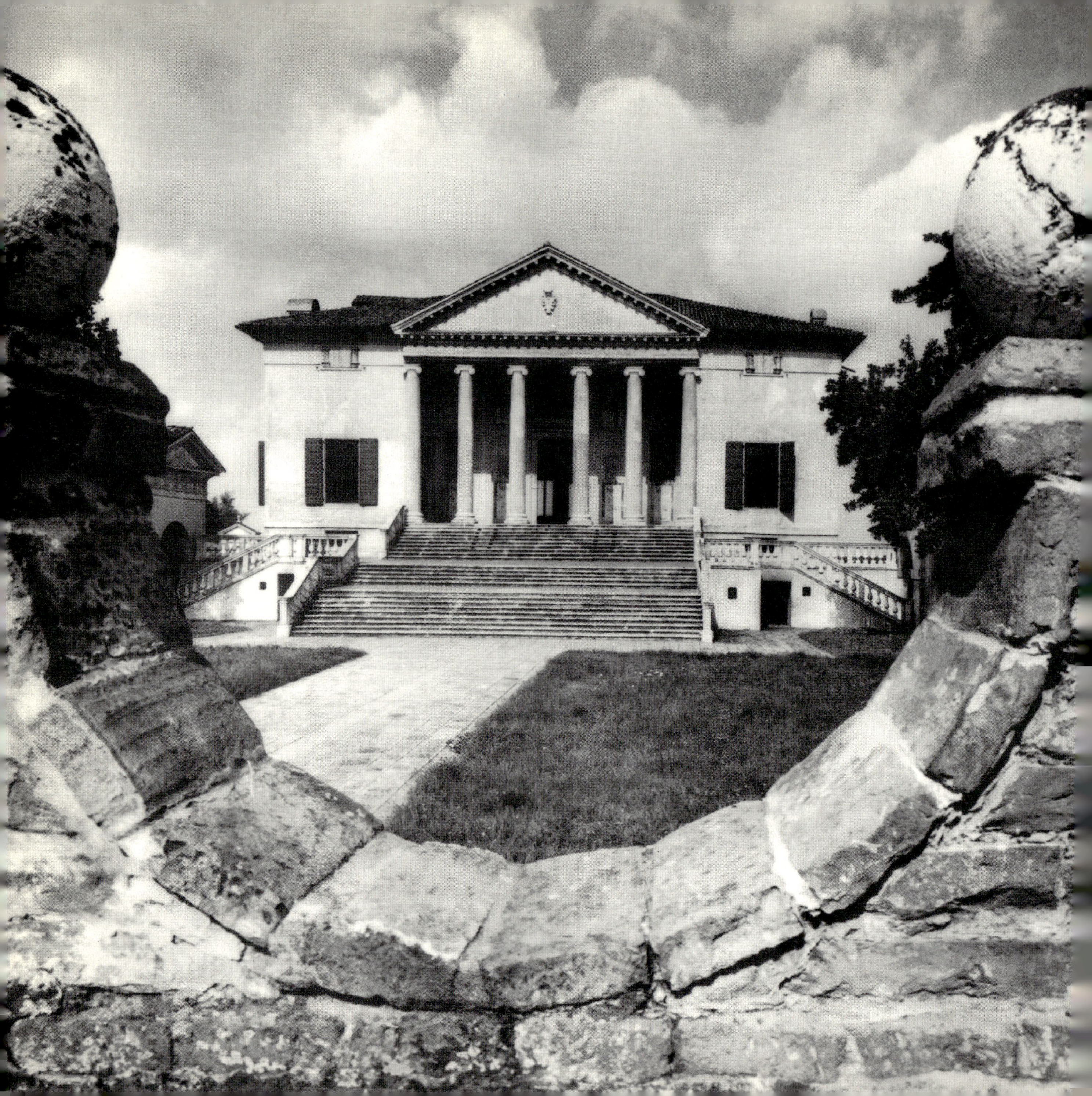

2 — 4 Vorräume. Das Vor- und Nachspiel in der Architektur.

Die Vorräume, Vorhöfe, Vorplätze, Eingangshöfe, Windfänge, Dielen, Foyers: Räume für die ersten Ereignisse, Räume für die Vorbereitung, für die Begrüßung und erste Begegnung. Figuren der Ankündigung, der Erwartung.
Der Platz für das Zögern vor der Tür, das Foyer zum Ordnen der Empfindung, die Zone der Vorbereitung, der Ort für den Auftakt, für die freundlichen, rettenden, warnenden oder bedrohlichen Signale. Die Vorbühne des Hauses.

Ankündigungen

2 — 5 Schwellen.

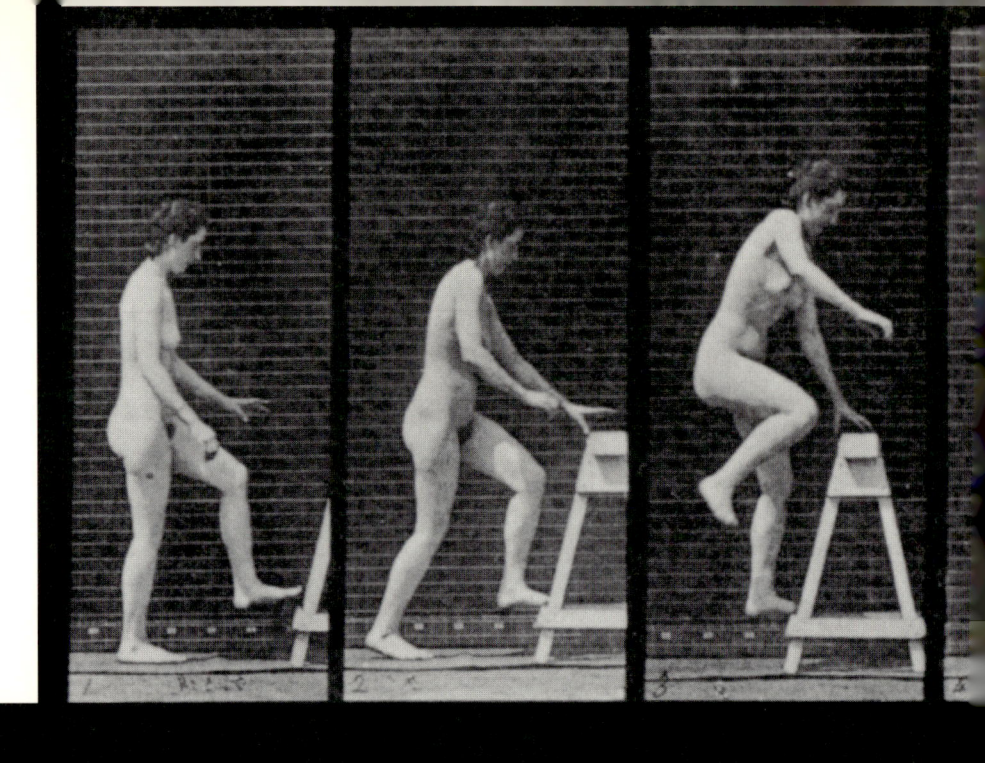

Die Schwelle, die den Fluß behindert, die die Strömung verlangsamt. Die Schwelle als Hemmung, als Bremse. Die Stolperschwelle. Aber auch die Schwelle zwischen den Räumen verschiedener Art. Die Schwelle als Übergang zwischen innen und außen, zwischen öffentlich und privat, zwischen erlaubt und unerlaubt. Die Schwelle als Vorwarnung, als durchlässige Grenze. Bedenklich der Besucher mit Schwellenangst. Euphorisch der Mann, der eine Frau über die Schwelle trägt.

Stutzen. Stolpern. Neu beginnen.

2 — 5 Schwellen.

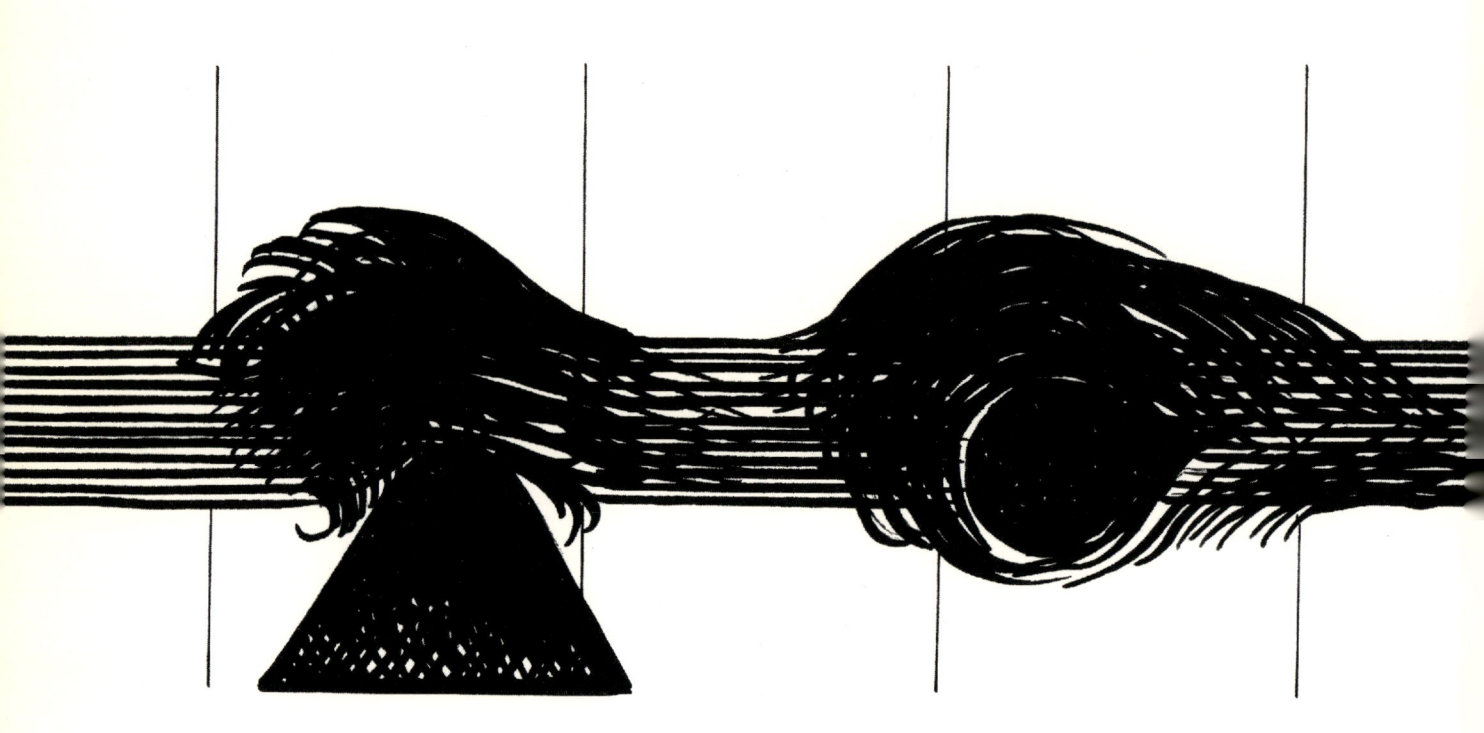

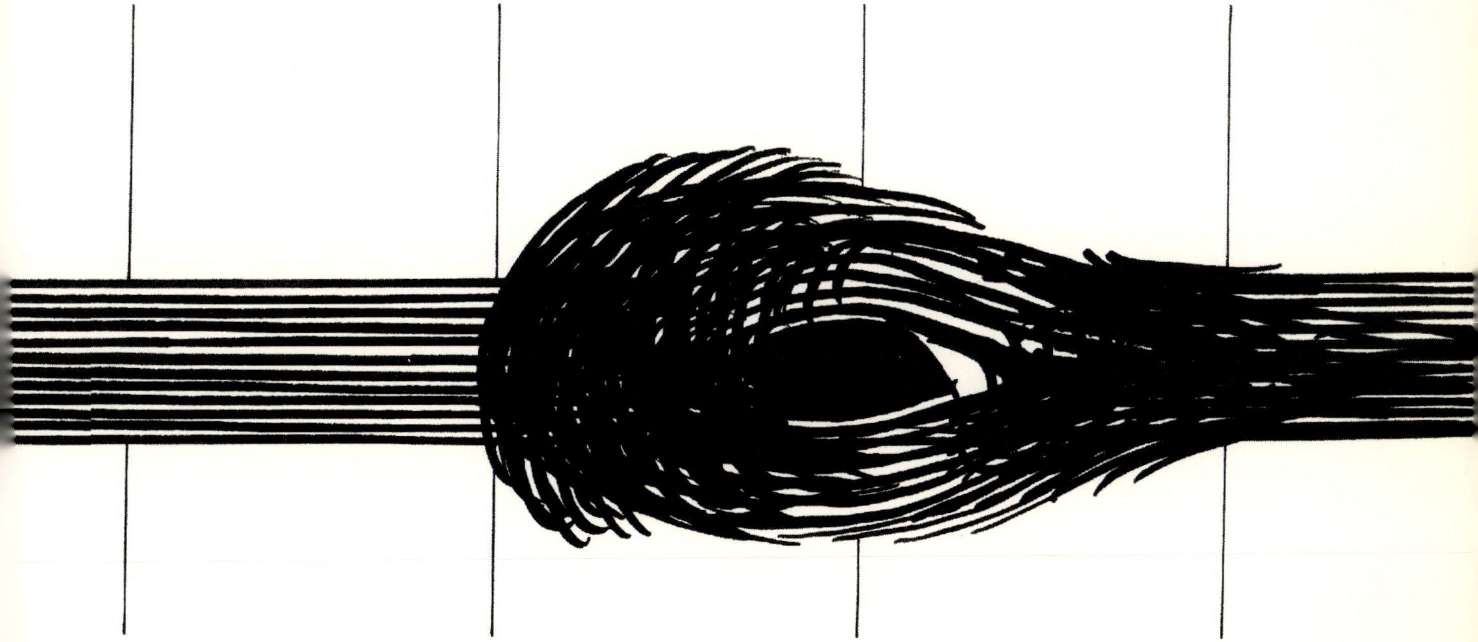

Schwellenphänomene.

Von außen nach innen, von innen nach außen - immer führt dieser Weg, der bedeutendste, den die Architektur formulieren kann -, über eine Schwelle. Ob es sich um den Übergang von Raum zu Raum handelt, um die Schleuse zwischen Straße und Haus oder um den Übergang einer Straße in einen Platz, immer geht es um das Verlassen und das Ankommen, um beides. Die Inszenierung nahezu aller Architektur-Erlebnisse, Ihr Freunde, hat mit solchen „Zwischen-Phänomenen" zu tun.

Ein Schwellenphänomen ist nicht dinghaft, sondern situational, es läßt sich nicht hinreichend beschreiben durch die Bestimmung von Form, Größe, Breite, Material, Lage und Richtung, vielmehr ist die Situation entscheidend, der Handlungsbezug, die Qualität des Weges und die damit verknüpften Erwartungen bzw. Erinnerungen. Denn mit der Schwelle ist das Erlebnis des Überganges gemeint. Der Raum ist besonders hier auf Zeitqualität hin angelegt. Einerseits schließt die Schwelle eine Bewegungsphase ab, hier endet ein Erlebnisabschnitt, ein Ausdrucksanteil dieser Form bezieht sich also rückwärts. Andererseits eröffnet sie eine neue Bewegungsphase mit Herausforderungen, auf die ich mich einrichte. Die Eigenart der Schwelle hat also zweierlei Aussagequalitäten gleichzeitig, sie ist ausdrucksvoll, indem sie sich auf die Vergangenheit bezieht und auffordernd, indem sie sich auf die Zukunft bezieht. Diese zwittrigen Bezüge sind es, die sie erzählerisch machen.

Es gibt harmlose, unmerkliche, alltägliche Schwellen, es gibt anspruchsvolle, aufmerksamkeiterregende, hoheitsvolle Schwellen.
Es gibt Schwellen, die man überfliegt, die fast unter dem Fuß unerkannt bleiben, machtlos, ohne Konsequenzen. Es gibt solche, vor denen man

umkehrt, gewaltige, erschreckende Grenzschwellen und solche, die man nie überschreiten darf.
Zum Schwellen-Moment gehört das Ephemere, die Entstehung einer Erwartung durch den flüchtigen Eindruck, die Erregung durch den ersten Blick. Es ist wie die Ahnung der Liebe, das unkontrollierte Eintauchen in den Zauber der anderen Seite. Hier am ehesten zeigt sich unser Körper als ein totales, ganzheitliches Instrument, er nimmt das Ganze vorweg - im Bruchteil einer Sekunde. Und er ist hoch instrumentiert für den Aufbau der Erwartung. Dabei sind es oft Ohren, Nase und Haut, die an der Peripherie einer neuen Szene schon, spontan und ungefragt, den ersten Eindruck signalisieren und den Umschlag der Stimmung auslösen.
So ergibt sich aus dem Hörraum die Richtungsorientierung neu, von neuen Materialien handeln die unmerklichen Düfte, die ersten Kontakte der Füße. Nahsinne besonders vermitteln das Kippen der Atmosphäre und bereiten uns vor auf die Einführung eines neuen Maßstabs.
Es gibt Holzschwellen, Steinschwellen, Lichtschwellen, Schwellen, die deutlich im Boden ausgeprägt sind und solche ohne begrenzende Spur.

Dadurch, daß Schwellen nach zwei Richtungen räumlicher Erfahrung verschiedene Auskünfte geben, kommt es bei ihrer Gestaltung gerade nicht auf Symmetrie in Richtung der Gehlinie an. Eine Gehrichtung kann z.B. bevorzugt und feierlich betont werden. Es ist möglich, die Annäherung aus einer Richtung oder aus beiden bis zum Stillstehen zu verlangsamen. Eine Schwelle kann eine erzählerische Vorankündigung sein, eine andere ist hart formuliert, sie kann den Übergang beschwerlich, mühsam, ja hinderlich machen. Die Aufforderung zum Übergang heißt dann nicht „ja!", sondern „nein!", nicht „komm herein!", sondern „bleibe draußen!".

So ist die Sprache der Schwellen an Urgesten und archetypische Wege („Schicksalswege") gebunden. Sie können Aussagen machen in der Art von „nach draußen flüchten", „festlich eintreten", „unbemerkt ins Zimmer kommen", „sich allmählich einfinden", „ in Sicherheit bringen", „nicht hereinlassen", „zur Tür locken", „aussetzen"...
Selbstverständlich ist nicht der sprachliche Ausdruck gemeint, vielmehr die gemeinte Körperhaltung und die damit verbundene Bewegungsfolge. Solange die Geschichte der Architektur die Geschichte der Baukörper sowie ihrer Zwischenräume bzw. Innenräume war, meinte Schwelle im wesentlichen Türschwelle. In der Tat ist beim Bauen bis heute das Phänomen Tür das stärkste szenische Element. Es „spricht" vom Übergang der Räume zu Räumen, von innen nach außen, vom Geschützten zum Ungeschützten usw.. Im weiteren Sinne ist aber jeder Übergang von einer Raumcharakteristik zur anderen entlang eines Weges eine Schwelle.

Was die städtebauliche Situation der Schwellencharaktere betrifft: In den Großstädten der Erde beginnt ein seltsames Phänomen den Charakter der Übergänge von außen nach innen zu verändern. Die Fassaden der Großbaukörper werden ganz oder teilweise durchlässig, verlieren den Charakter der eindeutigen Grenze. Sie werden offenbar nicht mehr als Oberflächen von Dingen (d.h. Baukörpern) verstanden, vielmehr sind sie gleichermaßen die Häute der fluktuierenden Zwischenräume. Straßen, Plätze und Passagen werden nicht mehr - wie in den Städten der Toskana - von steinernen Fassaden eingehüllt, wohl aber von halbtransparenten und irrsinnig wechselnden Glas- und Lichthäuten, die die Stadträume auf neue Weise zu Innenräumen machen. Die geschwätzigen Membranen reden und reden und reden. Man fährt und geht durch diese „sprechenden" Folien, taucht

in ihre Botschaften ein, wechselnde Licht- und Bildangebote, die unsere Aufmerksamkeit versucht zu verarbeiten, zu reduzieren, zu benutzen und zu genießen, - manchmal bis zur Erschöpfung.
Die Sprache der Schwellen hat die ganze Haut der Gebäude erfaßt, großflächige Fassaden sind Zonen der Durchdringung, des Übergangs, der Ankündigung und der Erinnerung und auf diese Weise Schwellen. Sie definieren diese Großstädte - Tokyo, Hongkong, New York, Fortworth - als Raum-Zeit-Maschinen, als architekturale Geräte, die nicht mehr den Schutz der Privatheit vor der Öffentlichkeit formulieren wollen, vielmehr die Verlockung zum totalen Transport von Menschen, Dingen und Zeichen durch halbdurchlässige Grenzen.
Eine „Schwelleninflation" läßt das traditionelle Innen verloren gehen.

Um so wichtiger ist die Formulierung der Geheimnisse.
Türen und Schwellen müssen in verschiedenem Grade Verschleierung und Offenbarung leisten, Ankündigungen bringen und Erinnerungen auslösen. Selbstverständlich gehören zu den tausend Möglichkeiten der Einladung tausend Möglichkeiten des Verbergens.
Der Zauber des Vorganges hängt - wie bei der Liebe - von deren Wechsel ab.

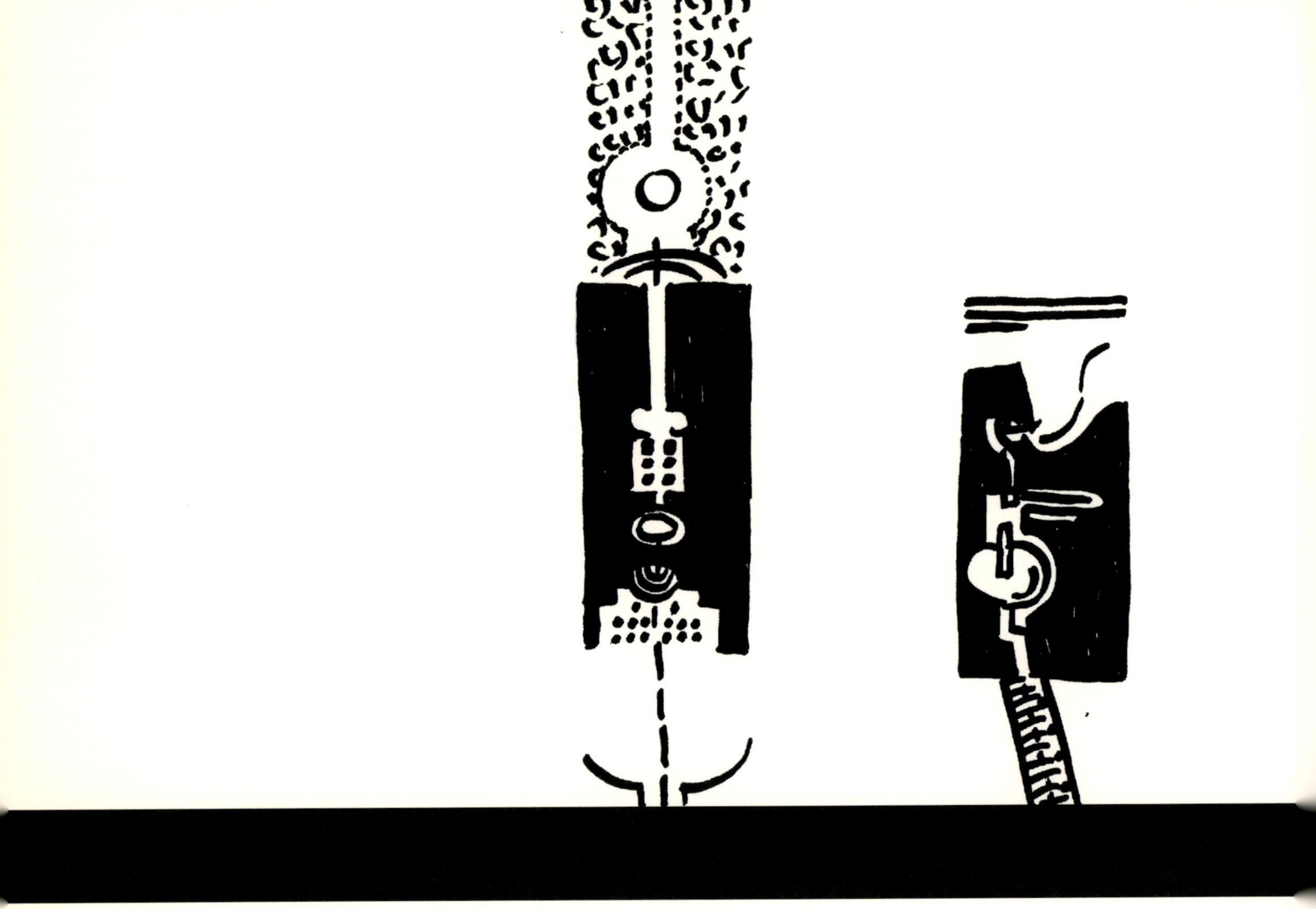

2 — 6 Gebaute Schwellen.

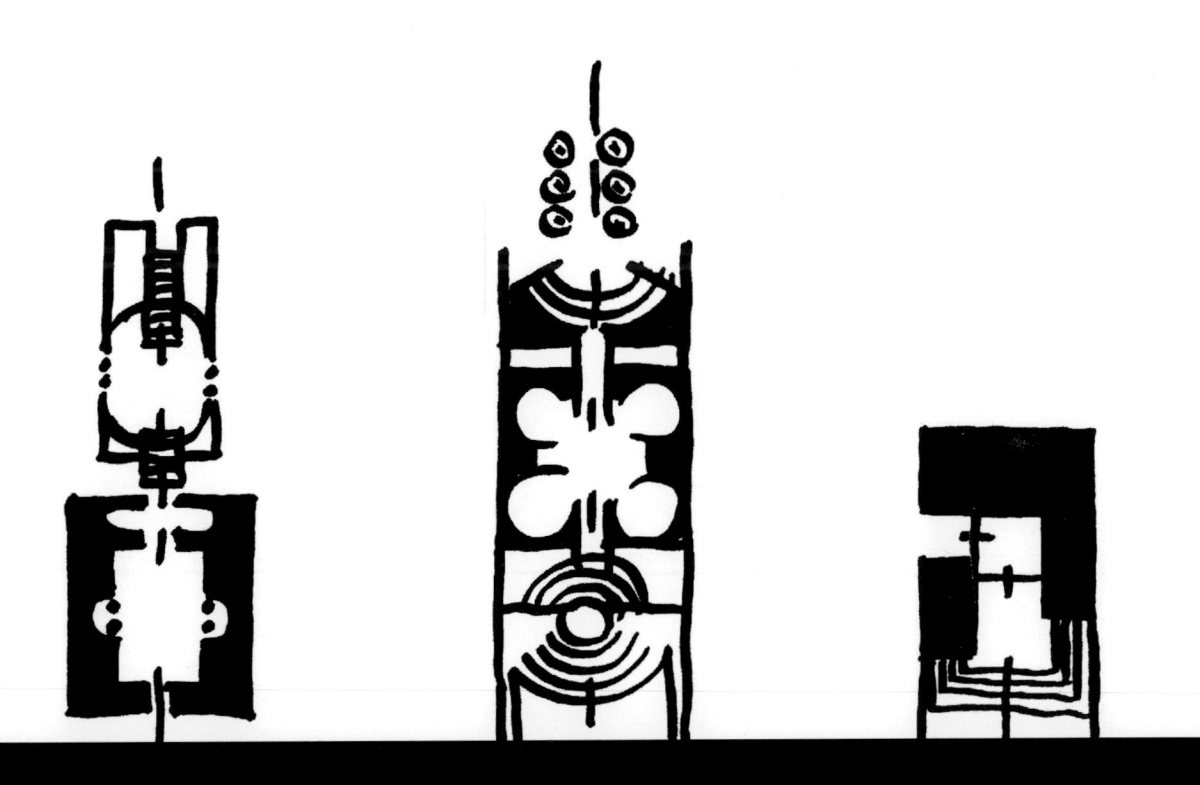

Schwellen sind Werkzeuge der architektonischen Choreographie. Die verschiedenen Gesten der Verlangsamung bei der Erschließung der architektonischen Räume: die Türen und die Türschwellen, die Stufen und Podeste vor den Durchgängen, die Verengung beim Eintritt, Steigung und Wechsel des Pflasters am Tor. Innen und außen, hüben und drüben werden durch Formen und Materialien kunstvoll voneinander getrennt und ebenso kunstvoll miteinander verbunden. Schwellendetails sind das empfindlichste, beredteste Repertoire der architektonischen Sprache.

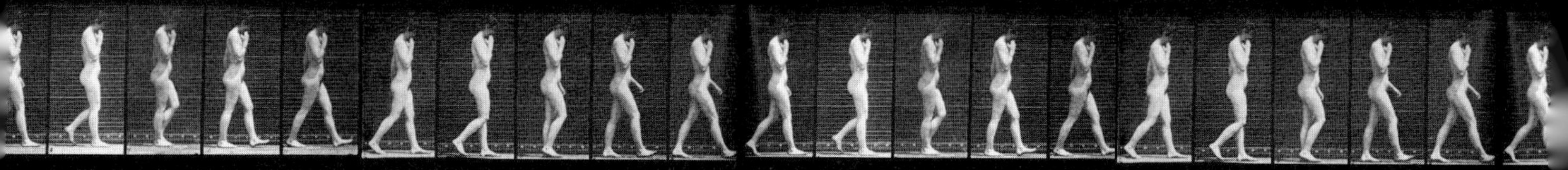

Der gerade Weg.

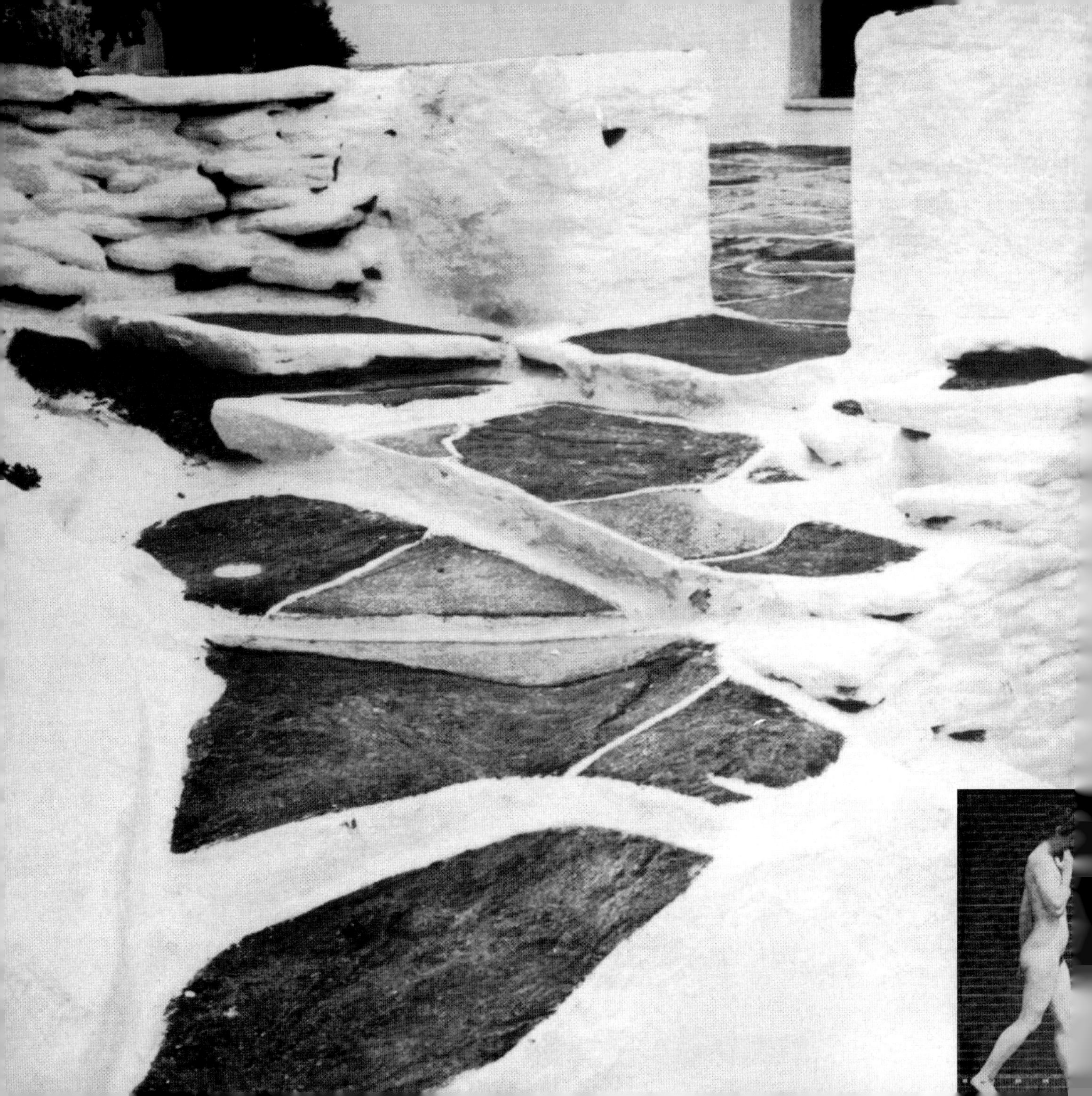

2 — 7 Gehen. Architektur für den Fuß, für das Gehen.

Das Heben und das Pendeln der Beine, das Stoßen der Füße, das Schwingen der Arme, das Drehen der Hüften und Schultern: ein rhythmischer, komplexer Akt. Tampelpfade, Fußpfade, Gartenwege, Spazierwege, Promenaden, aber auch Vorhöfe, Innenhöfe, Wohnhöfe, Treppen, Rampen, das sind Bewegungsräume primär zum Gehen, Architekturelemente für den Fuß. Sie müssen die Bewegungsfolgen der Füße aufnehmen, den Rhythmus der Schritte beim Gehen, beim Laufen, beim Stehen (denn auch das ist ein rhythmisches Pendeln).
Die Architektur-für-die-Füße ist räumlich von unten her aufzubauen und zeitlich für die Langsamkeit des Gehens einzurichten.

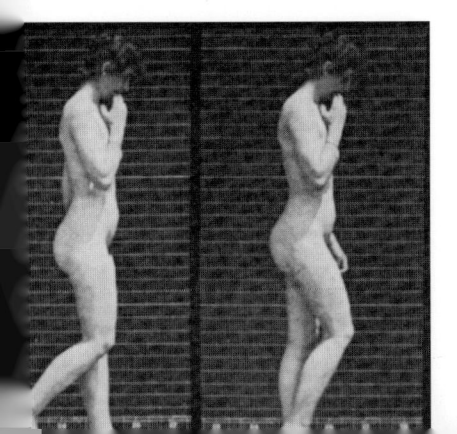

2 — 8 Fahrradfahren. Schlittschuhlaufen.

Fahradfahren. Der Übergang vom Gehen zum Fahren wird in die Gestik der Körpersprache übersetzt. Füße und Beine erzeugen rhythmisch die Energie des Gehens, übertragen sie aber nicht auf den Boden, sondern auf das Rad. So ist in der leichten Rechts-Links-Pendelung seiner Spur sowohl der Rhythmus des Gehens als auch das Gleichmaß des Fahrens spürbar, biologische Zeit wie mechanische.

Schlittschuhlaufen. Die Gesten des Gehens werden in eine Folge von Schwebeschritten übertragen.
Immerhin: zwischen Schwebung und Schwebung - im Ritardando - erinnert sich der Fuß an die tragende Erde.

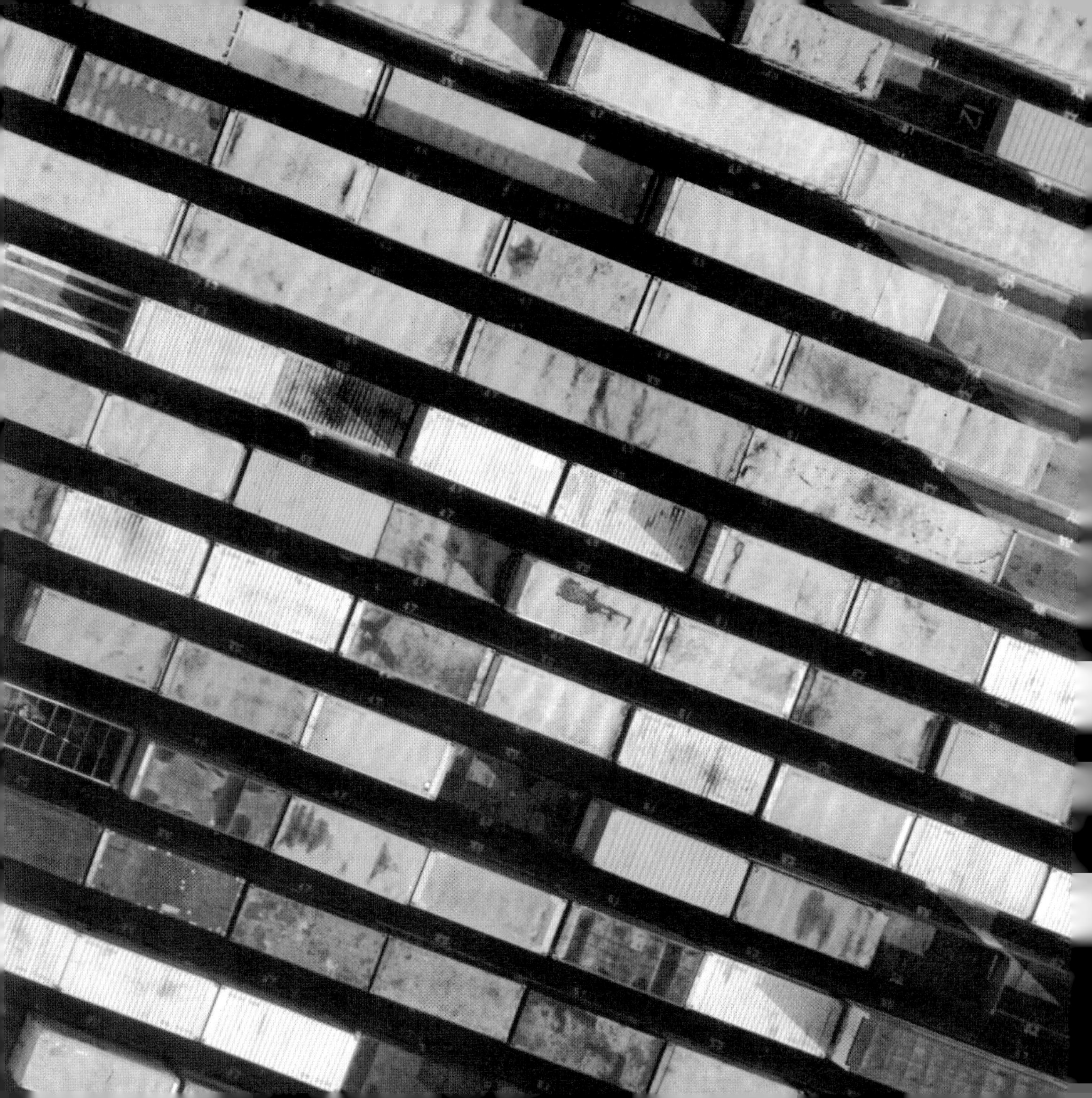

2 — 9 Fahren. Gleiten. Rollen.

Räder rollen im Idealfall gleichmäßig auf Straßen und Schienen, ihre Bewegung ist nicht in Phasen gegliedert, nicht nach Takten und Rhythmen geteilt, und sie ist - im Gegensatz zur Gehbewegung - umkehrbar. So haben auch die ihnen angemessenen Bewegungsräume (Fahrstraßen, Autobahnen, Schienenstränge) Eigenschaften der chronometrischen Zeit: serielle, gleichartige Details und Umkehrbarkeit der Richtung.

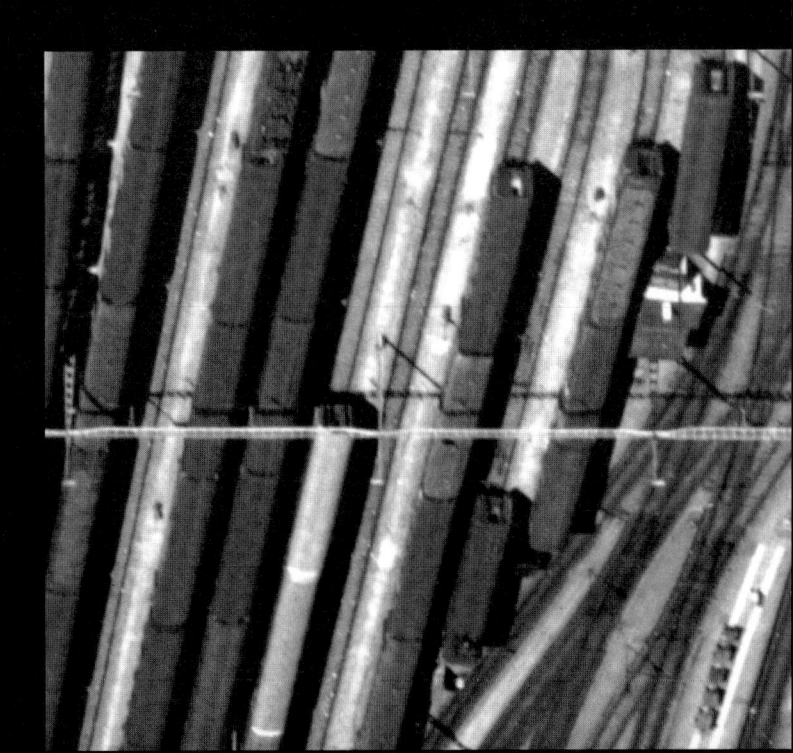

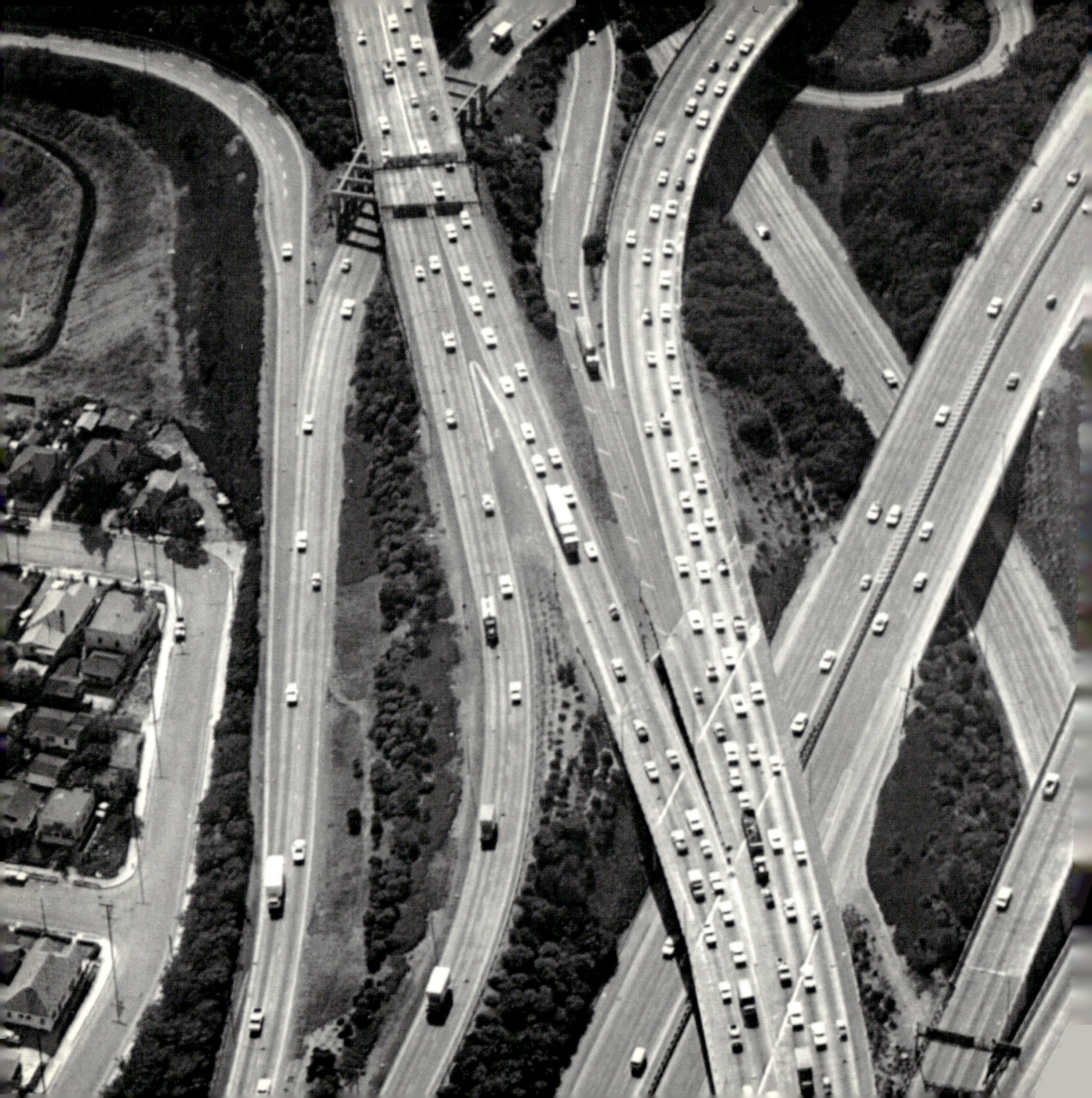

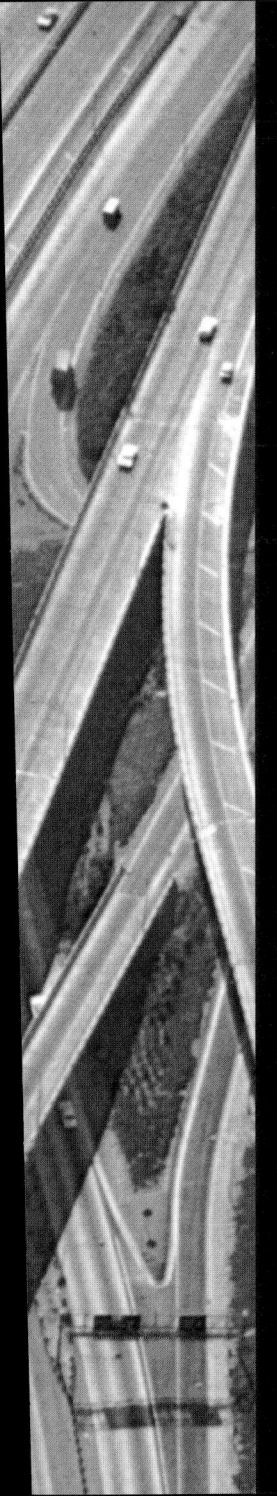

2 — 10 Architektur für das Fahren, Gleiten, Rollen.

Straßen, Brücken, Tunnel, Schienenstränge, Förderbänder, Aufzugschächte etc. sind Elemente der Stadt als Bewegungsraum für Fahrzeuge. Die Elemente des euklydischen Raumes (Gerade, Parallelität, rechte Winkel) und der chronometrischen Zeit sind die physikalisch-technische Grundlage ihrer Figuration.
Der Mensch aber bedient sich nicht nur dieser Mittel, er berauscht sich an ihnen.
Während ihrer kulturellen Entwicklung verwandelt sich die „technische Stadt" mit mörderischer Rücksichtslosigkeit in ein Gerät. Ihre Faszination ist die eines visuellen Rausches, während die Körper ihrer Benutzer - ohne Kontakt zur Erde und ohne Körperrhythmus - mehr und mehr erstarren.

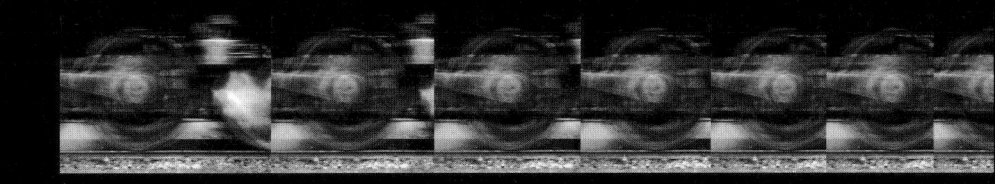

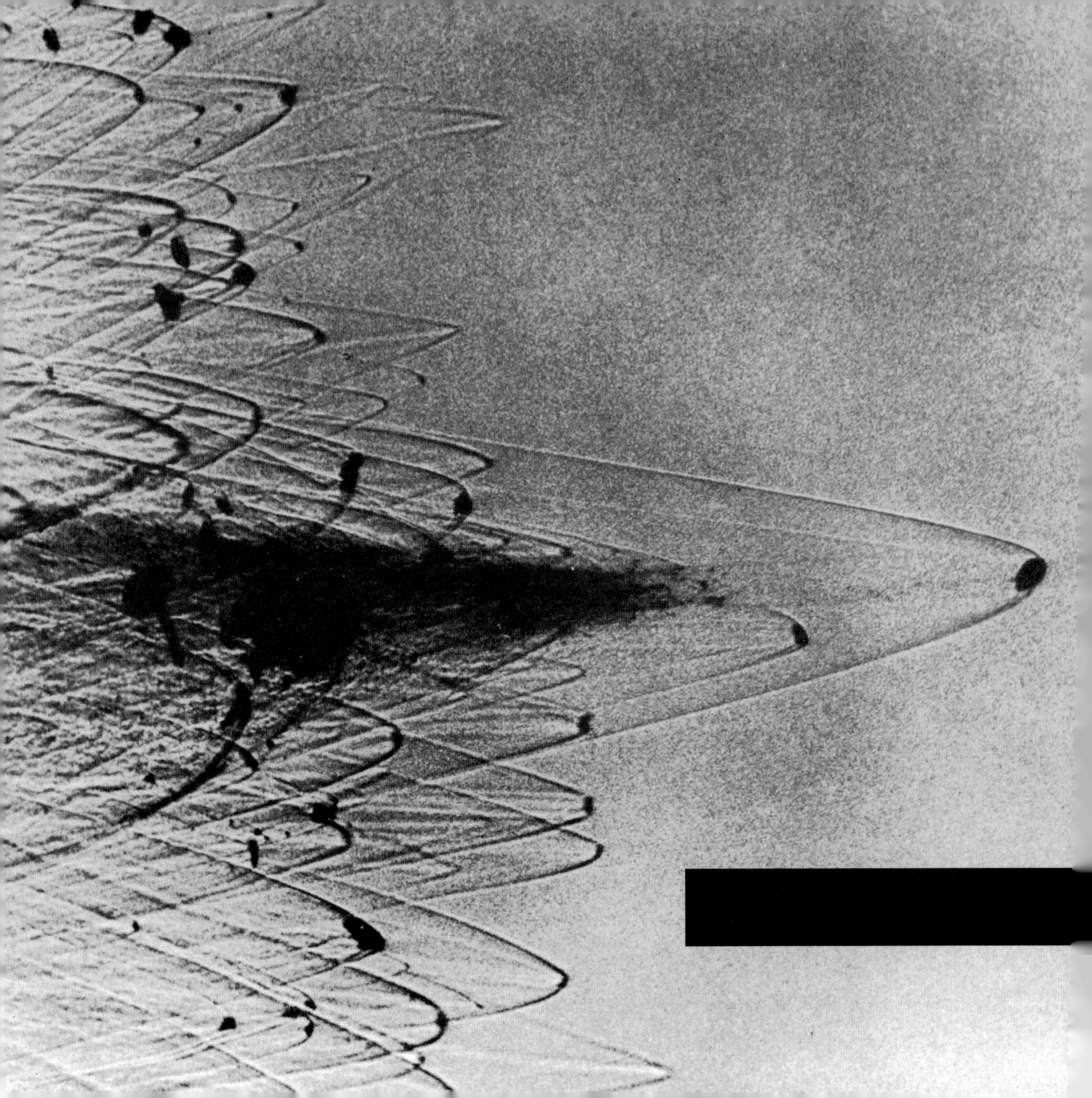

2 — 11 Der Pfeil.

Das Zeichen für eine Richtung: dorthin! Die Geste gerichteter Bewegung. Das Zeichen selbst ist den Dingen in der Strömung nachempfunden, dem Kopf des Fisches, dem Schnabel des Vogels. Es ist das Bild von etwas, das fließt, die Spitze, die Nase, das Kopfstück einer Bewegungsspur. Als Ausdrucksfigur meint es das Sich-selbst-vorauseilende. Es kündigt mit seiner Gegenwart das Spätere an, die Entwicklung der Kräfte im Raum, den physikalischen Stoß.

Die Richtung der Zeit. Die Nicht-Umkehrbarkeit der Wege.

Modelle der umkehrbaren Zeit (beliebig vorwärts oder rückwärts laufende Uhren) oder der umkehrbaren Wege (Start und Ziel austauschbar und von gleicher Qualität) sind höchst abstrakt und nur in wissenschaftlichen Zusammenhängen brauchbar. Für den Entwurf der gebauten Umwelt des Menschen müssen wir statt dessen nach Raum-Zeit-Modellen suchen, die durch Richtungen und nicht umkehrbare Aufeinanderfolge charakterisiert sind, denn eben dadurch sind die Ereignisse und Handlungen selber geprägt, die die Erlebniswelt des Menschen bestimmen. Selbstverständlich haben alle geplanten Aktivitäten eines Menschen, die den Charakter von „Handlung" haben Zeit-Merkmale, Anfang und Ende, Verzögerungen etc.. Aber auch die vielen nicht geplanten Aktivitäten vom Charakter „Ereignis" haben einen nicht umkehrbaren Verlauf: es ändert sich etwas, und der Vorgang endet anders, als er begann. Arbeitsvorgänge sind in diesem Sinne „Handlungen", auch alle funktionalen Alltagsvorgänge. Die Folge der Wahrnehmungen, die Entwicklung der Gefühlsstimmungen, Verkehrsunfälle etc. sind dagegen eher „Ereignisse". Alle diese Vorgänge haben aber am Ende andere Erlebnis-Qualitäten als am Anfang. Protension und Retension (E. Husserl), Vorausgerichtetsein und Rückblick, Erwartung und Erinnerung geben dem Augenblick am Anfang und am Ende der Zeitfolge andere Qualität.

Neben linearen Zeit-Modellen (umkehrbar oder nicht umkehrbar) sind allerdings auch zirkuläre, spiralige und solche mit springenden Ereignisketten denkbar und darstellbar. Sie betonen die Veränderung der Erlebnisqualitäten im Verlauf der Zeit, sie geben diesen Veränderungen jeweils einen besonderen „Sinn", indem die zeitliche Veränderung Gestaltcharakter bekommt.
Architektur kann verschiedenartige Zeitmodelle in ihre Formen und Anordnungen eingehen lassen oder nicht. Und diese Modelle werden Folgen für die Erlebnisse haben, die im gebauten Raumen möglich sind. So wird z.B. die Orientierung in symmetrisch umkehrbaren Raumrastern problematisch, nach einigen Wendungen geht die Vorstellung von Eingang und Ausgang verloren. Desorientierung tritt ein, das Raster kann, wenn es nicht bald

durch ein besonderes, herausgehobenes Merkmal unterbrochen wird, zu Irritationen, ja zum Wahnsinn führen. Es fehlt ein Festpunkt außerhalb dieser Welt. Mit Entsetzen wird konstatiert, daß sich bei der Umkehr nichts ändert, daß der Vorwärts- und der Rückwärtsweg nicht mehr unterscheidbar sind. Der Raum wirkt subjektiv als Untergangsmodell. Andererseits gibt es beglückende Raumsituationen, solche, die die Orientierung erleichtern und die sich deshalb als stabil einprägen. Sie haben Prägnanzmerkmale im Ablauf ihres Erlebnisweges, sie beginnen anders als sie enden.
Das trifft sowohl auf die rein topologischen Wegefolgen der mythischen Frühzeit zu, auf die Prozessionswege von Babylon, Karnak und Rom, als auch auf die Raumfolgen des „perspektivischen Zeitalters" (Pahl), etwa die Platzanlagen Michelangelos und Borrominis auf dem Capitol bzw. vor der Peterskirche in Rom, oder auch die Raumfolge des jüdischen Museums in Berlin von Daniel Libeskind. Diese Kompositionen raumzeitlicher Aufeinanderfolge sind u.a. deshalb so einprägsam, weil ihr Ereignisablauf nicht umkehrbar ist. Das Ereignis also, die besondere zeitliche Entwicklung, prägt den räumlichen Ausdruck.

Diese Erfahrung ist auf zeitliche Gestalten des Alltags übertragbar. Was beim Austreten und Eintreten durch eine Tür geschieht, muß sorgfältig unterschieden werden. Eine Treppe hinauf- und herabsteigen ist zweierlei. Solche und andere Phänomene - Ihr Freunde - sollten uns deutlich werden und Einfluß haben auf unsere Planung.

2 — 12 zwischen ... hindurch! auf ... zu! an ... entlang! von ... weg!

Wie sich die Bewegung an den Dingen stößt.
Wie die Prozeduren Form annehmen im Raum.
Wie das Nacheinander artikuliert wird durch das Nebeneinander.
Wie Raumgestalt und Zeitgestalt in der Wirklichkeit, das heißt in den ausgeführten und vorgestellten Handlungen, voneinander abhängig sind.

Es zeigt sich, daß die konkrete Szene des Körperraumes - „Ich greife aus in den Raum!" - vor allem die Ränder der materialen Körper betrifft: die Form der Ränder und die Form des Verhaltens in ihrem Zwischenraum, sie sind bildhaft voneinander abhängig.

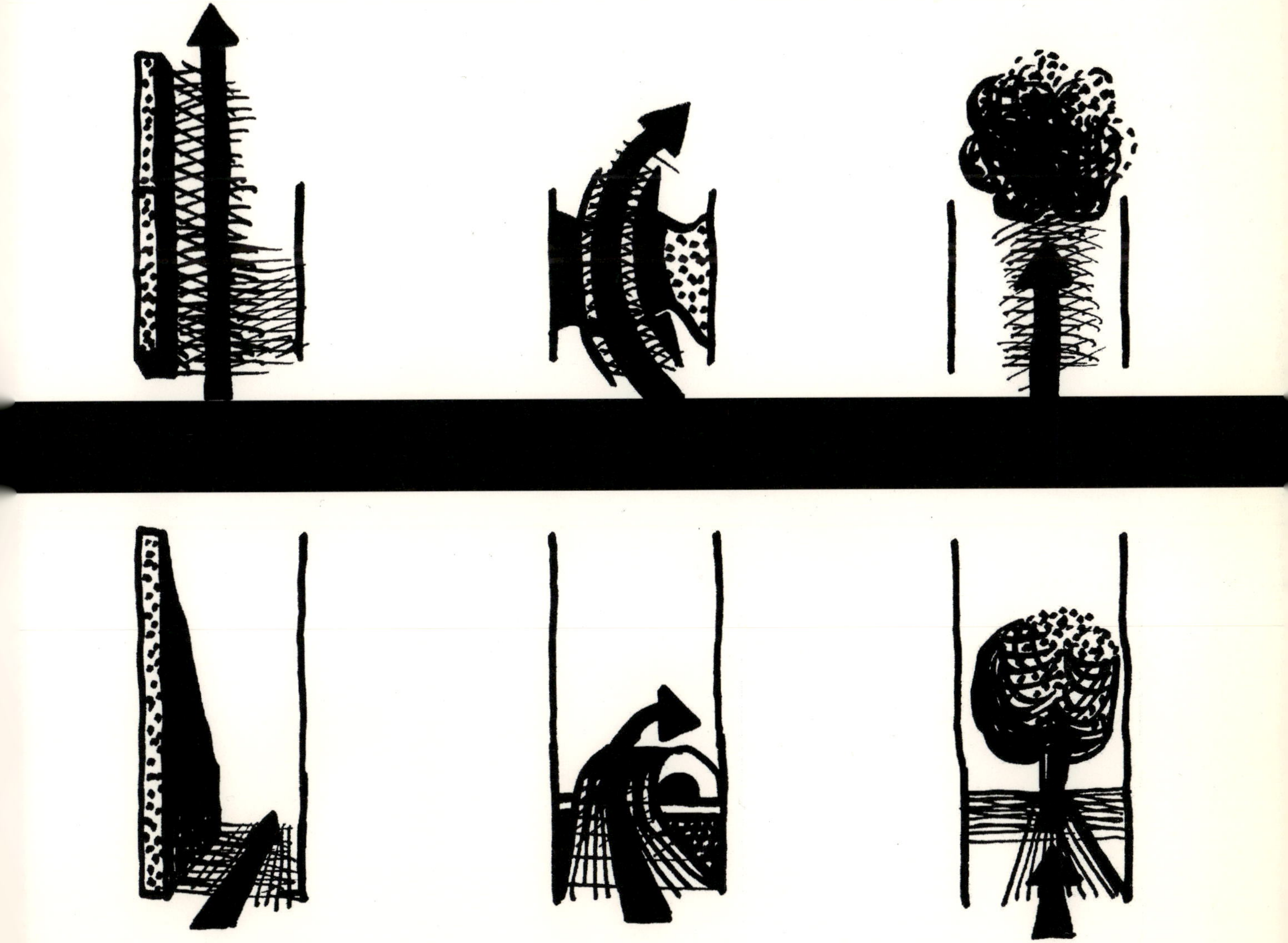

von ... weg!

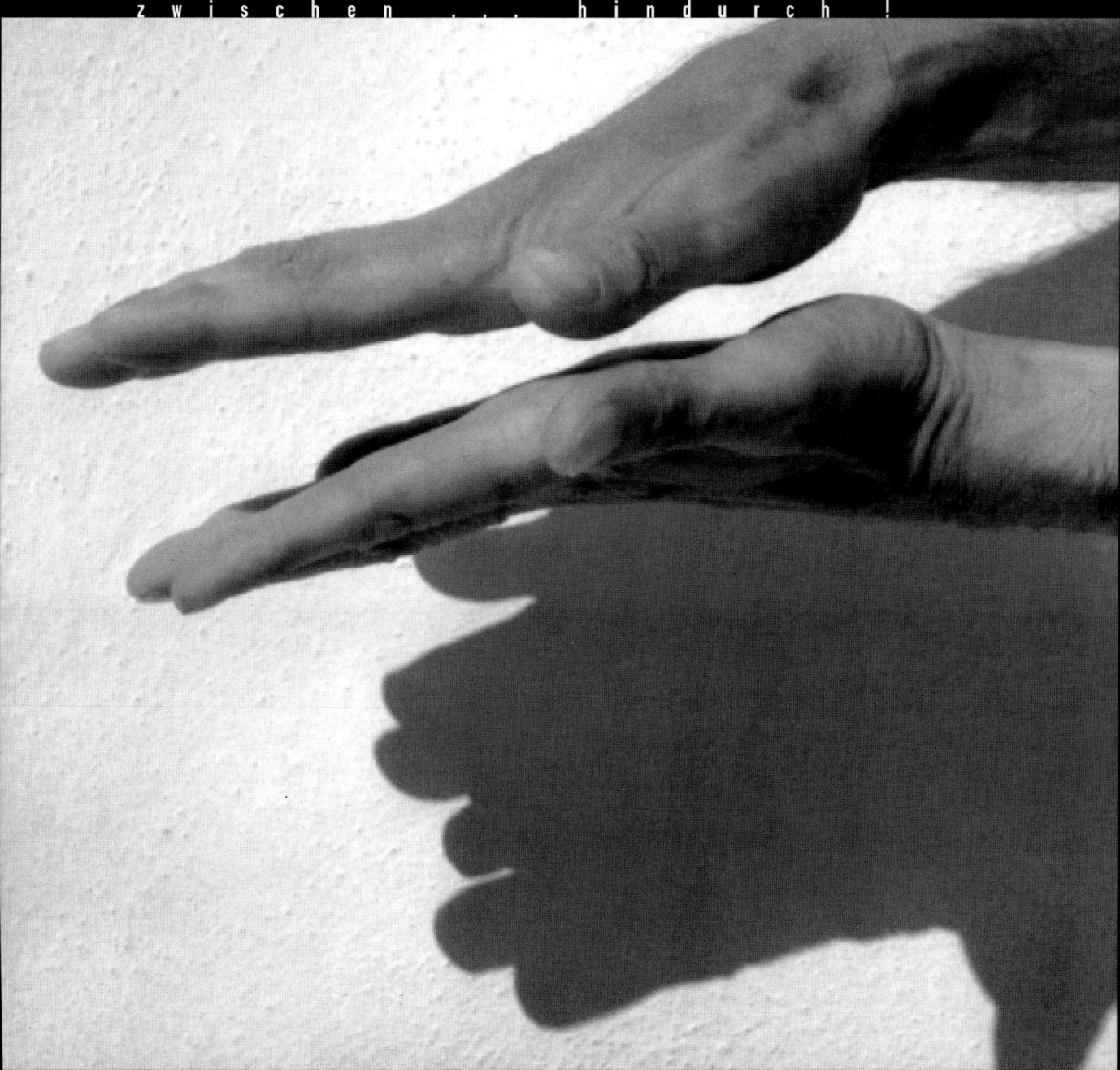

zwischen ... hindurch !

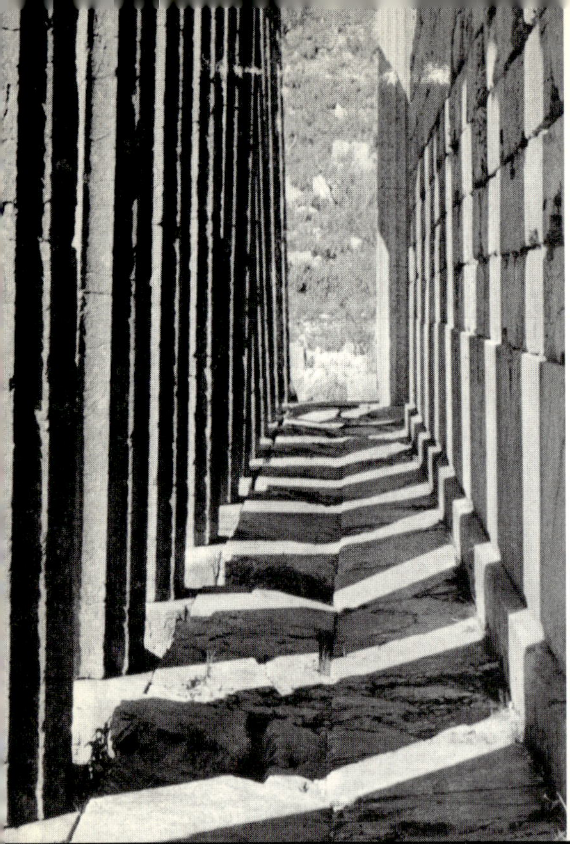
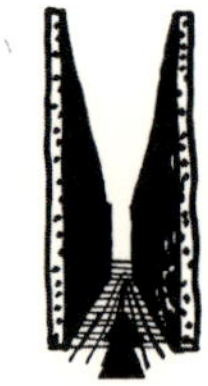
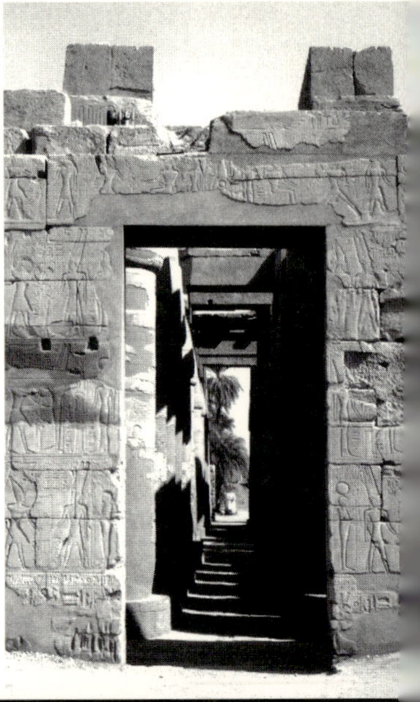
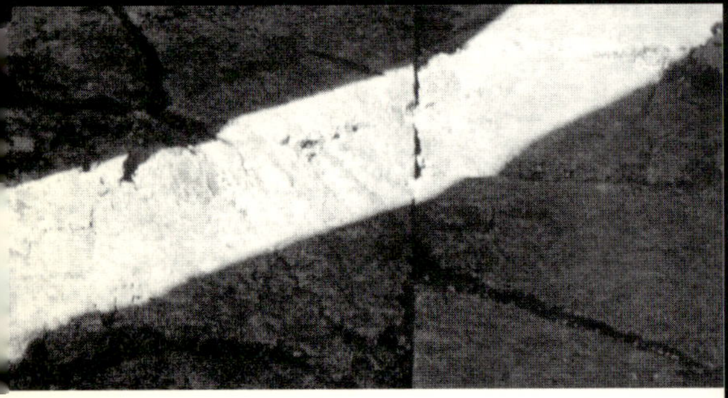
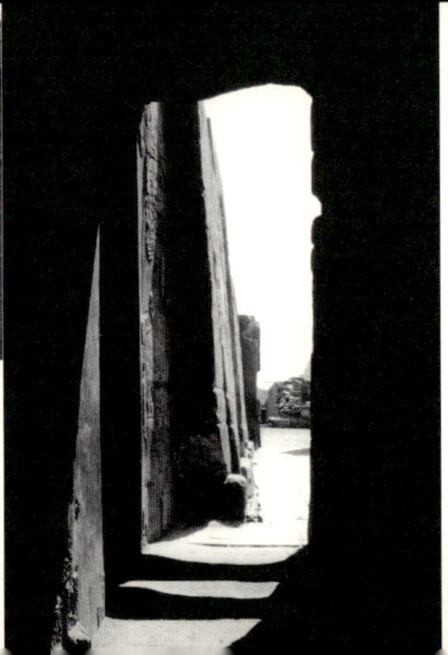
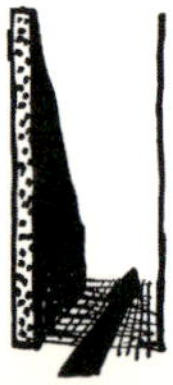

2 — 12 zwischen ...hindurch! auf ... zu! an ... entlang! von ... weg! über ... hinweg!

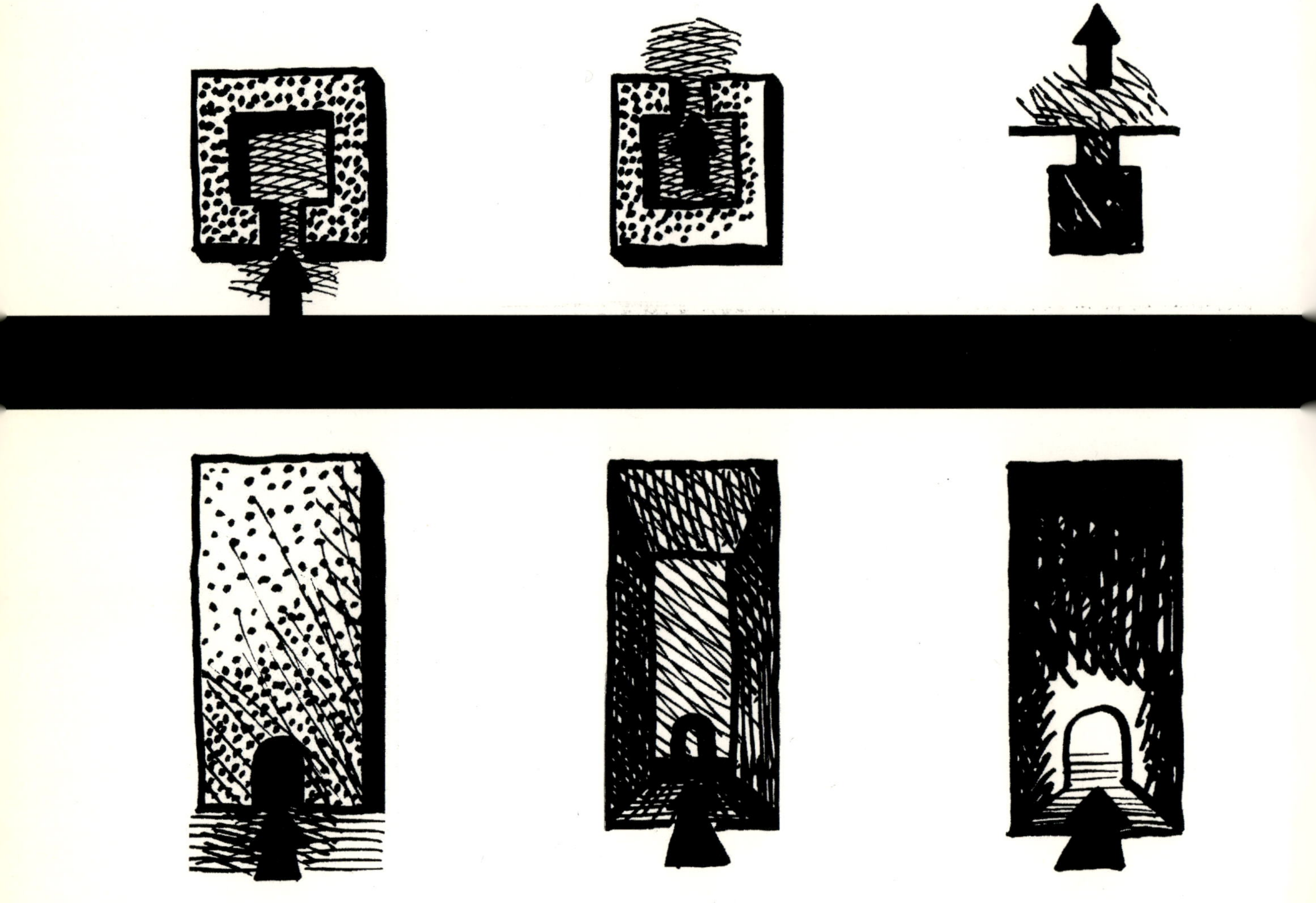

2—13 hinein! hinaus!

Das Drama des Wechsels von Innen und Außen, der Übergang von Innen nach Außen, von Außen nach Innen, das Eintreten ins Innere (aus dem Hellen ins Dunkle), das Heraustreten nach Draußen (aus dem Dunklen ins Helle): elementare Choreographie des architektonischen Raumes. Variationen aus einem unerschöpflichen Ausdrucksrepertoire: in das warme Zimmer eintreten, auf die offene Straße hinausgehen, die Altstadt betreten, die Stadt verlassen, in das Private zurückkehren, auf den Hof hinausgehen, in die dämmrige Stube hineinkommen, ins Dunkle eindringen, ins Helle treten.

2 — 13 hinein! hinaus!

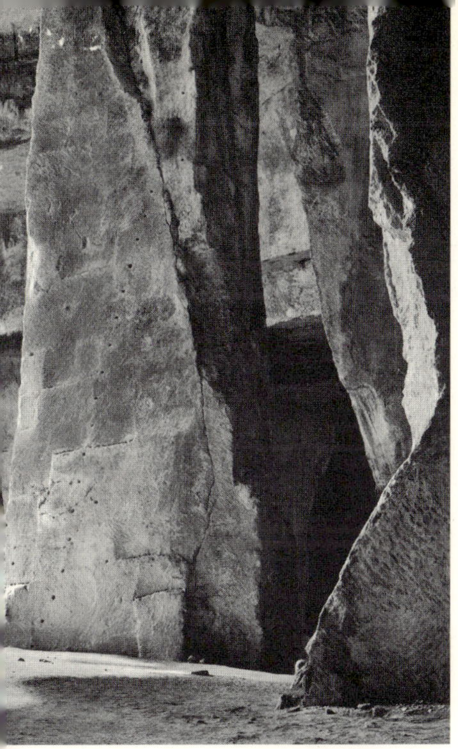

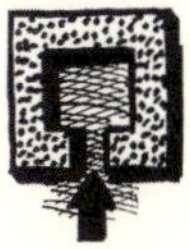

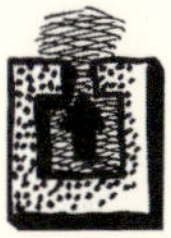

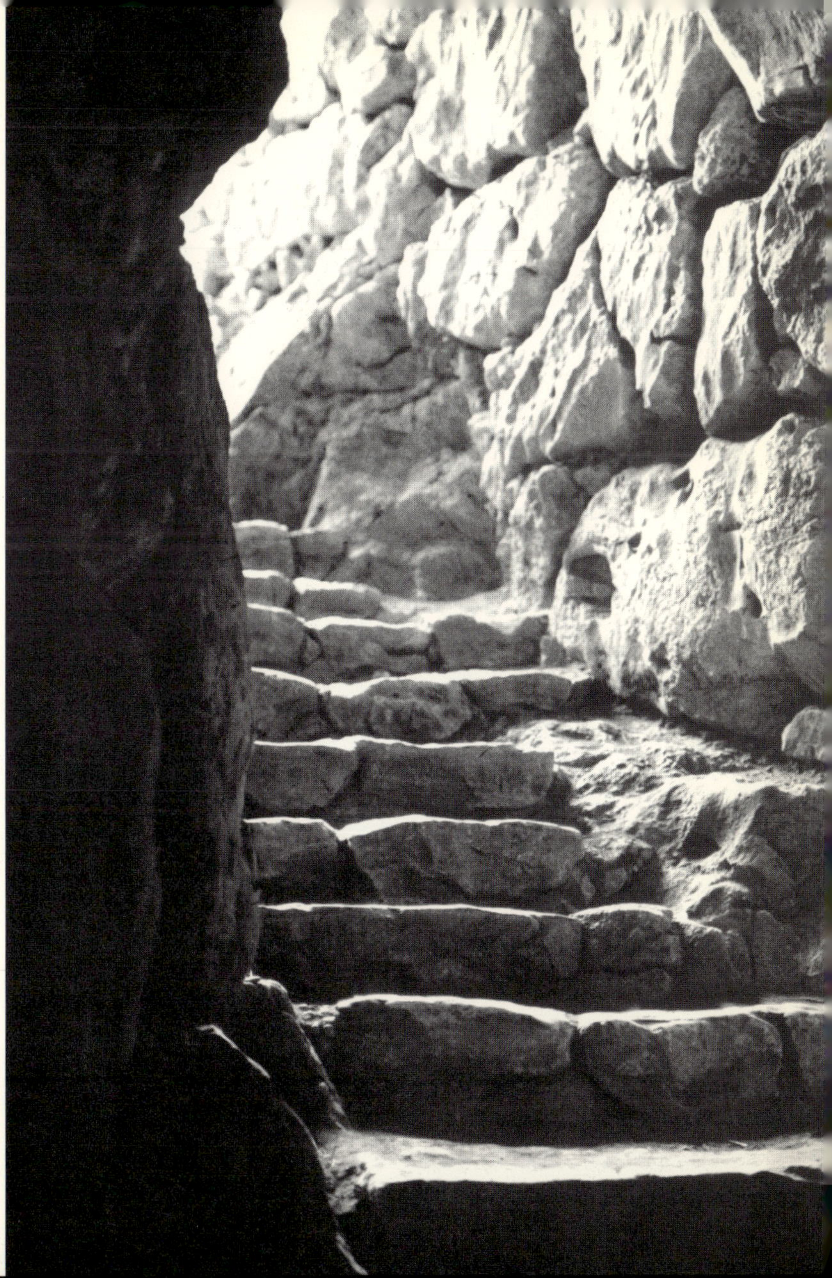

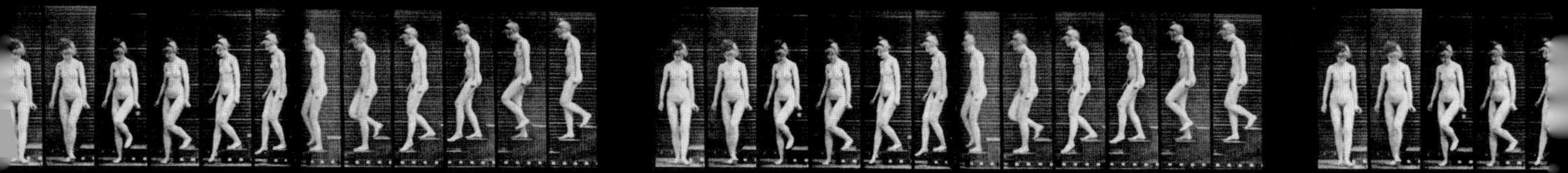

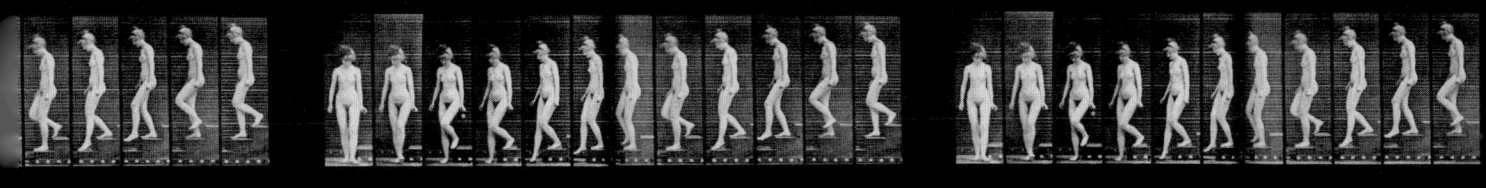

Krümmung. Wendung. Kurve.

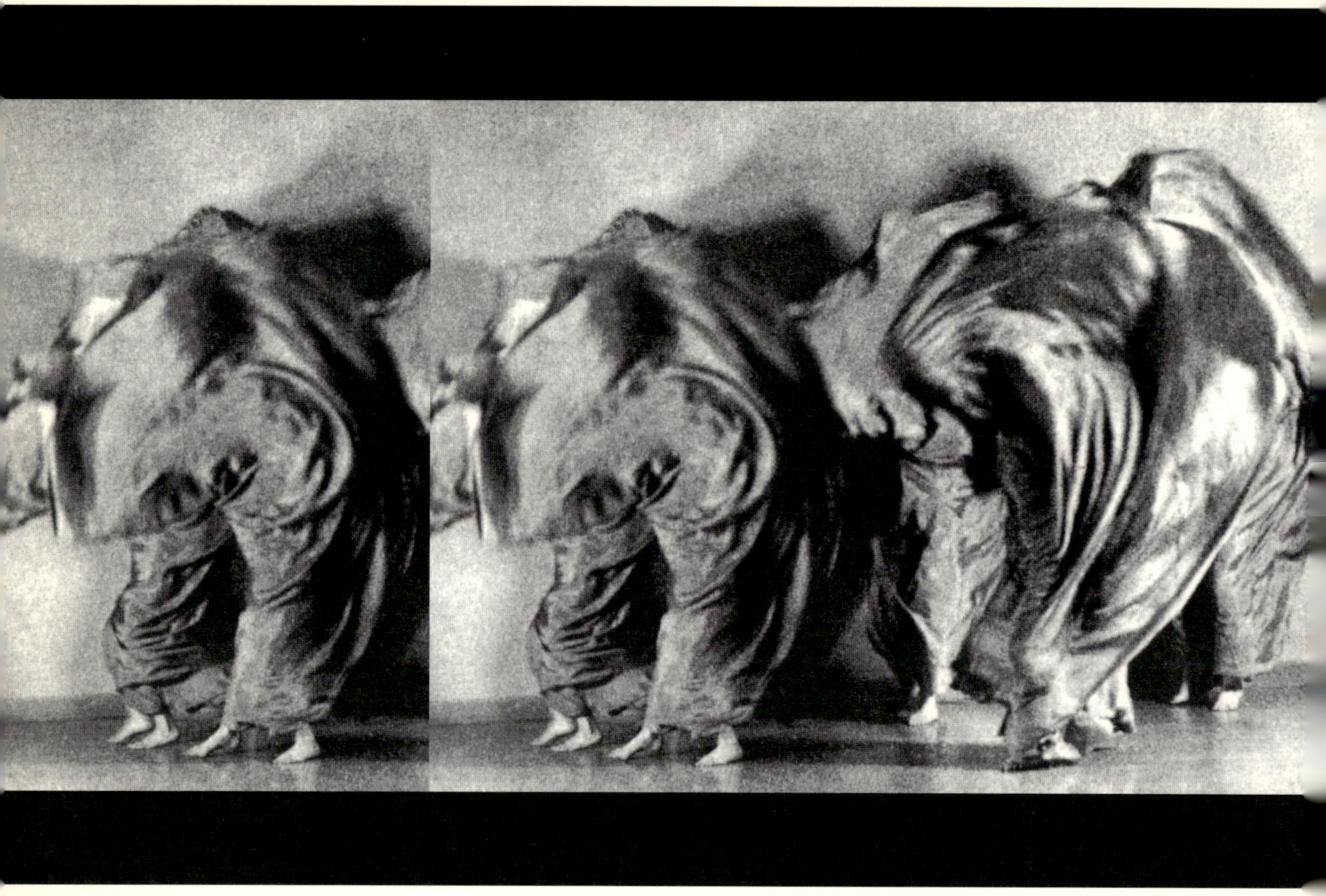

2 — 14 Leibraum als Bewegungsraum.

Schon vor der Geburt ist die Raum-Erkenntnis vor allem in den Drehbewegungen des Körpers begründet, im Wenden und Strecken und Beugen des Rumpfes und seiner Glieder. Erlebnisraum ist primär Körperraum, und Körperraum ist primär Bewegungsraum. Jeder Mensch verschafft sich - vor seiner Geburt und danach - ein „Inbild" der räumlichen Welt, das vor allem und zunächst auf Aktionen seines Leibes beruht. Folgen von kleinen gestischen Handlungen korrigieren das Bild von Minute zu Minute, solange er lebt. So stellt der Körper sich als ein sich verändernder im Raum dar und umgekehrt: der Raum stellt sich als ein sich verändernder im Körper dar. Der Körper und sein Raum bilden ein ganzheitliches System von der Art einer „szenischen Molluske", d.h., er ist ein Gliederwesen und eine Raumfigur in ständiger Selbstdarstellung.

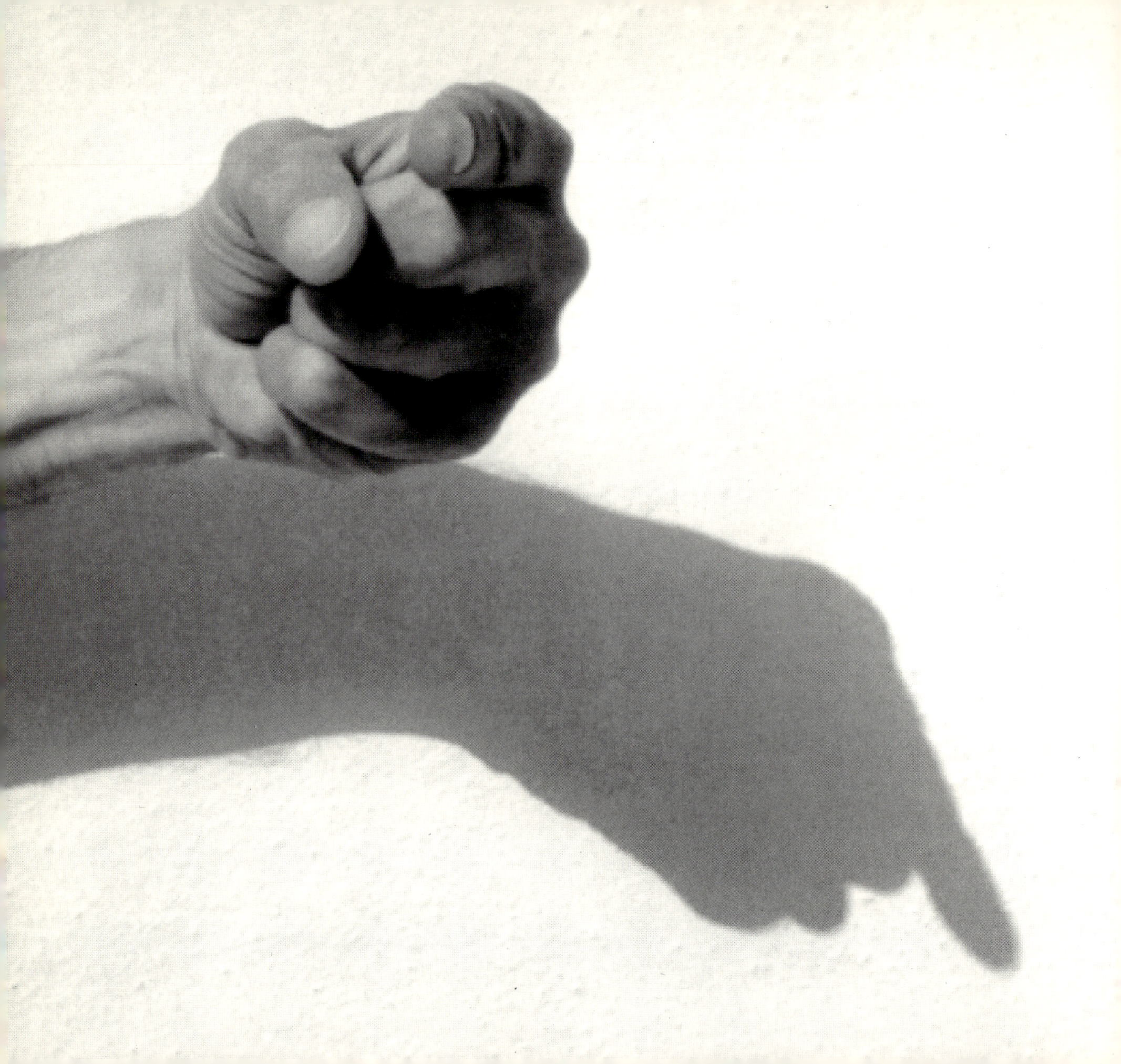

2 — 15 nach rechts! nach links!

l i n k s

Technisch sind rechts und links gleichwertig, austauschbar, einander entsprechend - wie in dieser Spiegelung. Biologisch, physiologisch und kulturell allerdings sind rechts und links ungleichwertig, nicht austauschbar und keineswegs einander entsprechend.

rechts! links! rechts herum! links herum!

rechts

Rechts ist stärker als links, rechts wird gegenüber links bevorzugt, rechts ist positiv besetzt. Die meisten Menschen sind Rechtshänder, hantieren mit der rechten Hand geschickter und schneller als mit der Linken. Die Uhr läuft im Rechtsdrehsinn, die juristische Ordnung heißt in der deutschen Sprache Recht. Etymologisch: rechten heißt herrschen, recht (lat.) heißt richtig, sittlich gut. Sich rechtfertigen, rechtgläubig, rechtschaffen sein ist tüchtig, ehrlich, ordentlich sein. So fällt bei den Körperbewegungen die Wendung nach rechts leichter als die nach links, sie wird als flüssiger, sicherer, „natürlicher" empfunden.

2 — 17 um herum!

Die rotierende Bewegung um etwas herum, peripher: die fliehende, nach außen gerichtete Kraft.
Die Mitte ist ein ruhendes Ding, ein stabiler Ort. Das Umfeld ist offen, durch die Bewegung weitet es sich ins Unbestimmte.
Die rotierende Bewegung im Inneren einer Hohlform: das Bewegungsfeld ist hart begrenzt durch den massiven Rand,
die Mitte bleibt unberührt und leer.
Im Körper aufgehobene physikalische Phänomene: Masse und Kraft, Schwere, Erstarrung und Beschleunigung.
Die Ausdrucksbewegungen aber - die des Körpers und seiner Geräte - lösen sich von ihrer physikalischen Bindung,
nutzen sie spielerisch, kehren sie möglicherweise um.

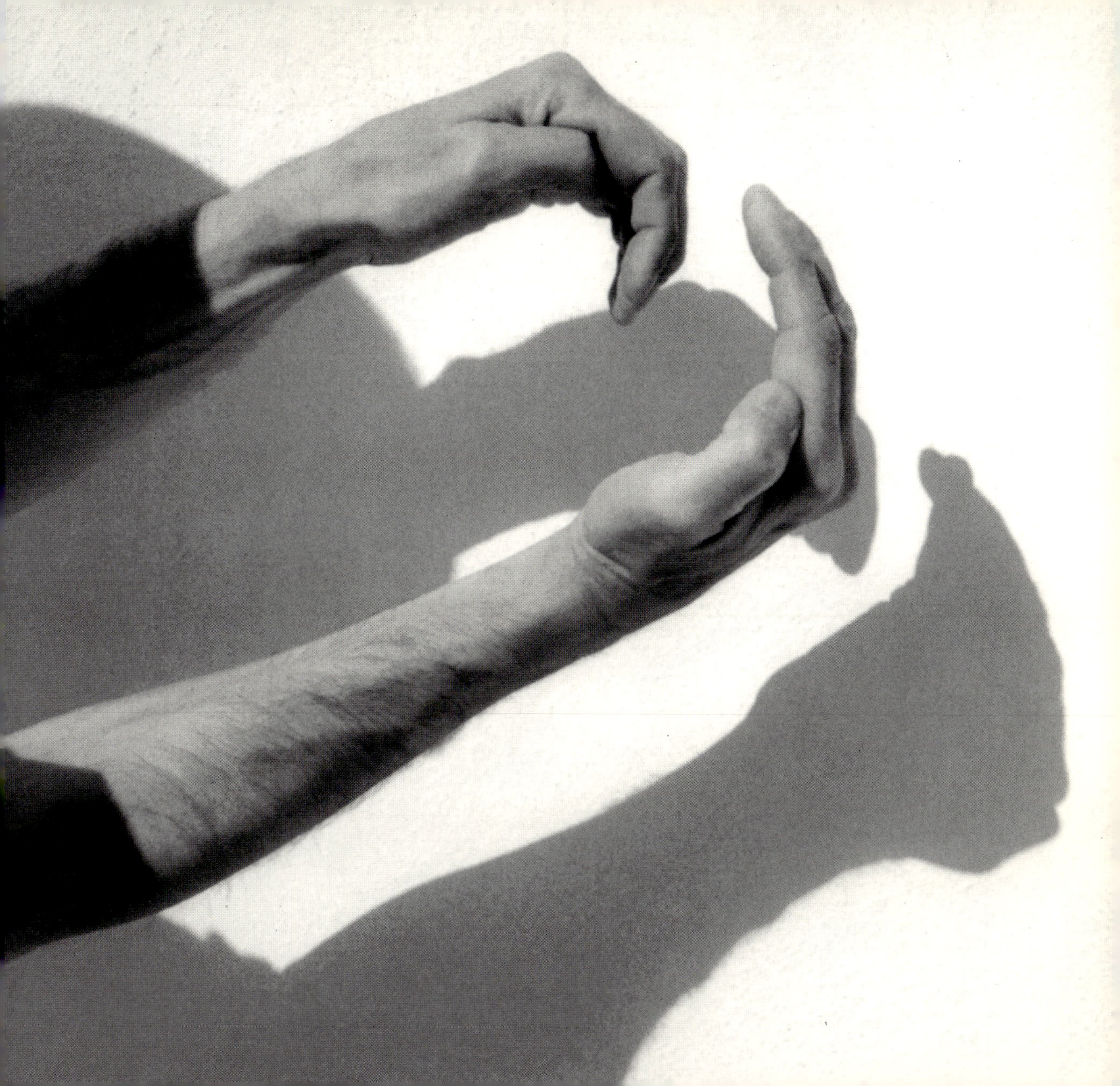

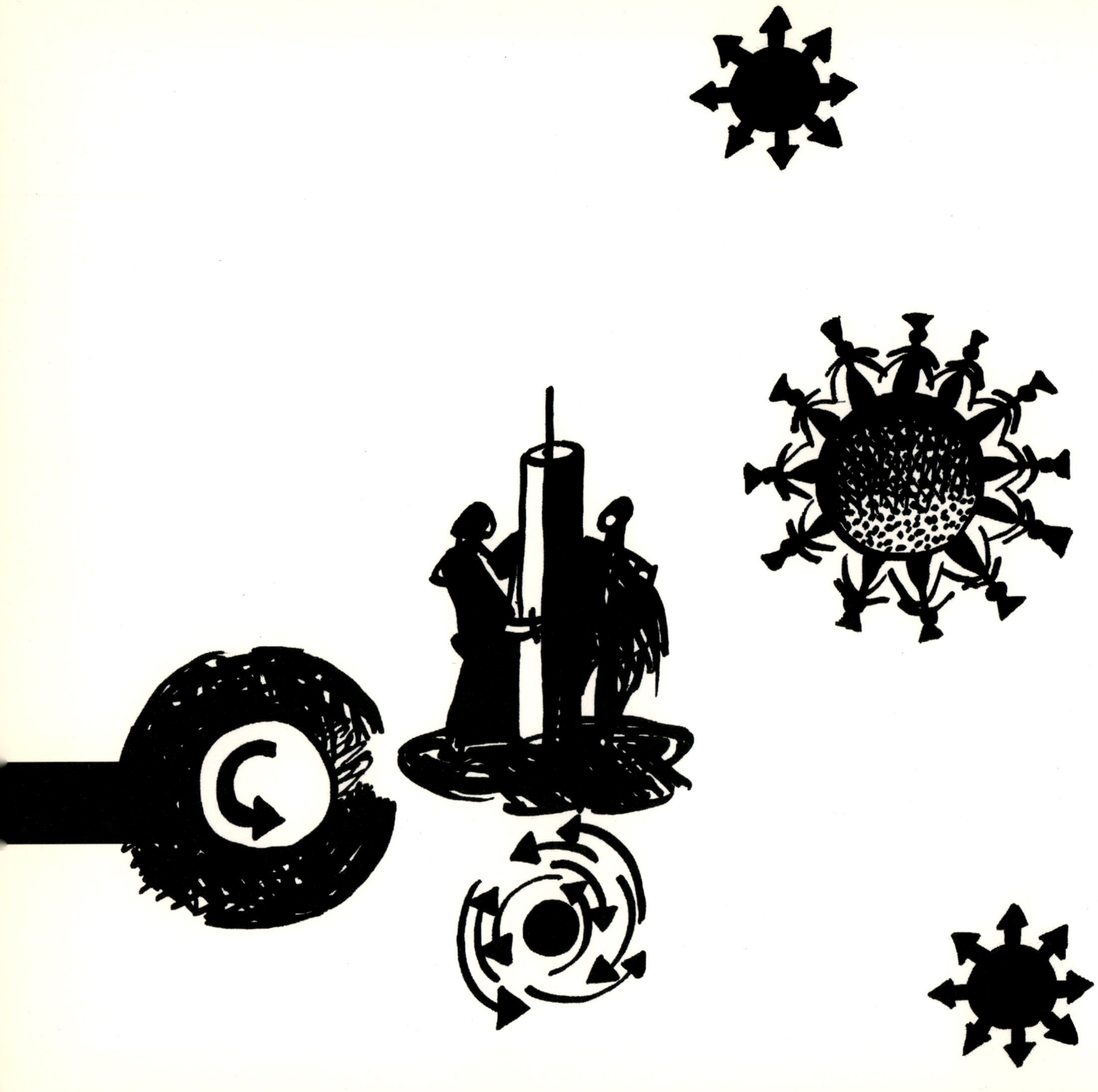

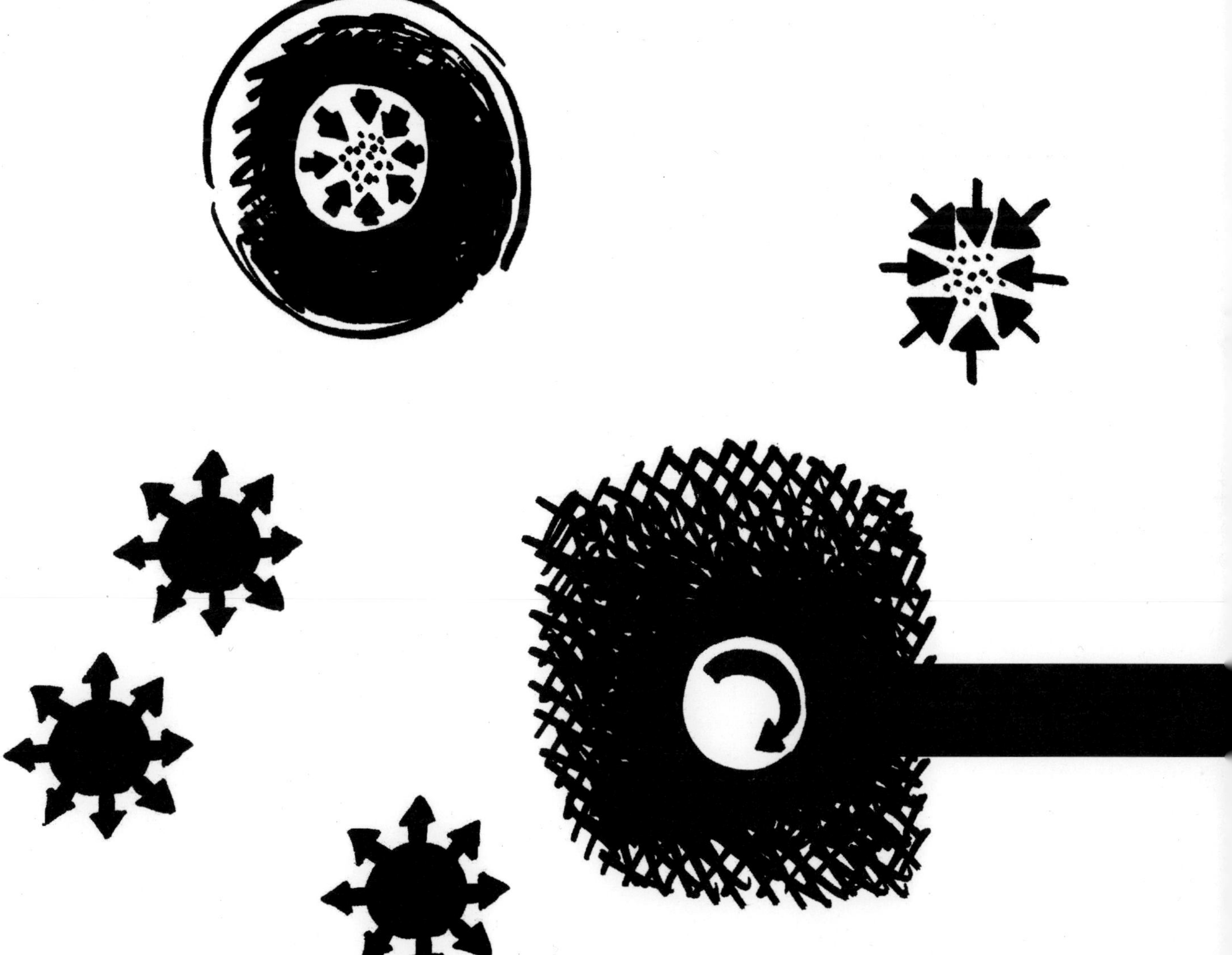

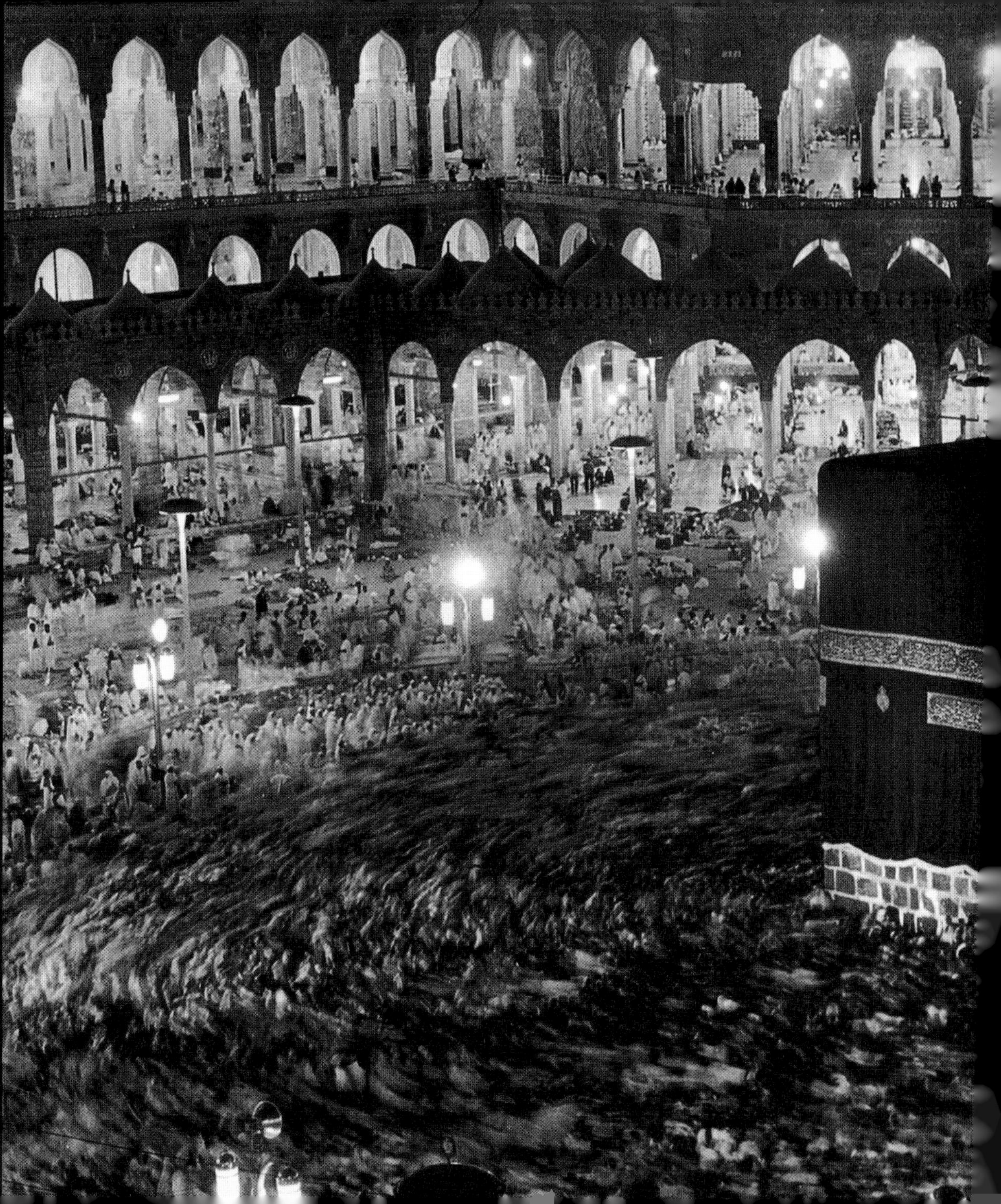

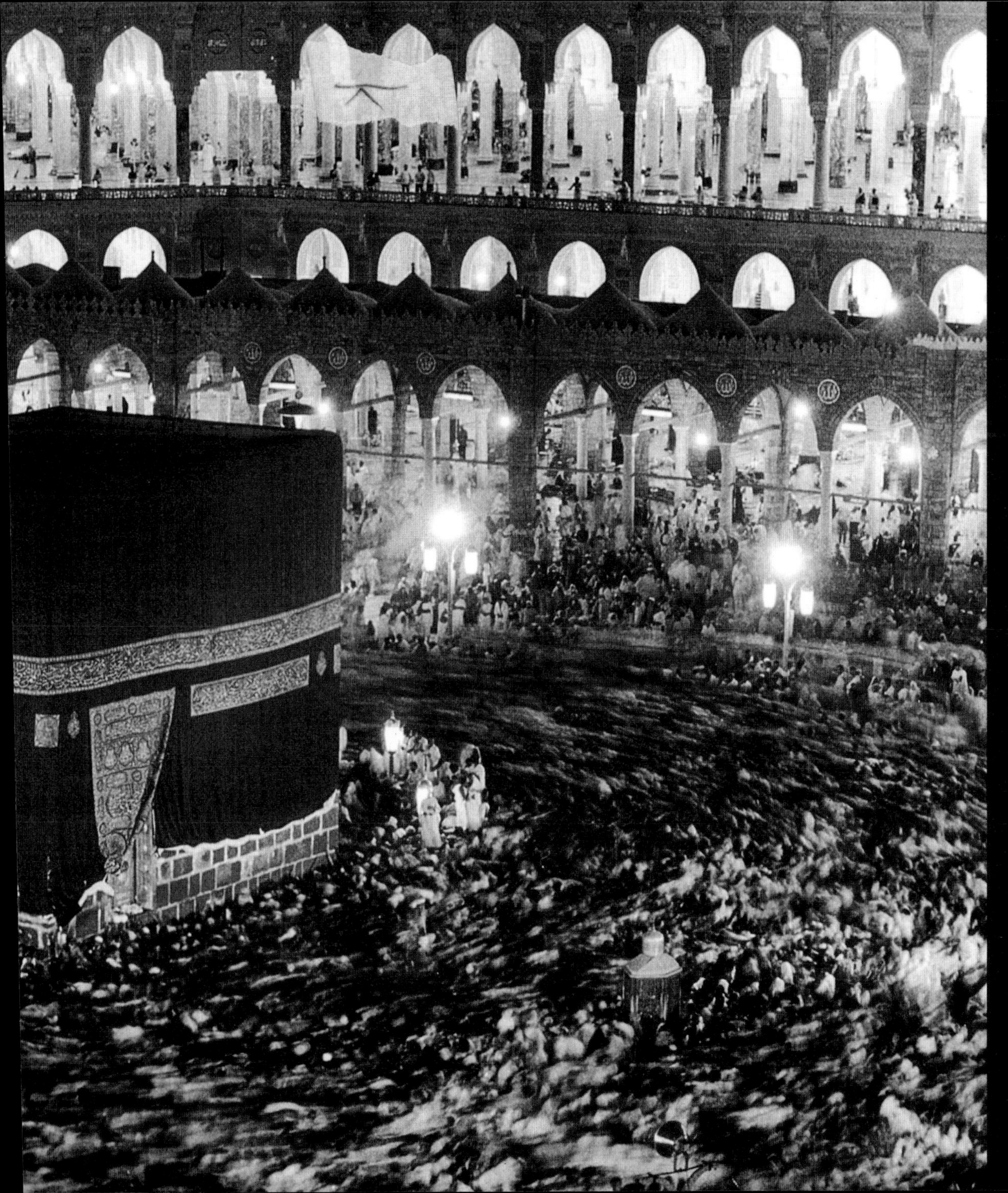

2 — 18 Abbiegung. Verzweigung. Gabelung. Kreuzung.

Die Gabelungen und Kreuzungen der Fahrbahnen, die Netze und Verflechtungen der Gehwege, die Knoten und räumlichen Systeme der Fluglinien, die sich nach einem bestimmten Kalkül überlagern, einander annähern und ineinander auflösen, die den Charakteristika der Erde folgen - oder nicht. Und die Verästelungen der Trampelpfade und der Tierspuren, die den Interessen des Lebens nachgehen, den Gerüchen, dem Durst... Gerade im Irregulären liegt der Zeichencharakter der Wege, ihr gestischer Ausdruck.

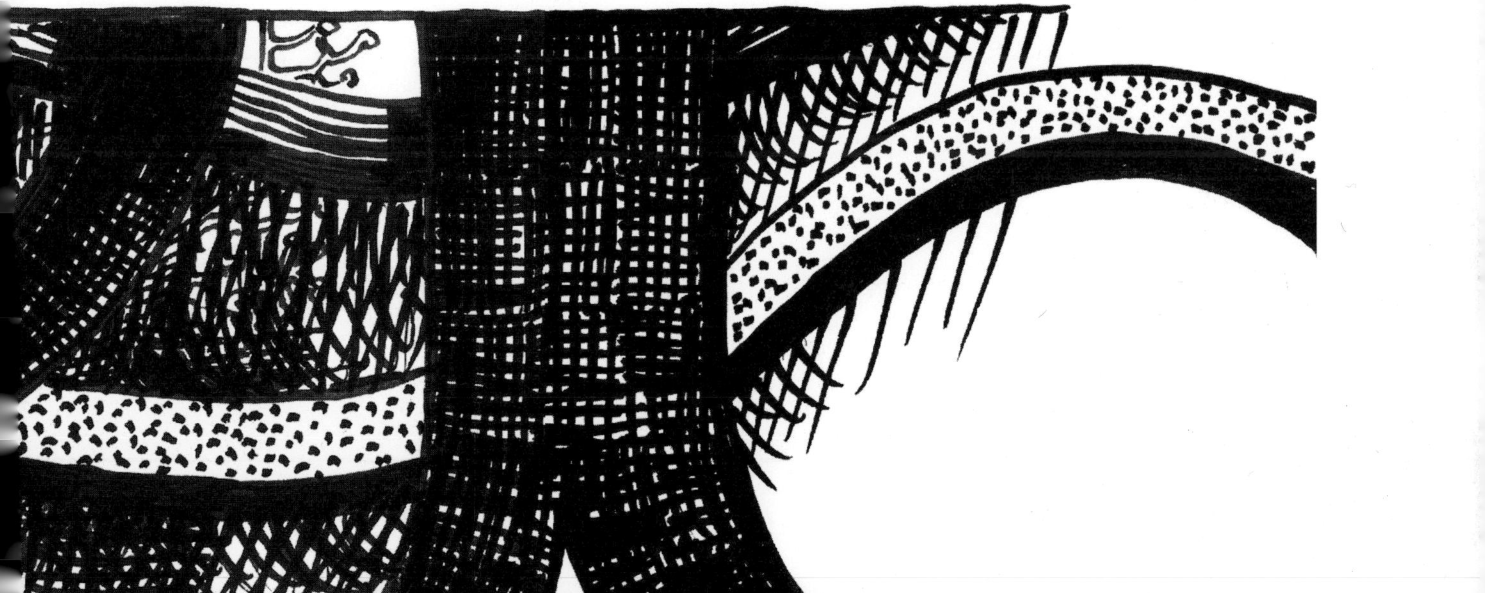

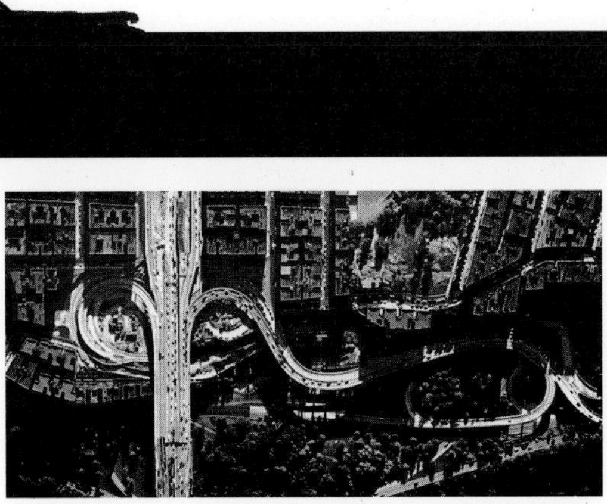

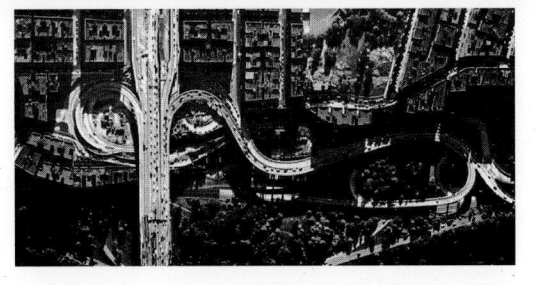

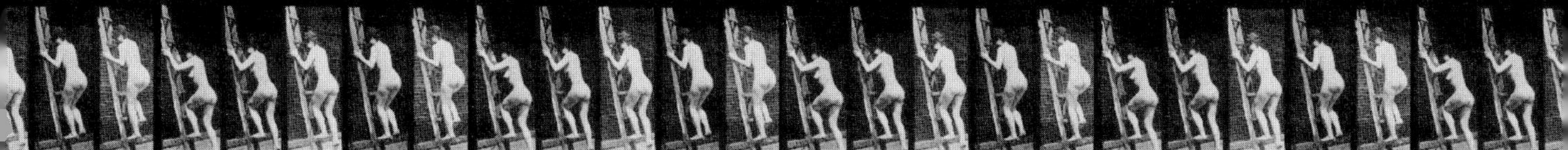

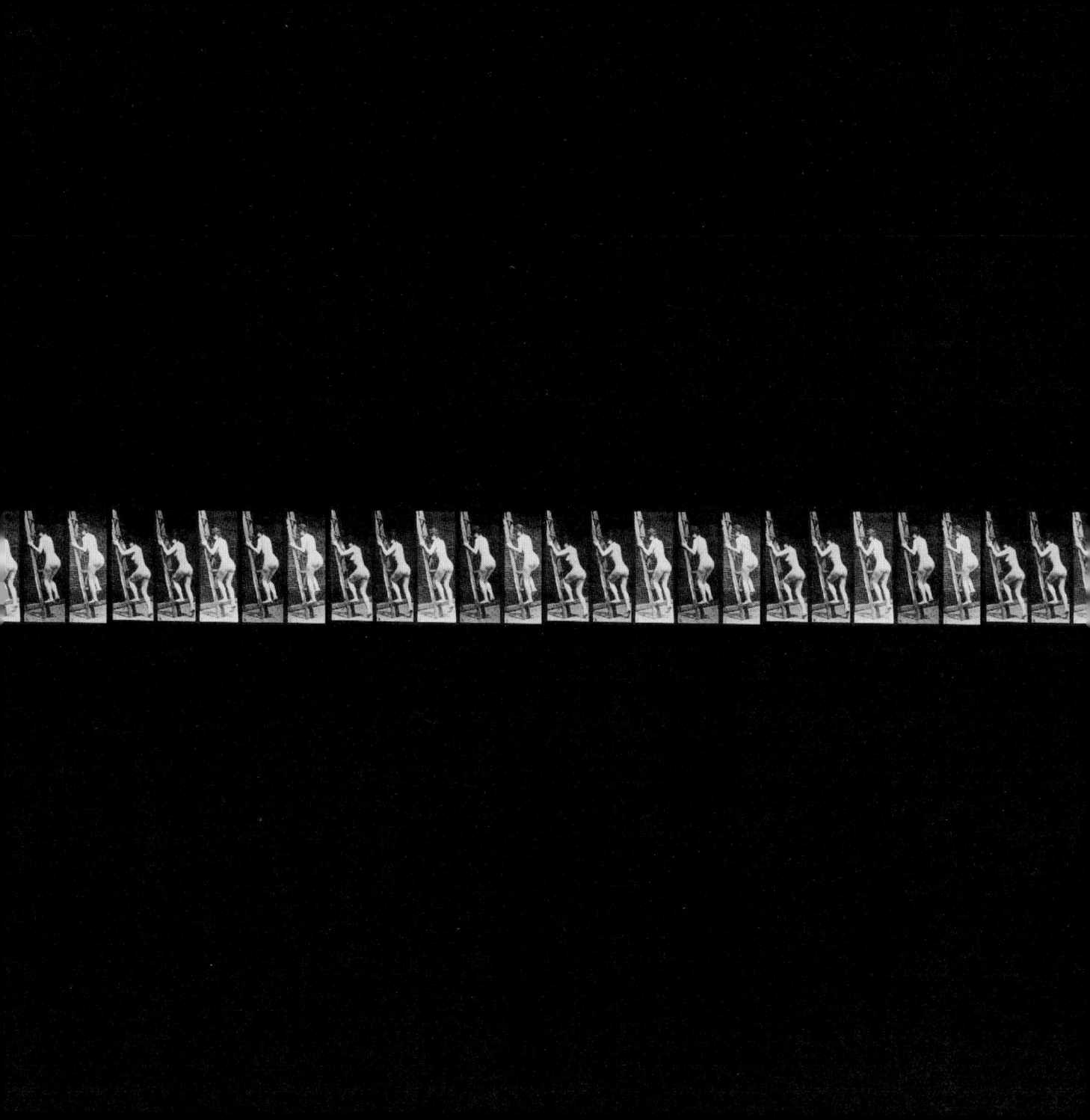

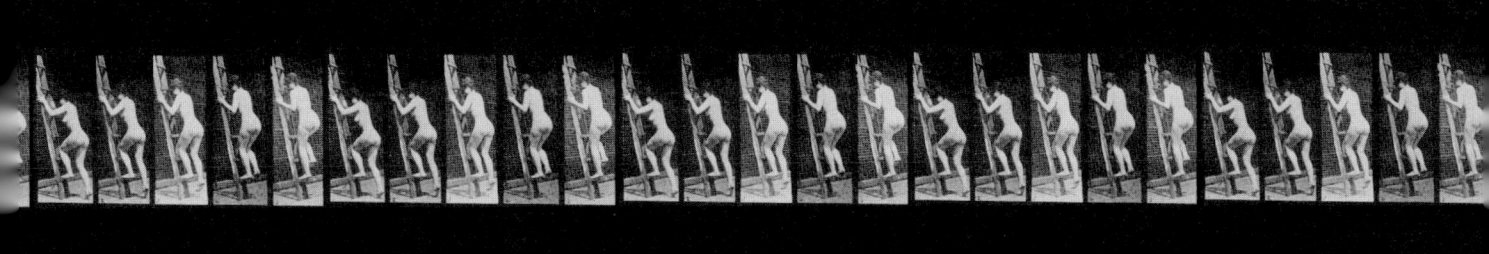

Steigung. Gefälle. Auf und ab.

2 — 19 aufwärts! abwärts!

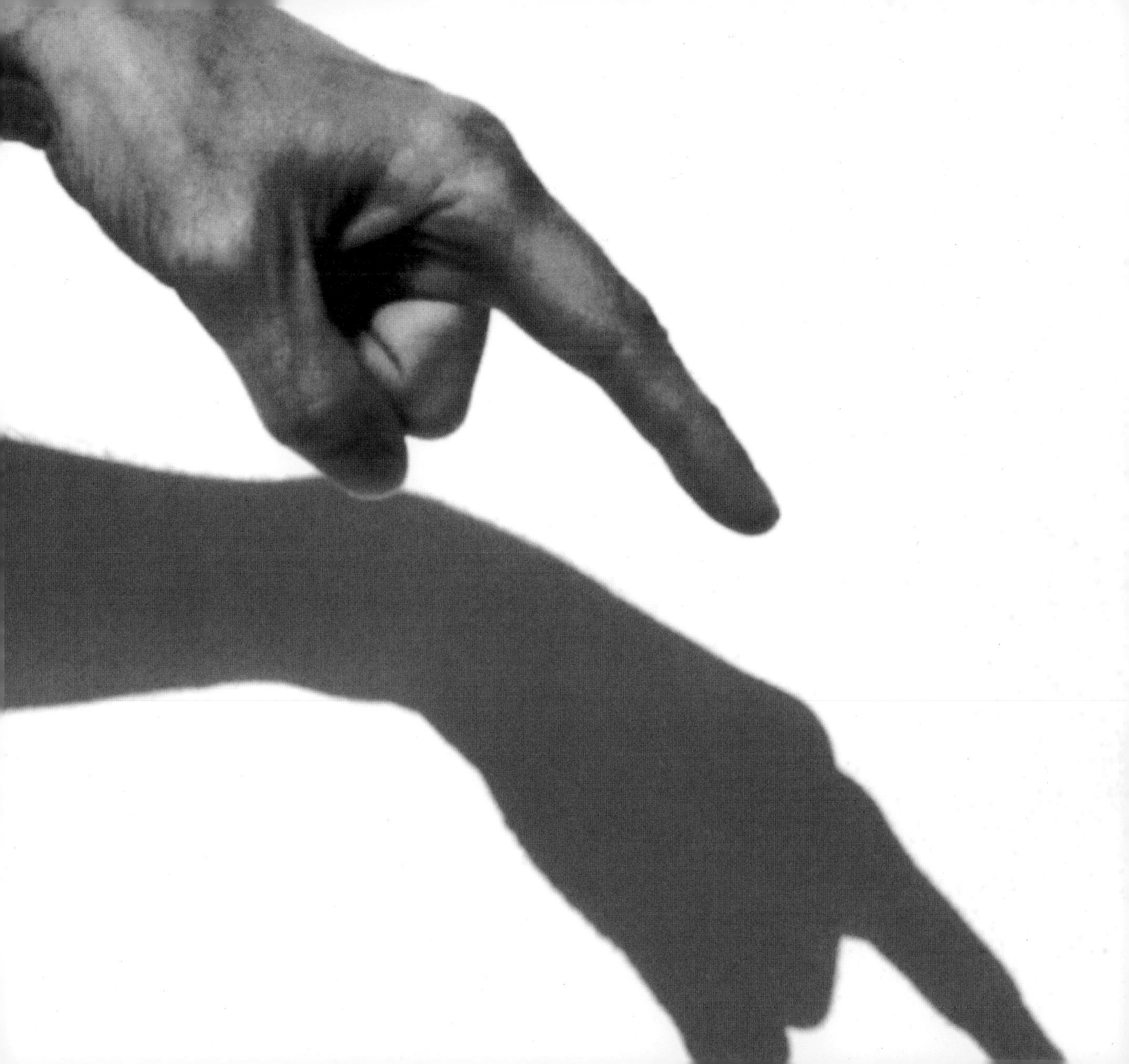

2 ▬ 20 hinaufsteigen!

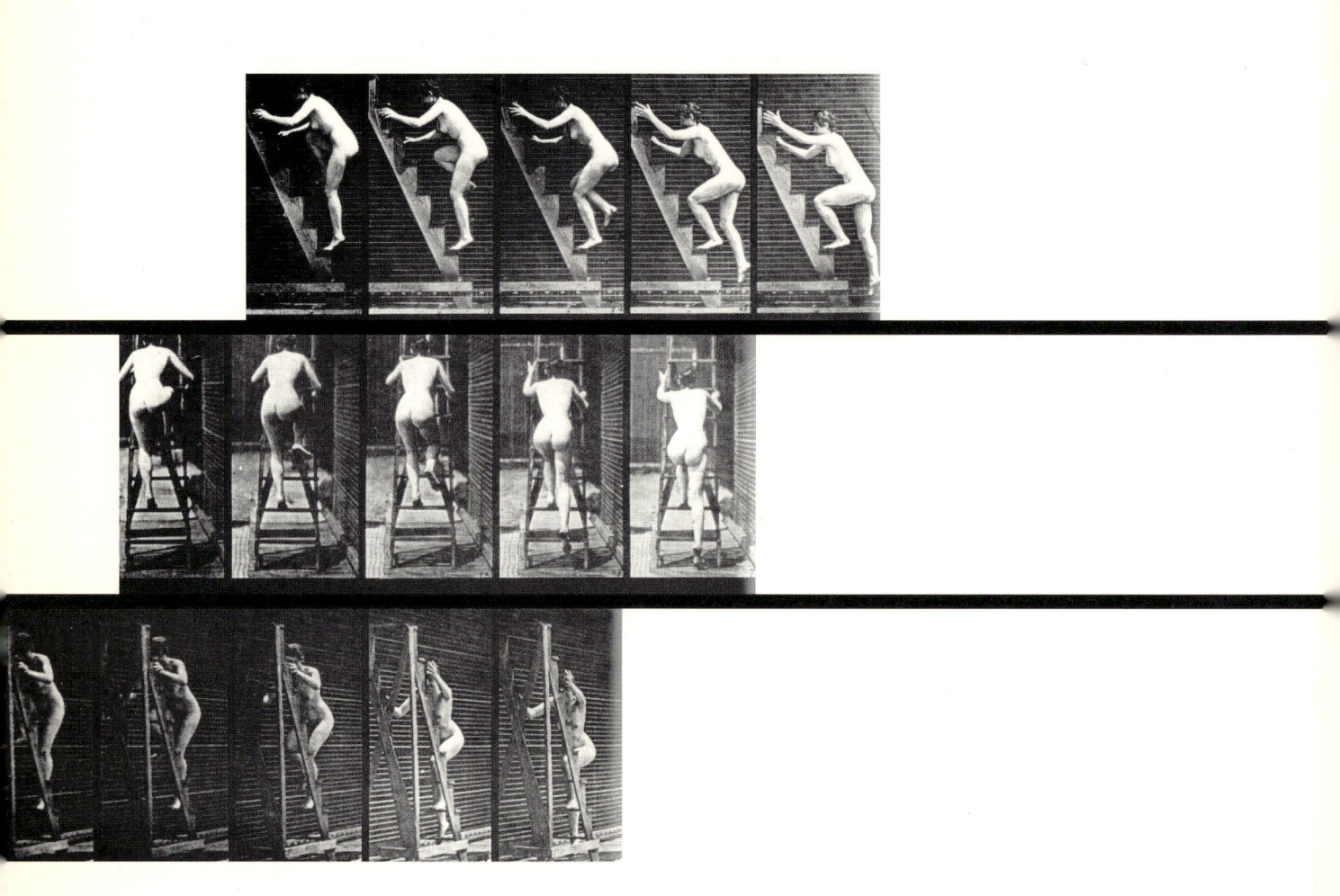

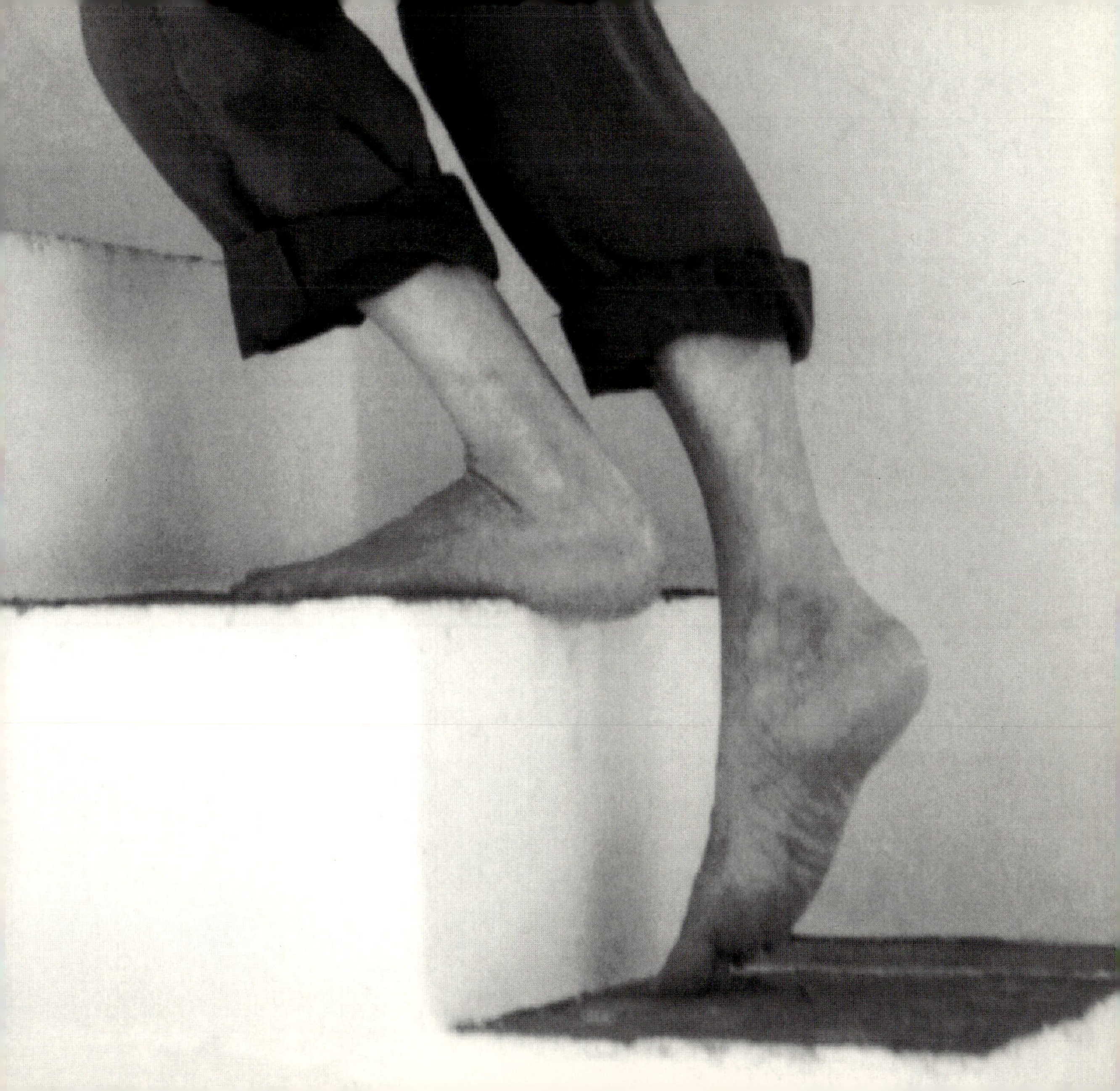

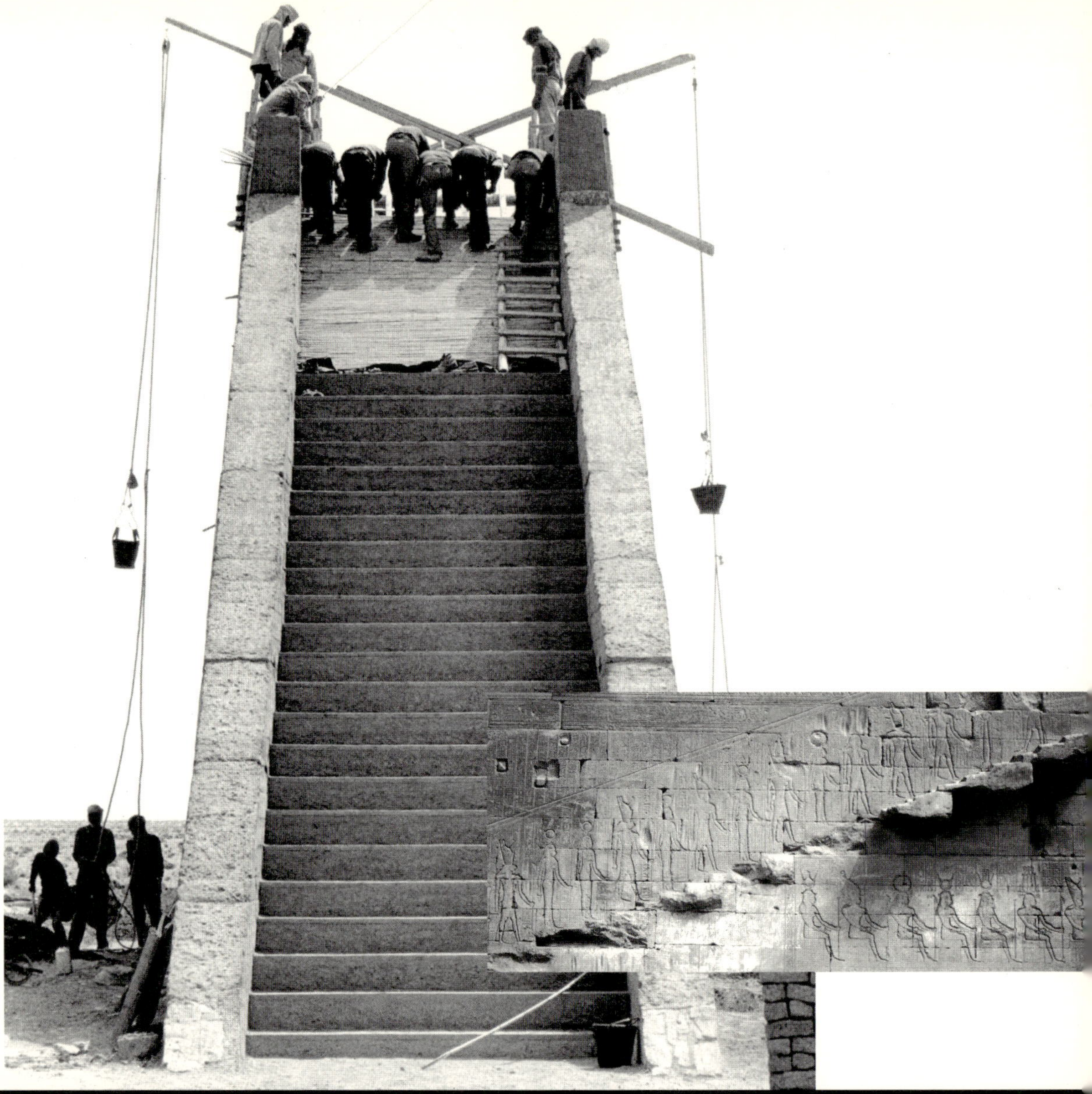

2 — 21 ans Licht: nach oben!
zu den Göttern: nach oben!

Das Oben im Raum ist positiv besetzt,
wird von den Mächtigen benutzt,
ist die Sehnsucht-Zone.
Die Treppe als Wege-Szenerie
für die Wallfahrt, den Bittgang,
den Sehnsuchtsweg von unten nach oben,
aus dem Tal auf den Berg,
aus dem Dunklen ins Helle,
von der Erde zu den Göttern.

2 — 22 Aufstieg als Pathos-Motiv.

Aufstieg als Szene öffentlichen Anspruchs, als Zeigevorgang,
als Bühnenakt. Gesten des Fortschritts, der Hoffnung, der Erneuerung,
der Eroberung. Gesten der Macht, des Anspruchs, der Herrschaft.
Aber auch: Gesten der Unterwerfung, Gesten der Bittsteller,
Gesten der Huldigung.

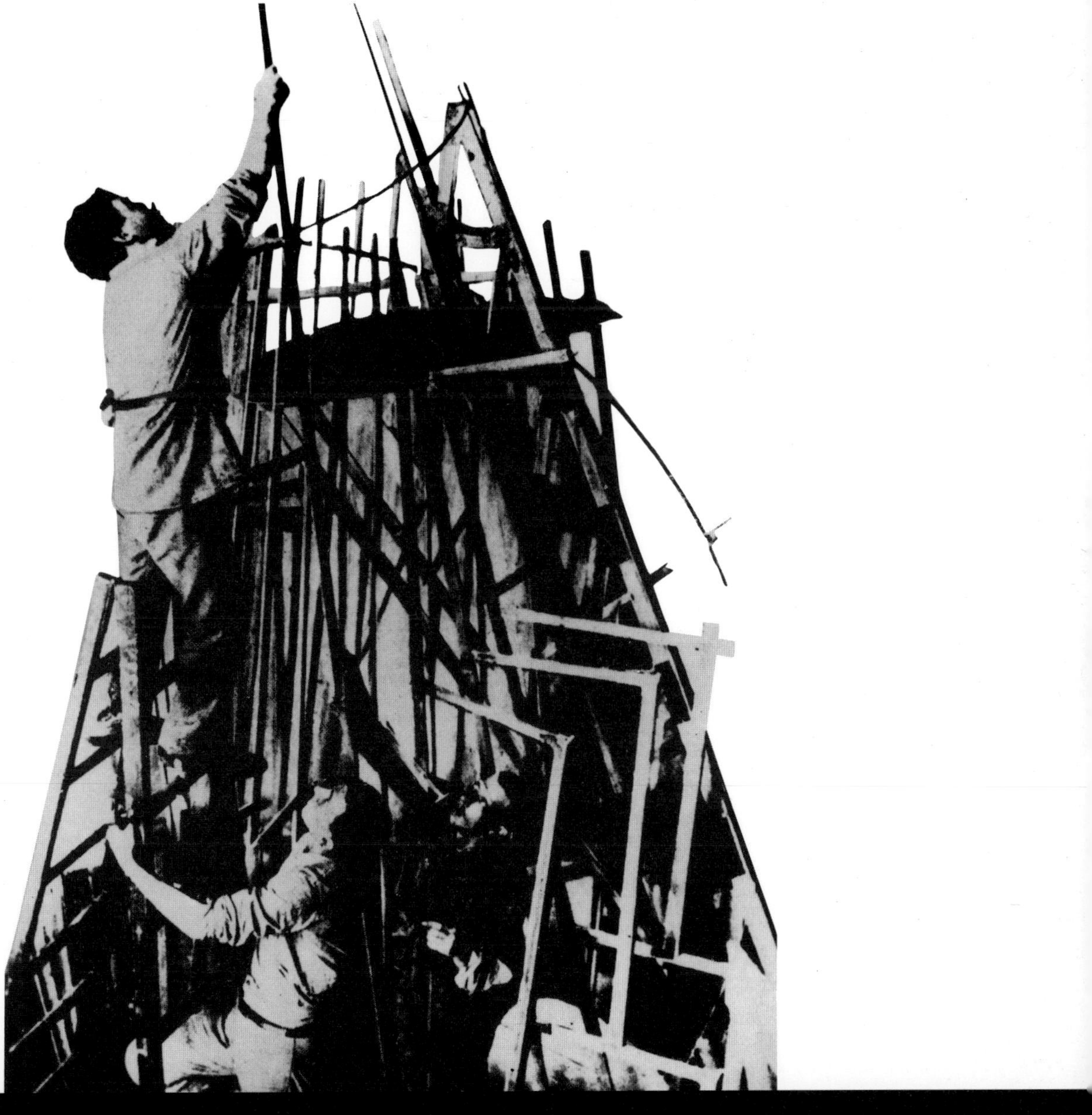

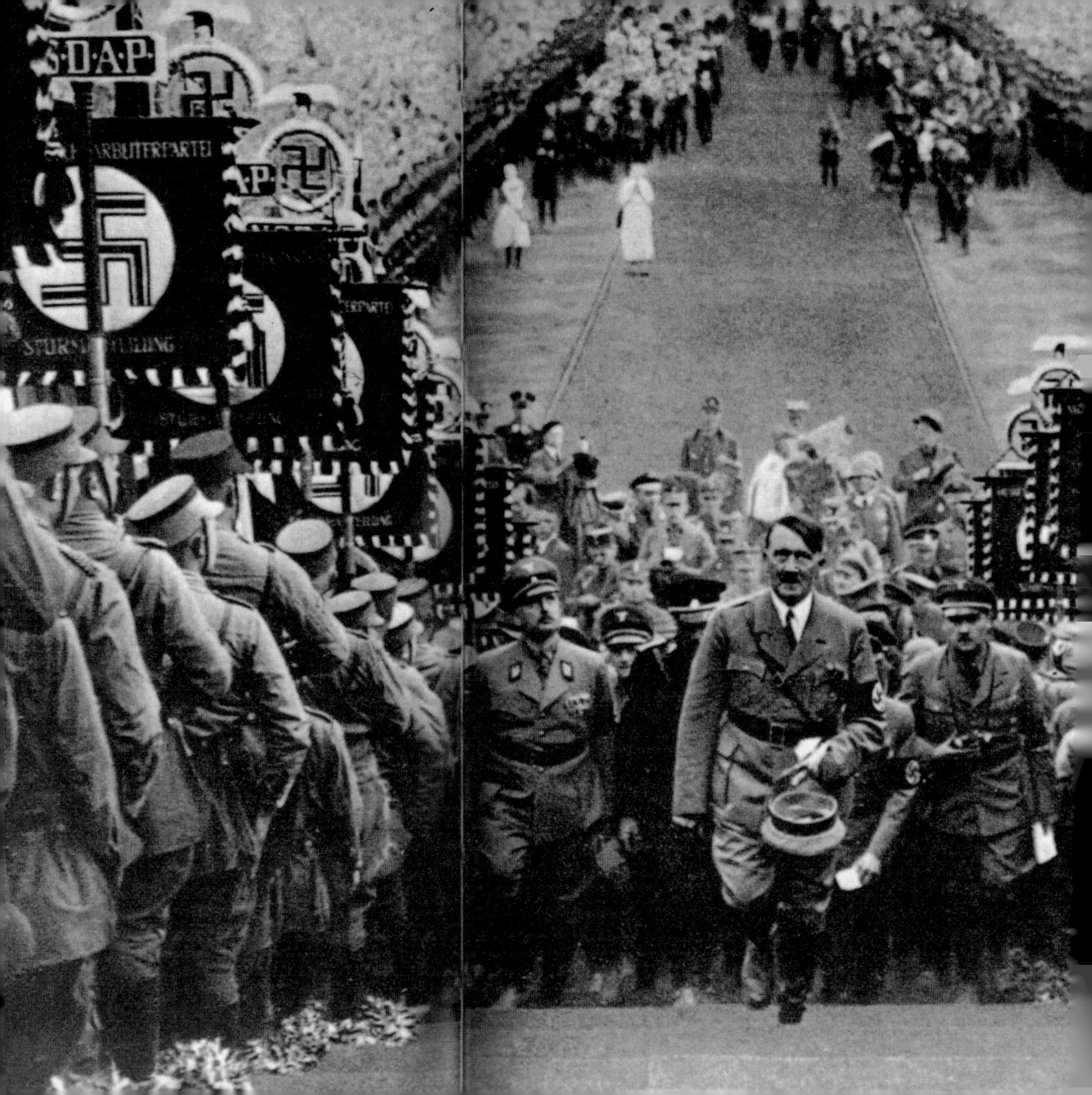
S·D·A·P·

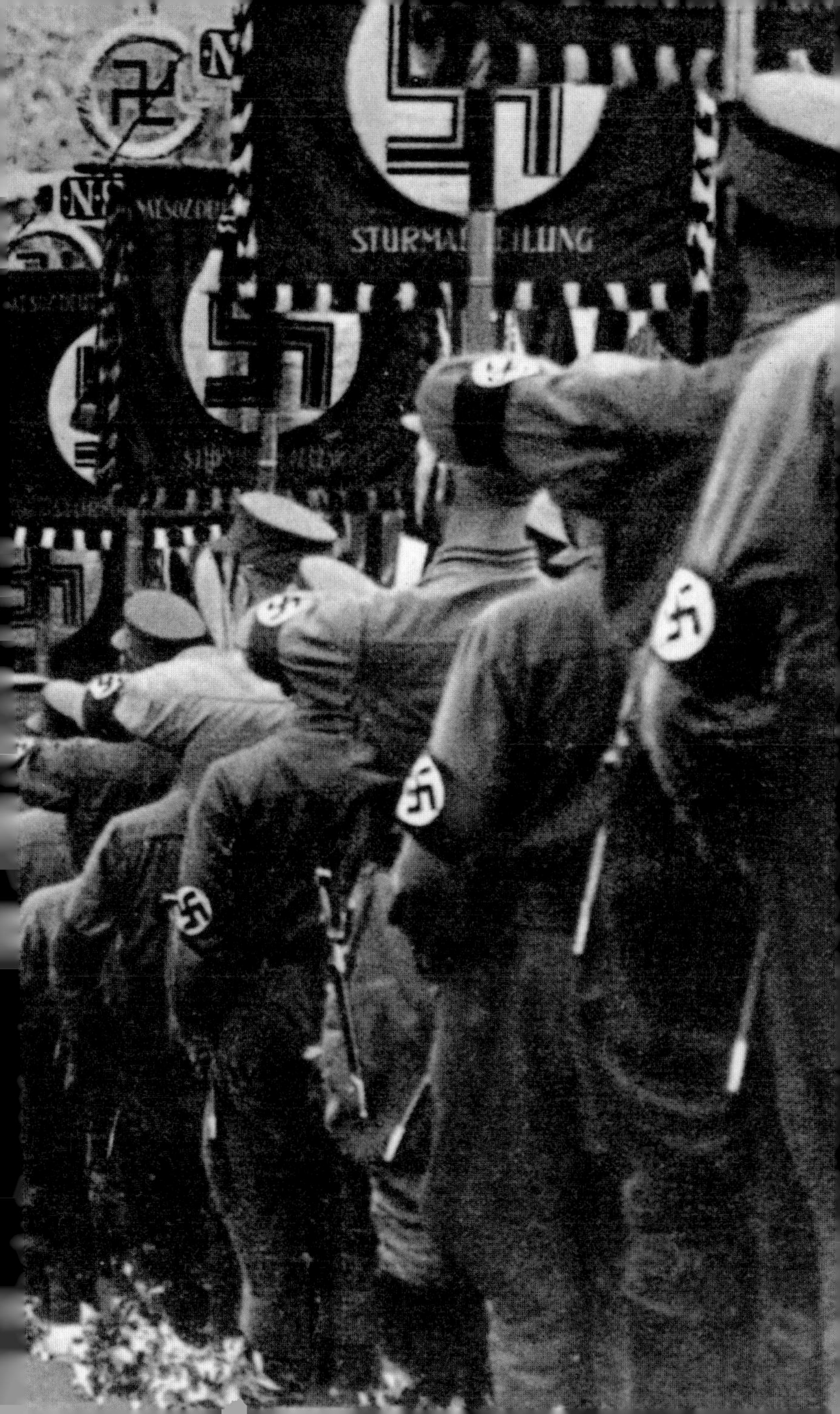

2 — 23 springen!

Sich heben, hochreißen, hochschleudern, hochstemmen, hochwuchten! Der triumphale Sprung: eine der Urgesten menschlichen Ausdrucks. Nahe an der wilden Sehnsucht des Ausbruchs, an den Grenzen des Hier, oberhalb der Erde, raumauflösend.

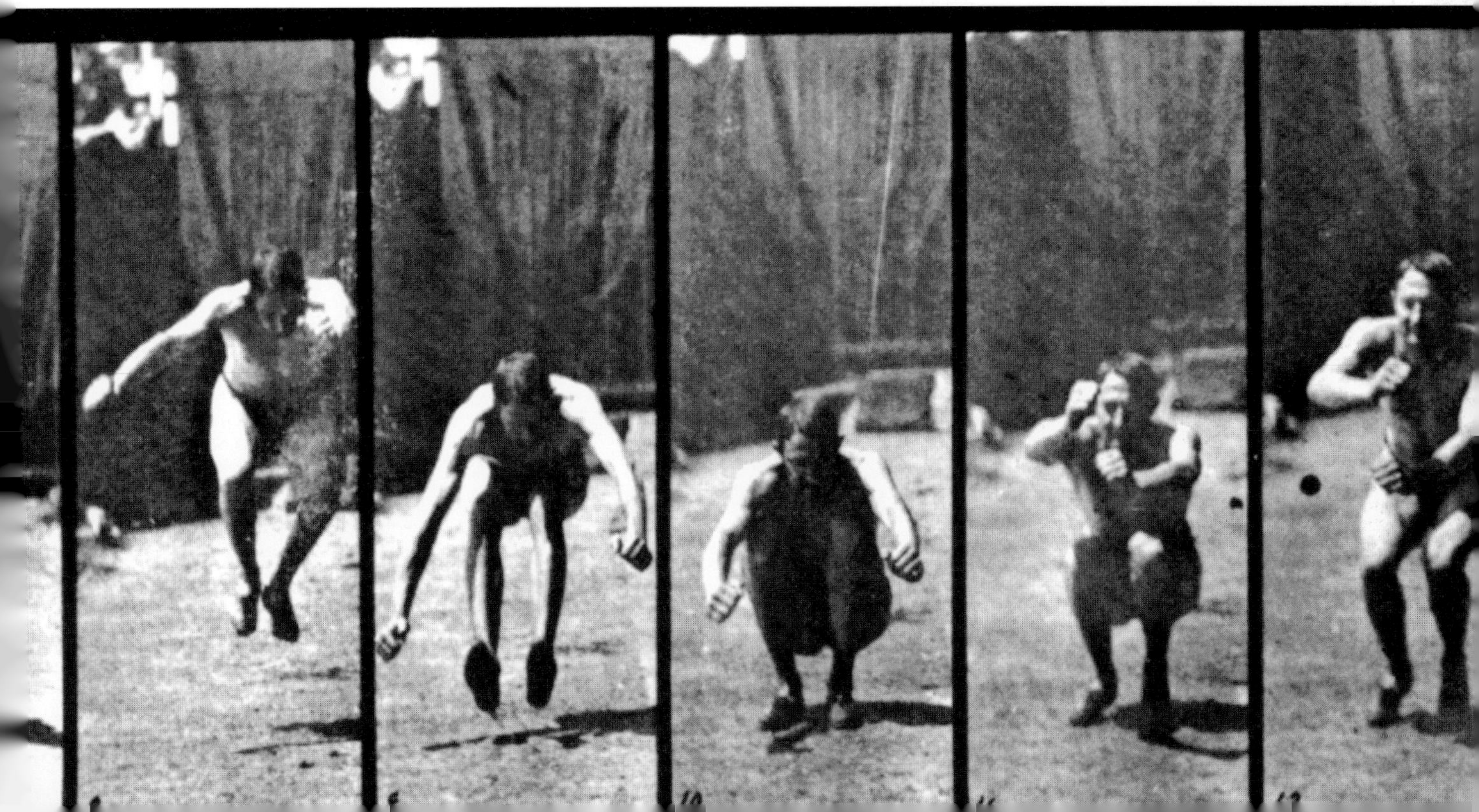

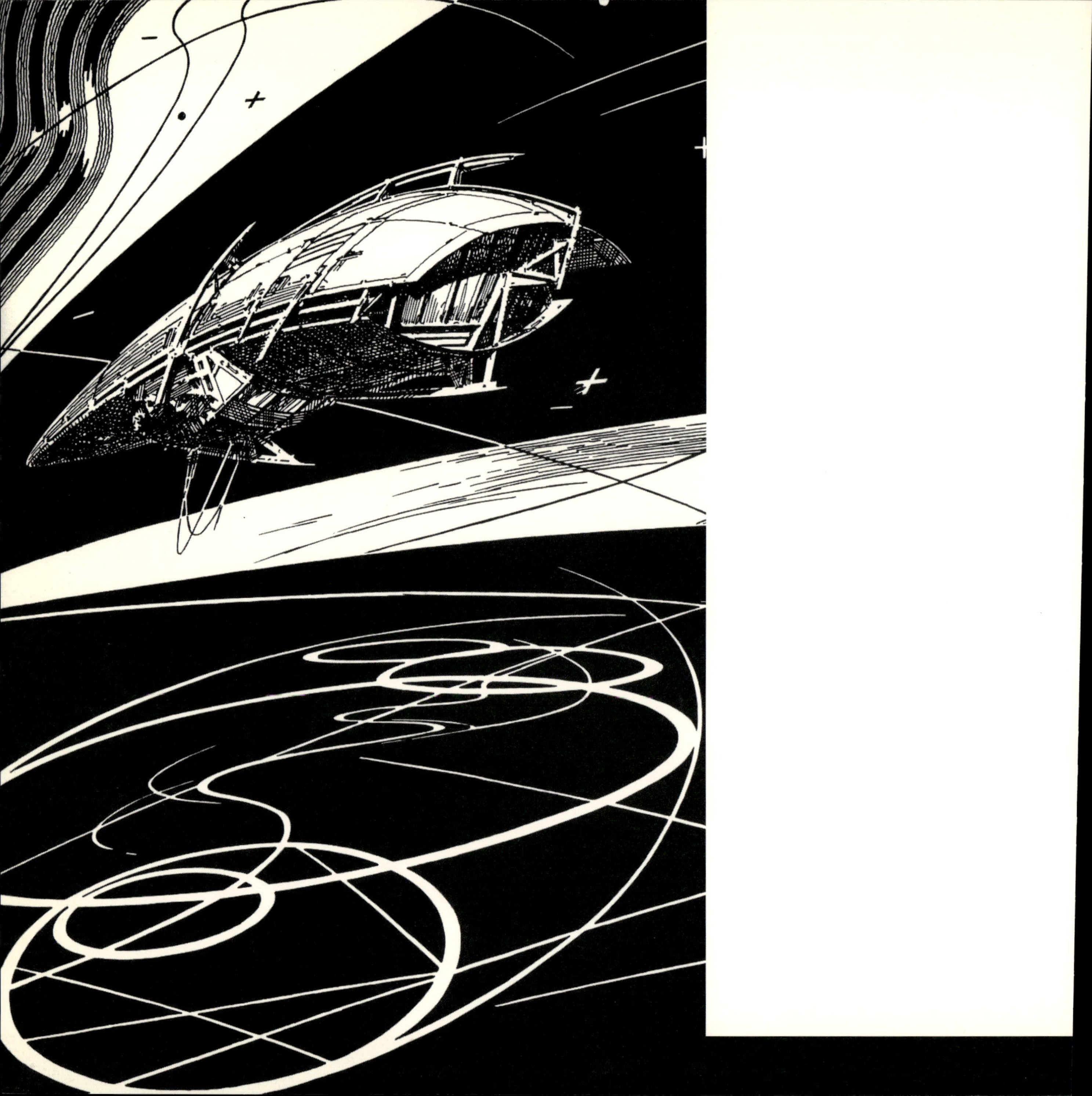

2 — 24 Ikarus-Motive der Architektur.

Die Erde, das Hier, das Jetzt verlassen. Den Vorstoß ins All riskieren! Die Schwere verlieren, das Weltall gewinnen. Überall sein. Architektur kann den Vorgang des Aufstiegs simulieren, Weltenanfang, Die Faszination des Raumes wird durch die Faszination der Zeit ersetzt. Steigen! Fliegen! Schweben!

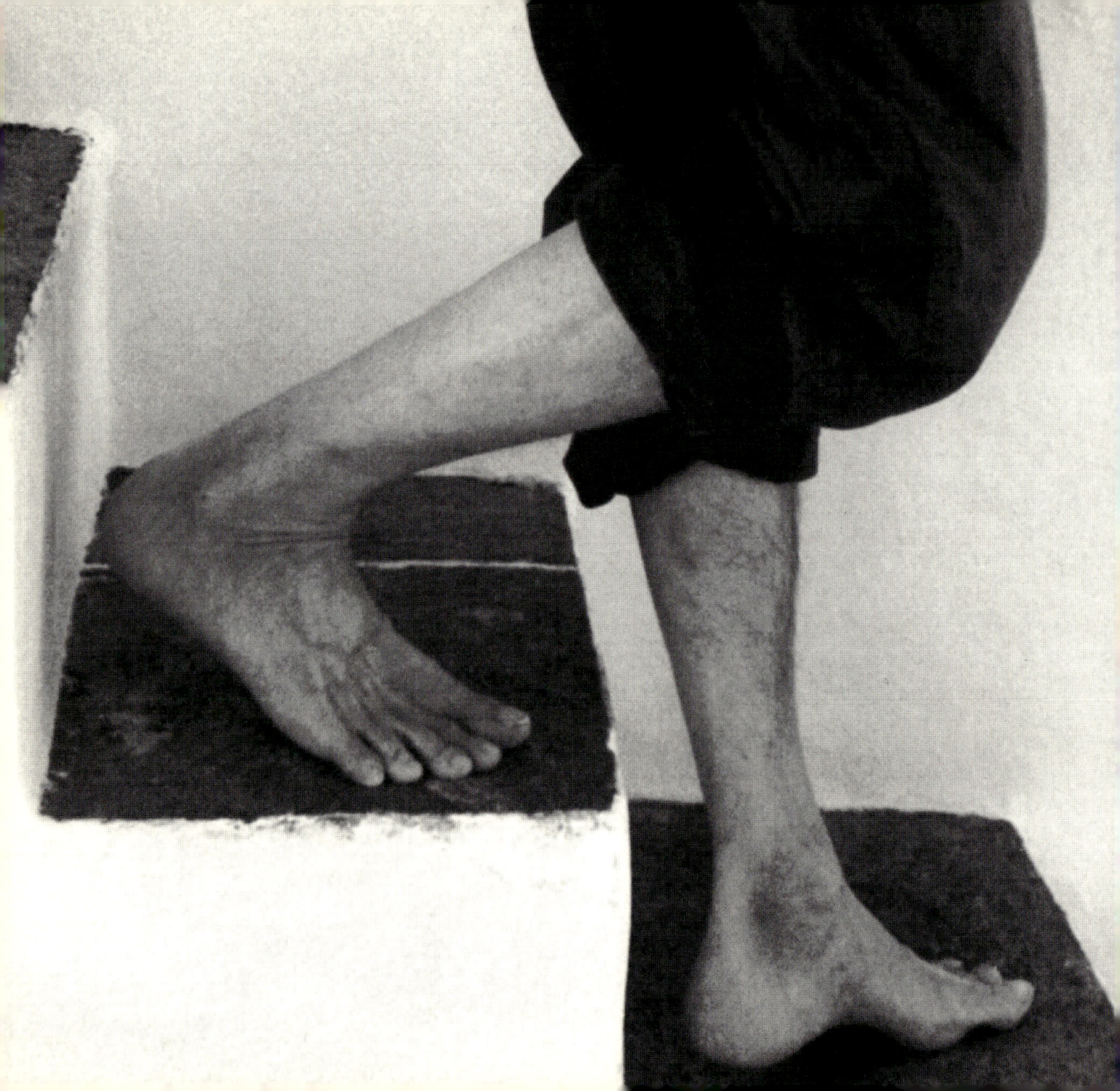

2 — 25 hinuntergehen! Abstieg. Absturz.

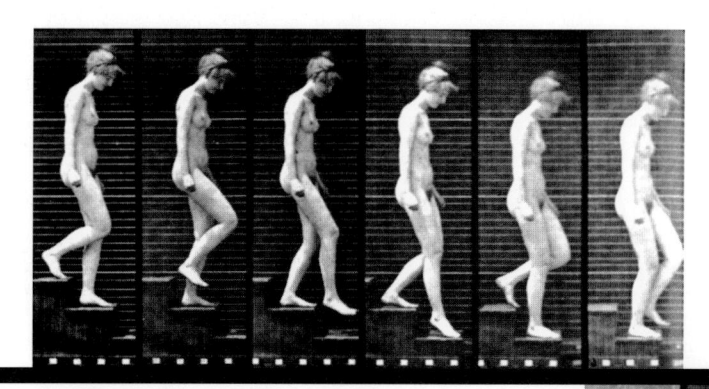

Der Körper - beim Aufstieg gespannt, triumphal - verliert beim Abstieg
seine Kraft, seine Kontrolle, seine positive Erwartung.
Die verschiedenen sozialen und kulturellen Prägungen dieser Geste:
das würdevolle Hinunterschreiten, die Geste der Huld, des Entgegenkommens,
der Versöhnung, Herablassung und Milde. Ein andermal das Sich-Fallenlassen,
Verlorengehen, Aufgeben, Absacken. In der Erde sich verbergen,
im Keller verschwinden, in die Unterwelt verstoßen werden:
Gesten der Hoffnungslosigkeit.

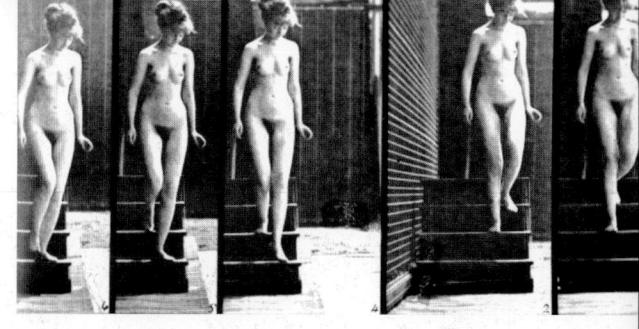

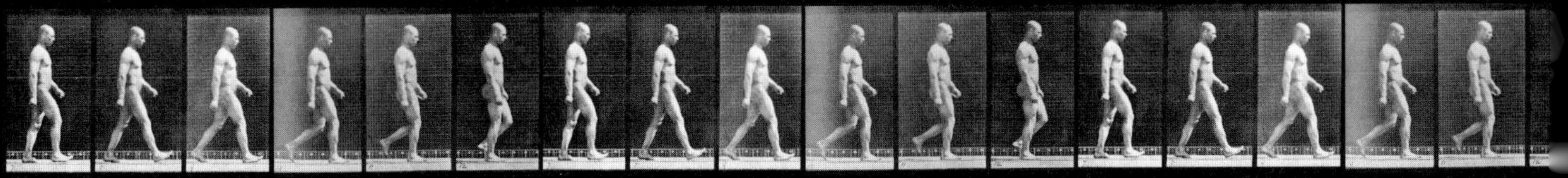

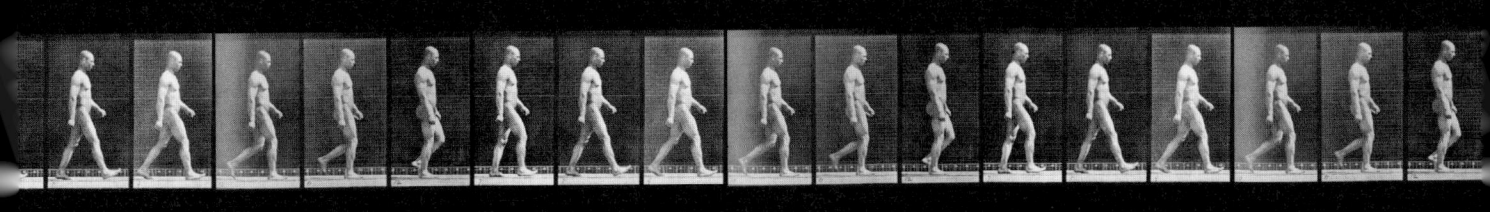

Verzögerung. Beschleunigung.

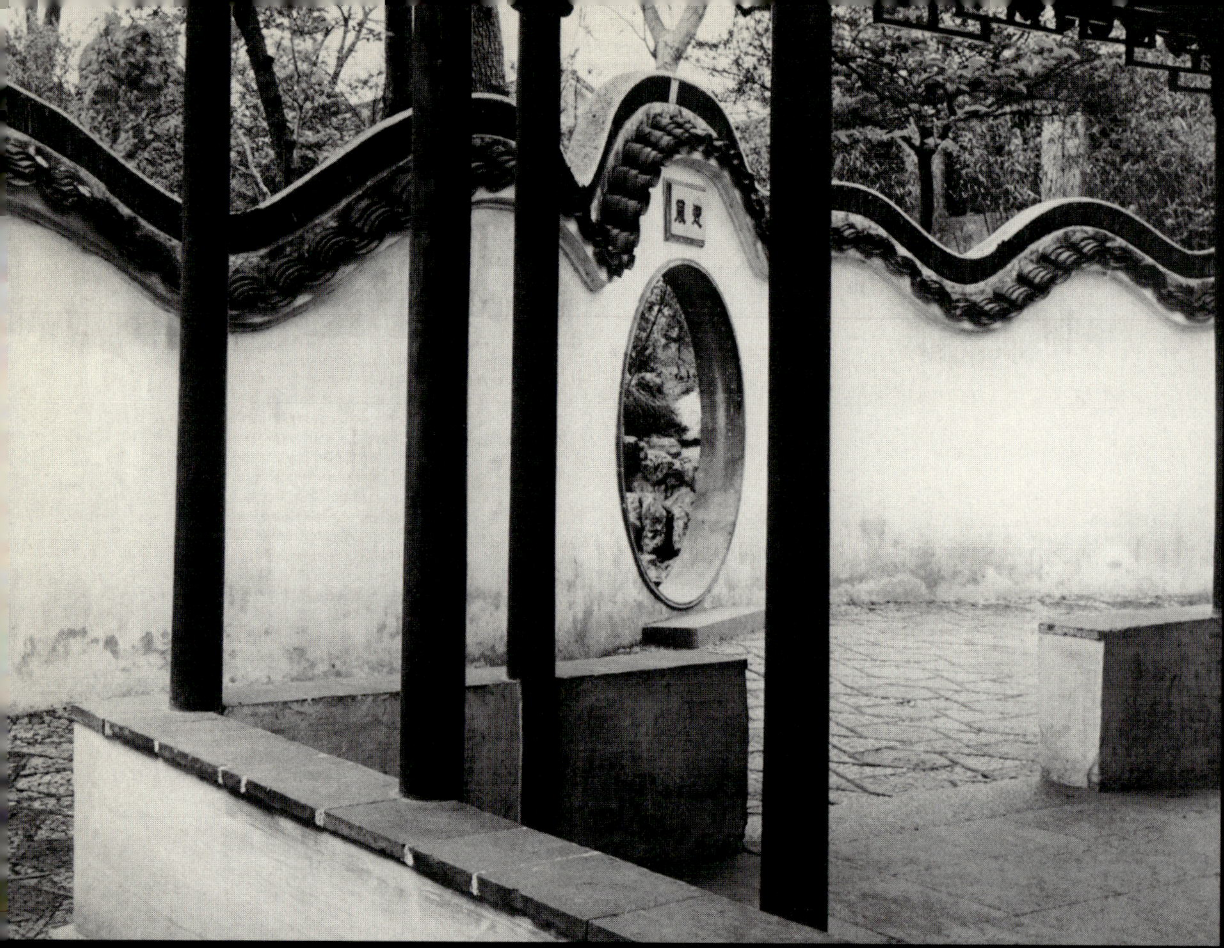

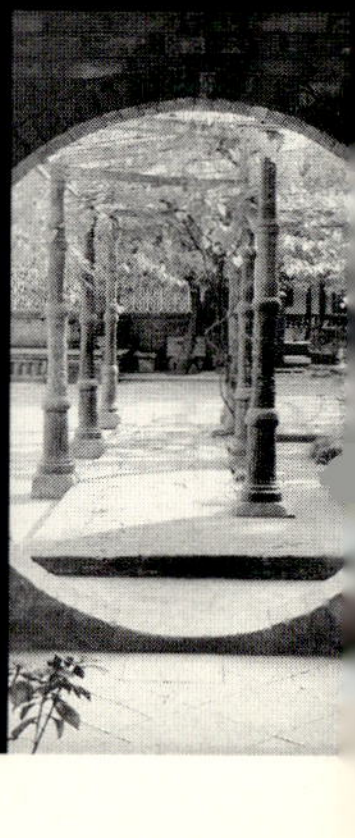

2 — 26 Verzögerung.

Vorsicht! langsamer!

Die Tendenz zur Langsamkeit. Pausen und Hindernisse werden in den Gang der Handlung eingefügt. Der lineare Verlauf wird durch Lücken, Bremsen, kleine Ereignisse unterbrochen. Schwierigkeiten sind willkommen. Auf Prozessionswegen, Meditationswegen, Lehrpfaden und genießerischen Wandelgängen pflegt man die Tendenz zur Langsamkeit. Sichtbremsen, Vorsprünge, Windungen, Steigungen, Wechsel in Material, Hörraum und Helligkeit sorgen für Verzögerung. So werden in den Vorgang Zustände eingefügt, in das Ereignis räumliche Bilder. Die Zeit wird gestückelt, mit Raumphänomenen durchsetzt. Ein Vorgang wird unterbrochen, eine notwendige Pause eingelegt.

2 — 27 Beschleunigung.

schnellerschneller

Die Tendenz zum Tempo, zur Raserei. Aus Schlendern wird Gehen wird Laufen wird Rennen wird Fahren wird Flitzen wird Fliegen. Indem die apparativen Bewegungen des Körpers sich steigern, steigt auch die Körpertemperatur. Tast- und Geruchssinn werden aufgegeben, Hören und Sehen richten sich primär auf den Wechsel der Reize einer sich rasch verändernden Szene. Instrumentelles, funktionales Denken nimmt zu und damit die Abhängigkeit der Bewegung von Zeichen. Der Körperraum wird stufenweise umgewandelt in einen Instrumentalraum mit starken Zeit-Koordinaten. Der Cyberspace-Pilot schließlich nimmt seine Bewegung nicht mehr wahr. Sein Körper erstarrt. Er erfährt die Explosion der Zeit in den Anzeigen der Instrumente.

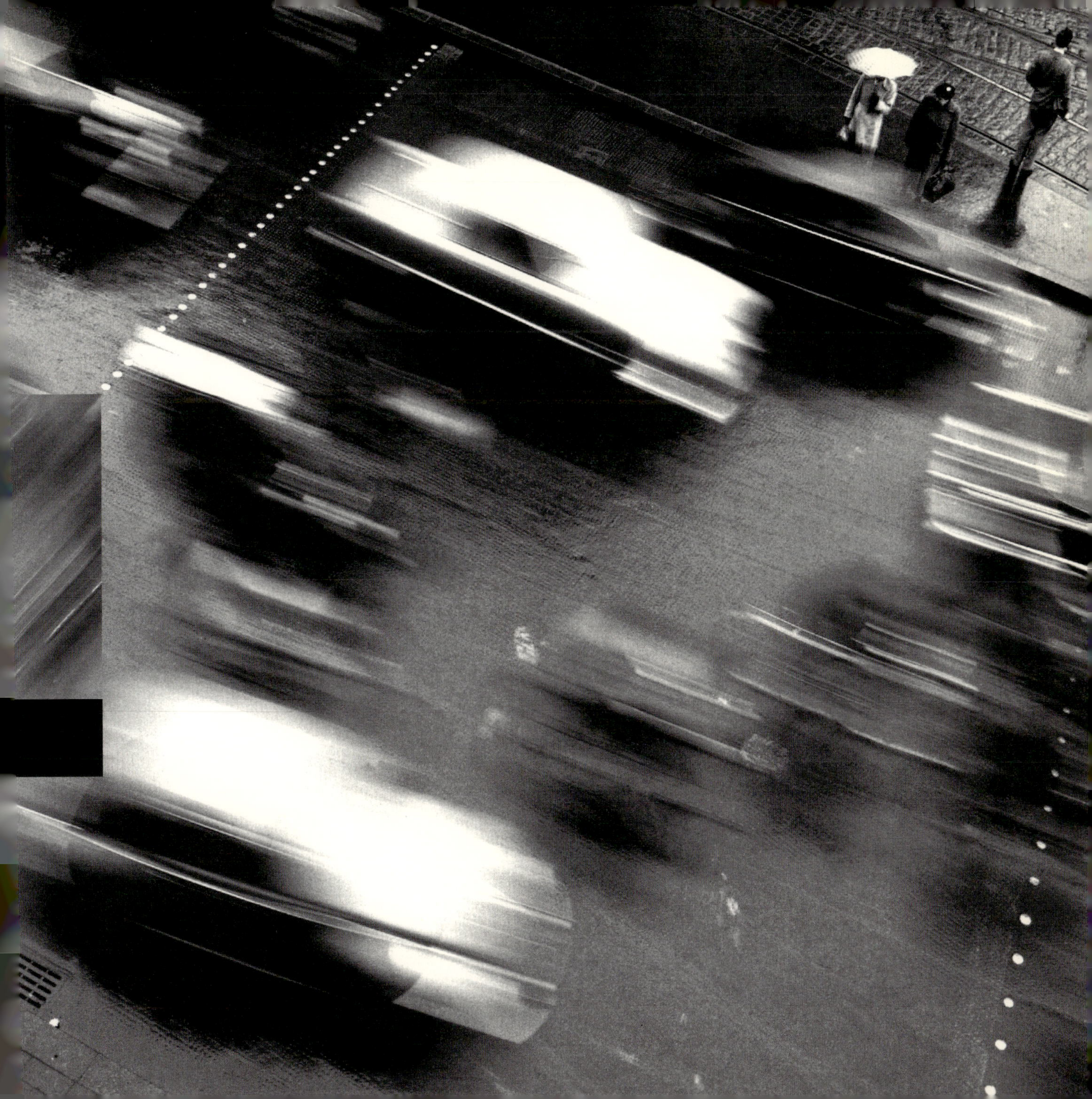

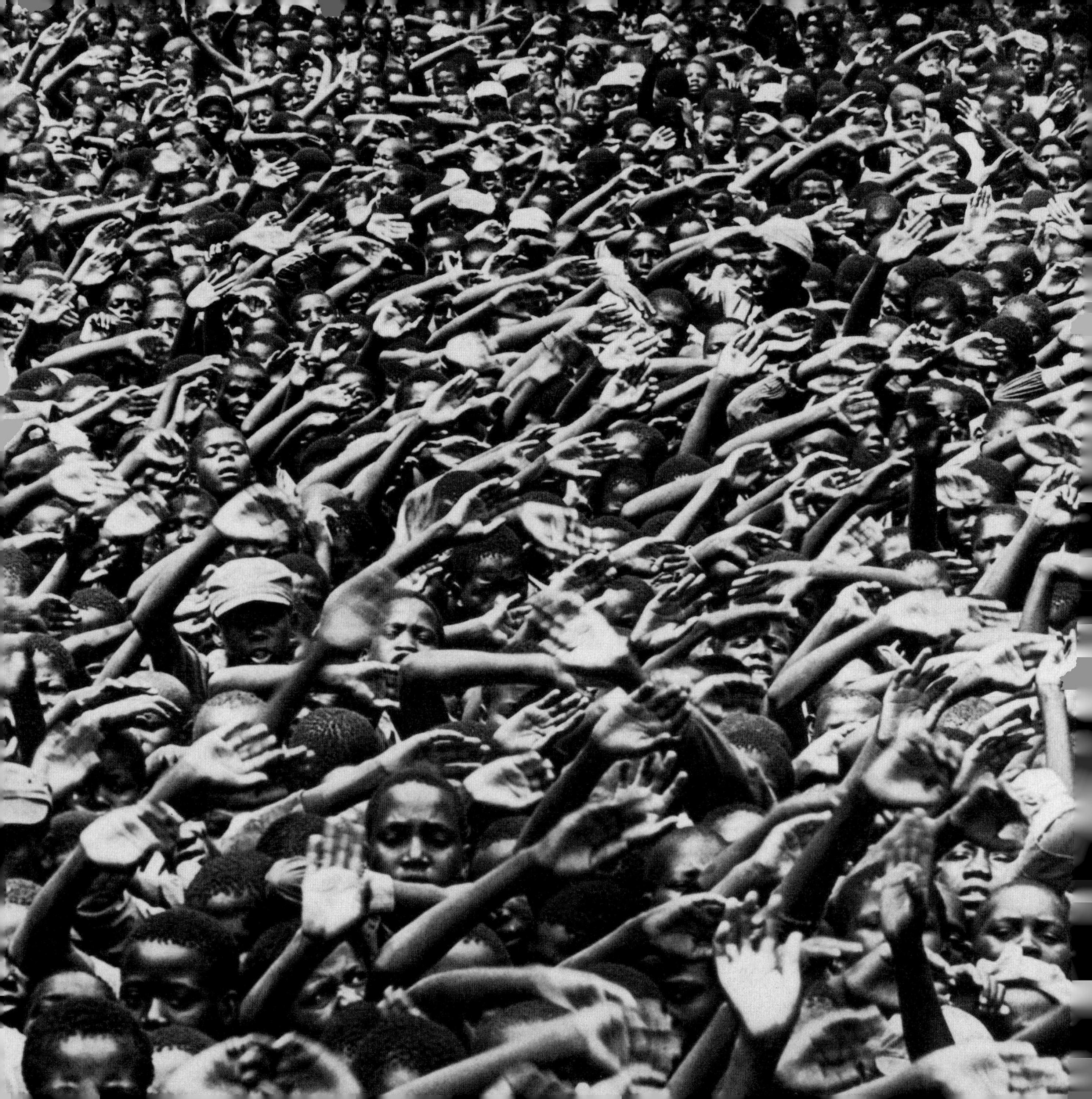

2 — 28 Spannen. Entspannen. Rhythmusphänomene.

Atemrhythmus, Pulsschlag, Tag-Nacht-Wechsel, Jahreszeiten, Gezeitenfolge, Mondphasen etc. sind rhythmische Zeitfolgen der Natur. Ereignisqualitäten erscheinen nacheinander aufgereiht. Unsere Körperbewegungen bei den Ritualen des Alltags, bei den Anstrengungen des Sports, bei den Schrittfolgen des Tanzes und viele darstellerische Vorgänge beziehen sich auf die Vorstellung der linearen, regelmäßig gestalteten Zeit. So scheinen die Rhythmen der kultivierten Bewegungen auf den regelmäßigen Mustern der Natur zu beruhen .

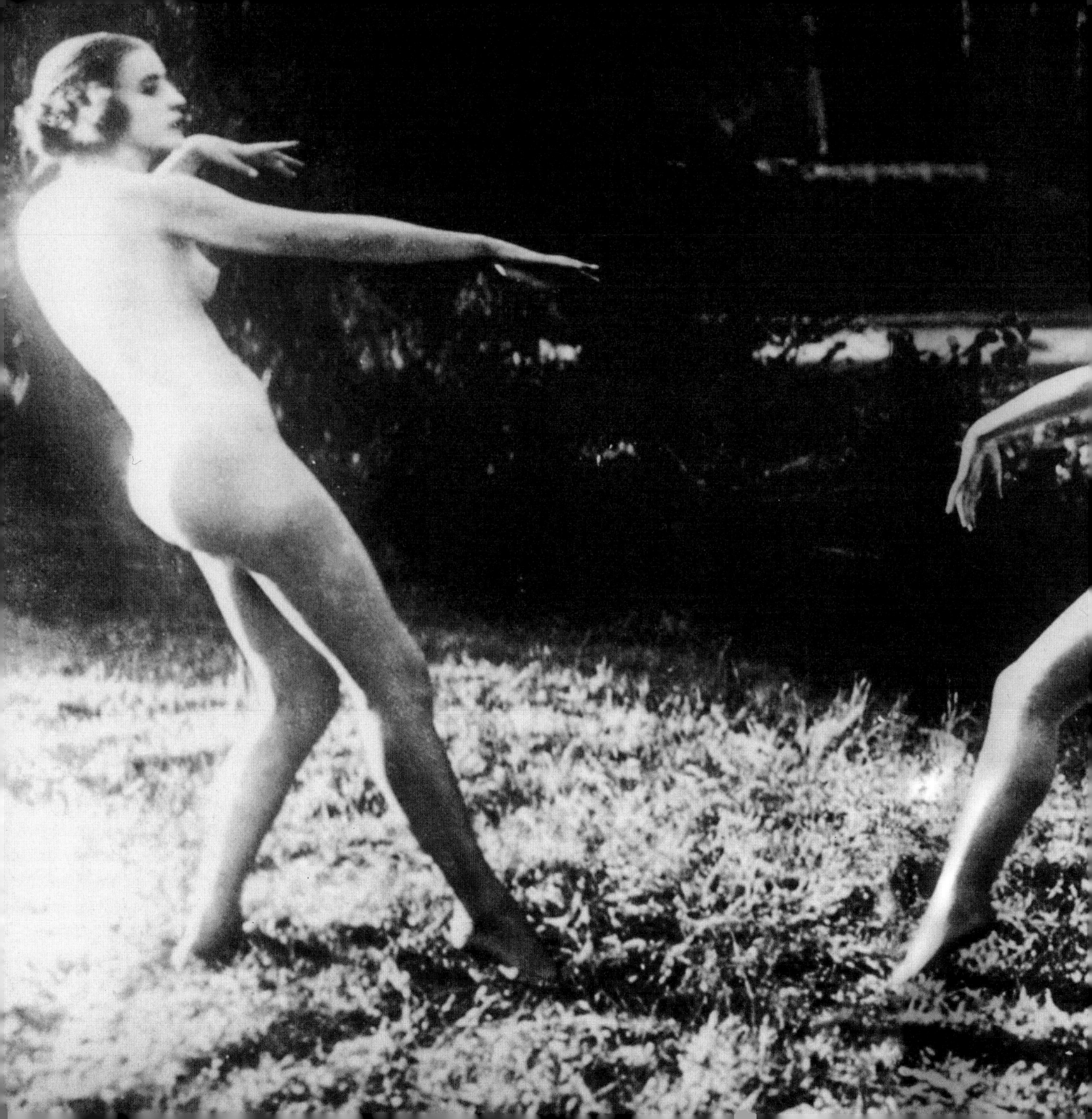

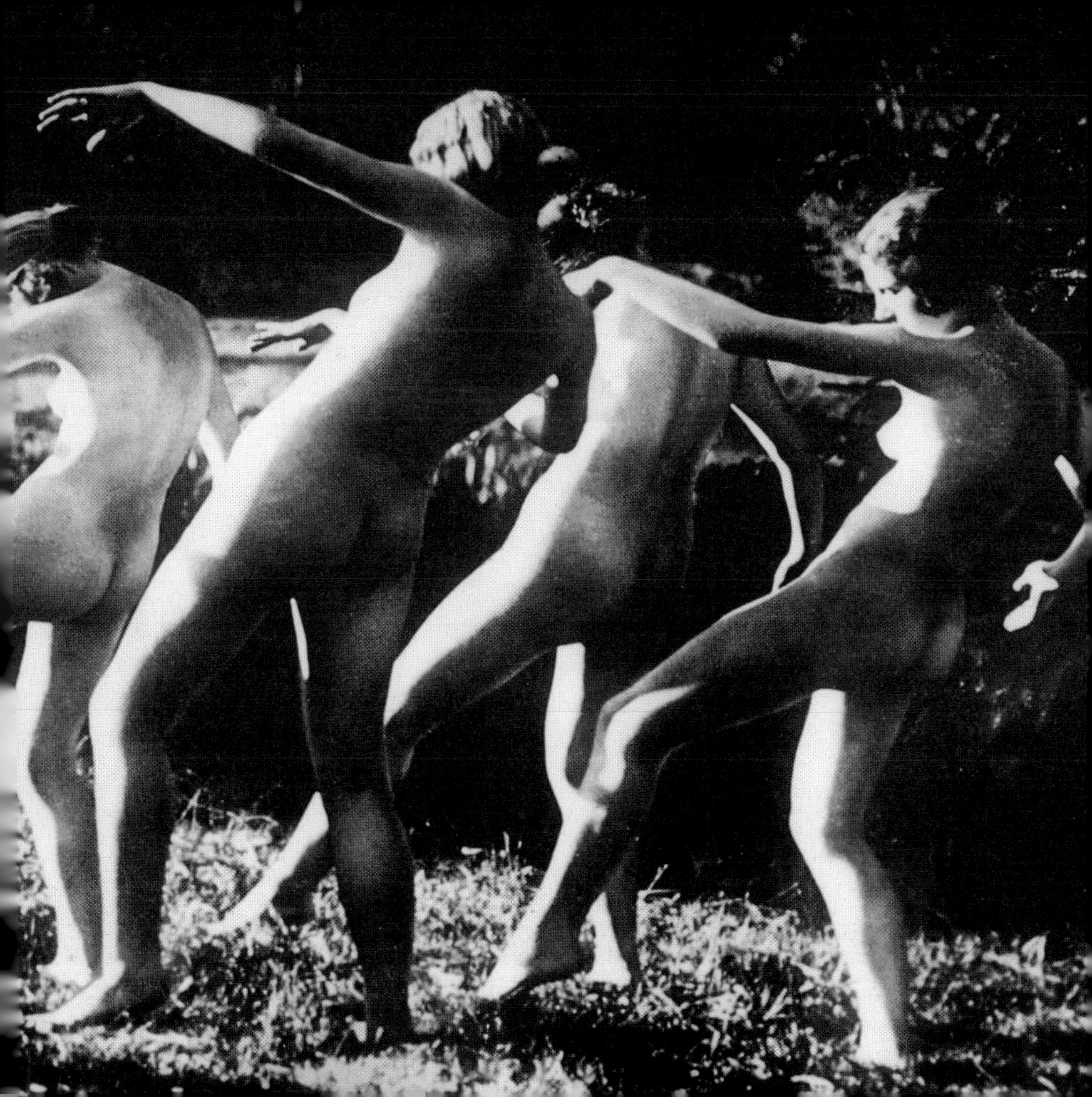

2 — 29 Der gebaute Rhythmus.

Kolonnaden, Arkaden, Fensterfolgen, Alleen, Häuserreihen usw. sind lineare Kompositionen gebauter Elemente. Die ihnen angemessene Wahrnehmung bezieht Vorgänge des Gehens und des Fahrens ein, selbst die Bildbetrachtung von einem Ort aus enthält als eigentliches Stimulans die rhythmische Körperbewegung des Betrachters. Die Säulen, die Bögen, die Fenster scheinen mich zu begleiten. Die gemeinte Gestaltqualität ist die einer Bewegung, d.h. die der gegliederten Zeit. Mit der simultanen Wahrnehmung der Fassade verbinden sich die Elemente ihrer schrittweisen Gliederung.

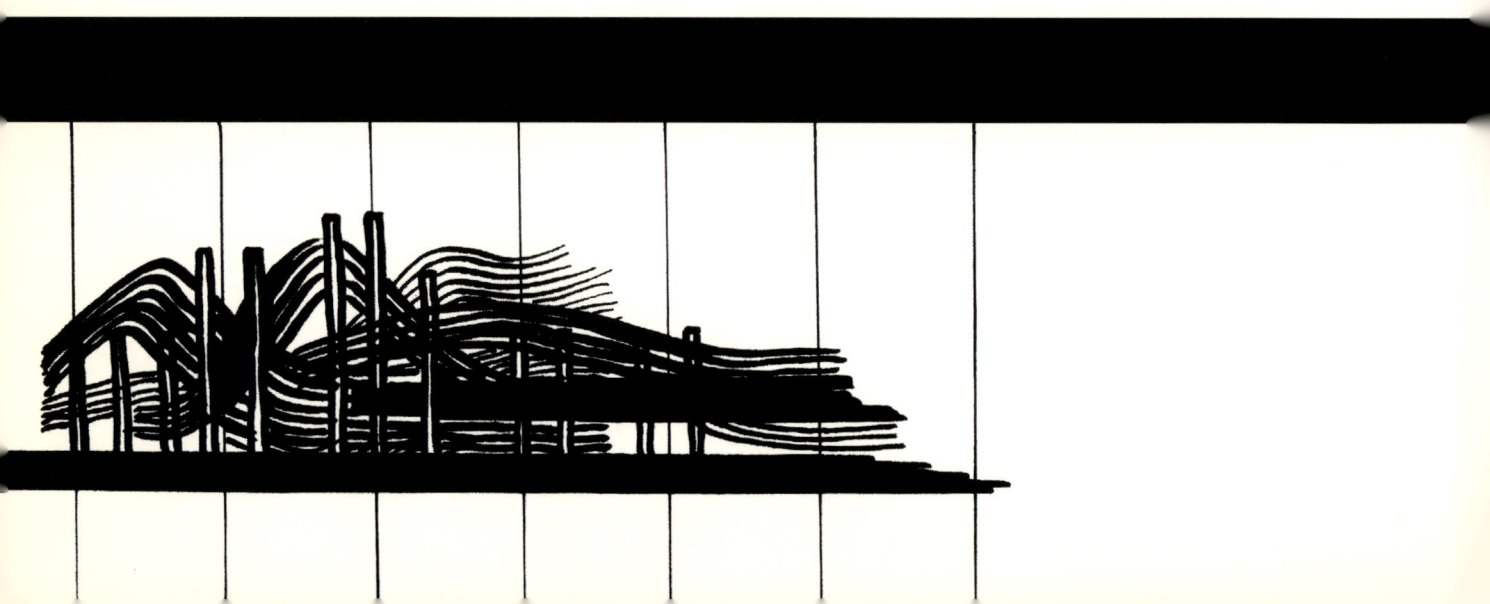

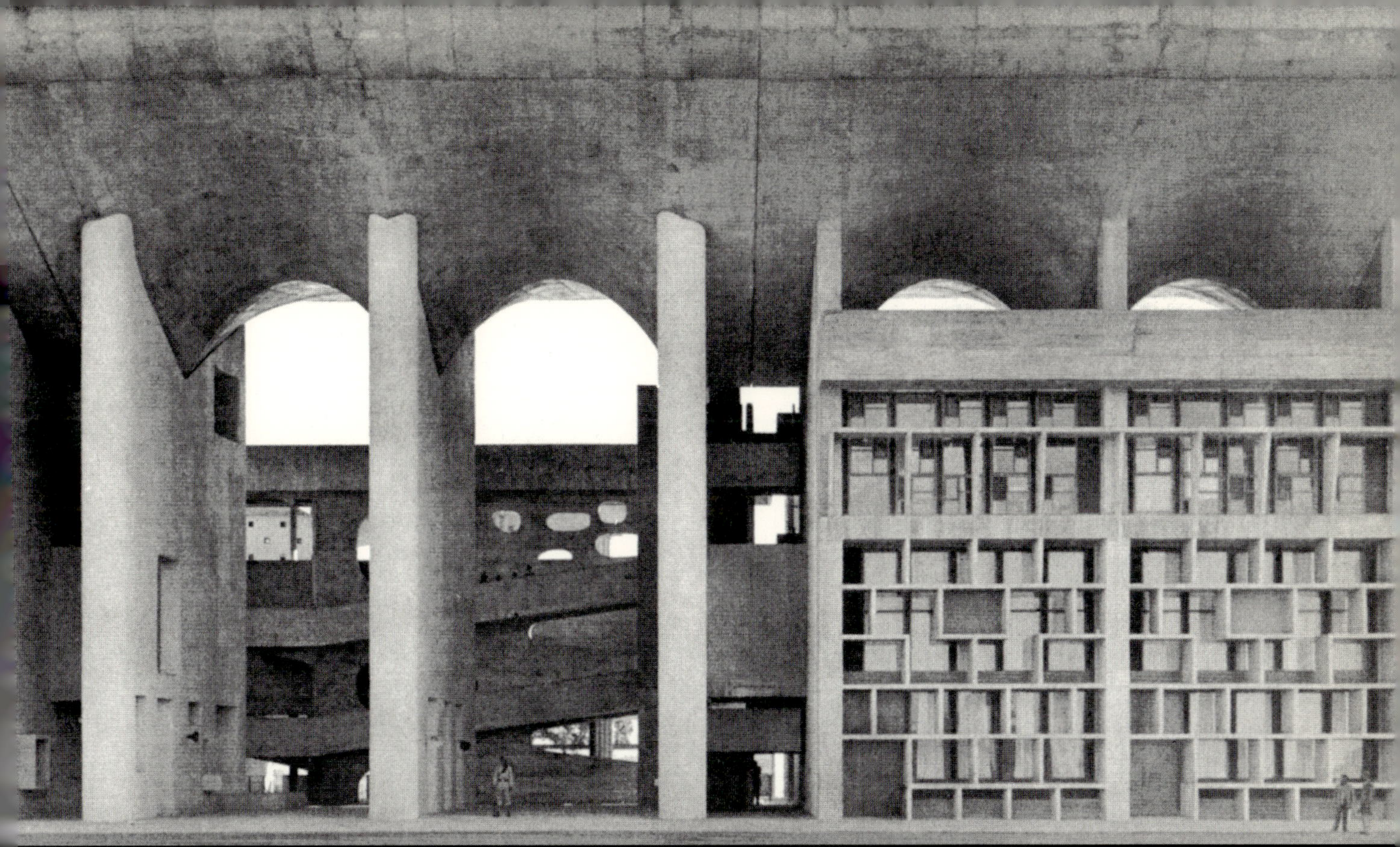

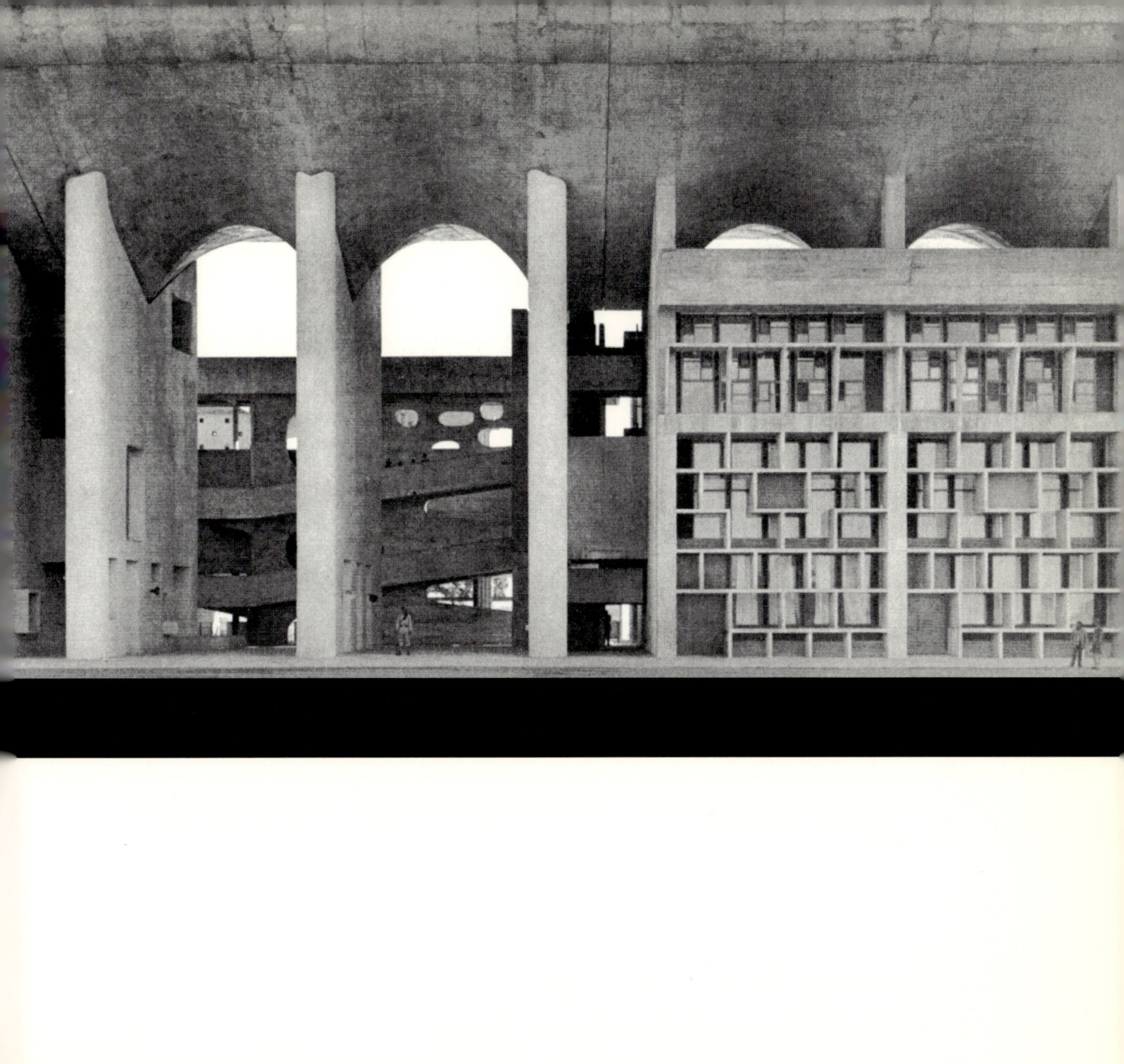

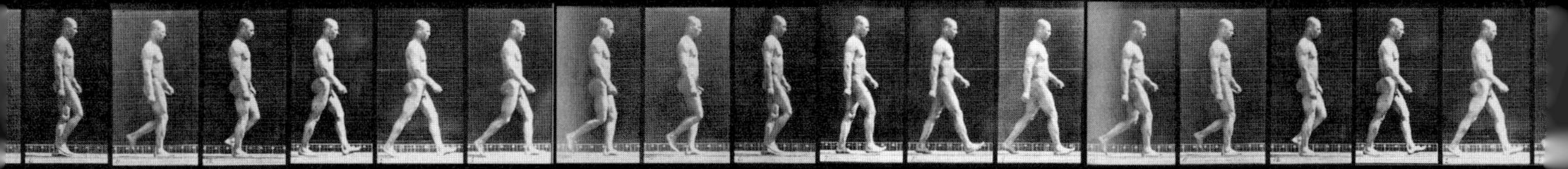

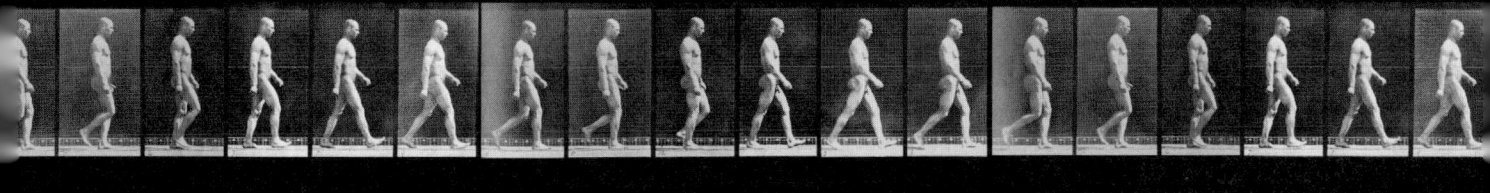

Sisyphus-Phänomene. Der unendliche Weg.

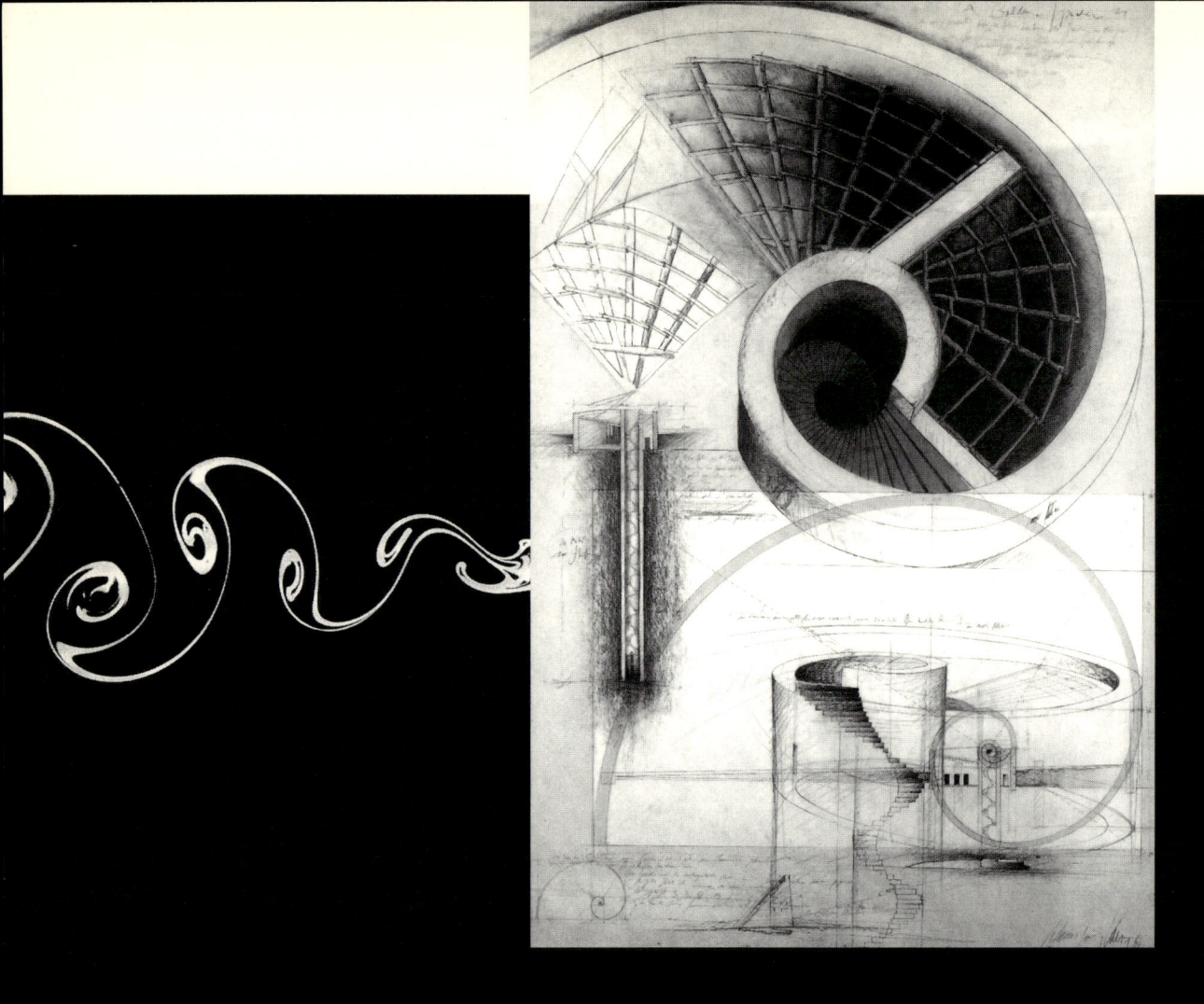

Die einrollende Spirale: sich in die Unendlichkeit versenken! Die ausrollende Spirale: sich in die Außenunendlichkeit ausdehnen!
Bilder für Vorgänge des Sich-Verlierens. Naturphänomene, die sich dem Bild der Spirale nähern: Wirbelstürme und Wasserstrudel.
Technische Formen, die das Schema der Spirale nutzen: der Korkenzieher, die Schleuder.
Spiralen in der Architektur sind Rampentürme und Wendeltreppen, in die Höhe und in die Tiefe führend.

2 — 30 Spirale. Wirbel. Strudel.

Leonardo da Vinci und Hokusai suchen in ihren berühmten Wirbelbildern gerade nicht nach einem Ausdruck für Chaos und Unordnung - auch wenn Wind - und Wasserströme alle Grenzen zu sprengen scheinen und über den geordneten Kosmos das Nichts hereinbricht. Sie zeichnen vielmehr ausgeklügelte „Geometrien der Turbulenz" und gehen von der Idee aus, auch die chaotische Mischung der Dinge (bei Stürmen und Katastrophen etwa) sei als eine Komposition aus gleichen Elementen zu erklären, die vergrößert und verkleinert wiederkehren, und deren Grundgestalt sei der Wirbel. Damit haben sie um 1500 in Europa und Asien schon graphische Modelle für eine Mathematik der Fraktale geliefert, d.h. für eine Wissenschaft, die unvorhersehbare Phänomene - sowohl in der Natur als auch in der Computerdarstellung - durch Systeme wiederkehrender Elemente beschreiben will.

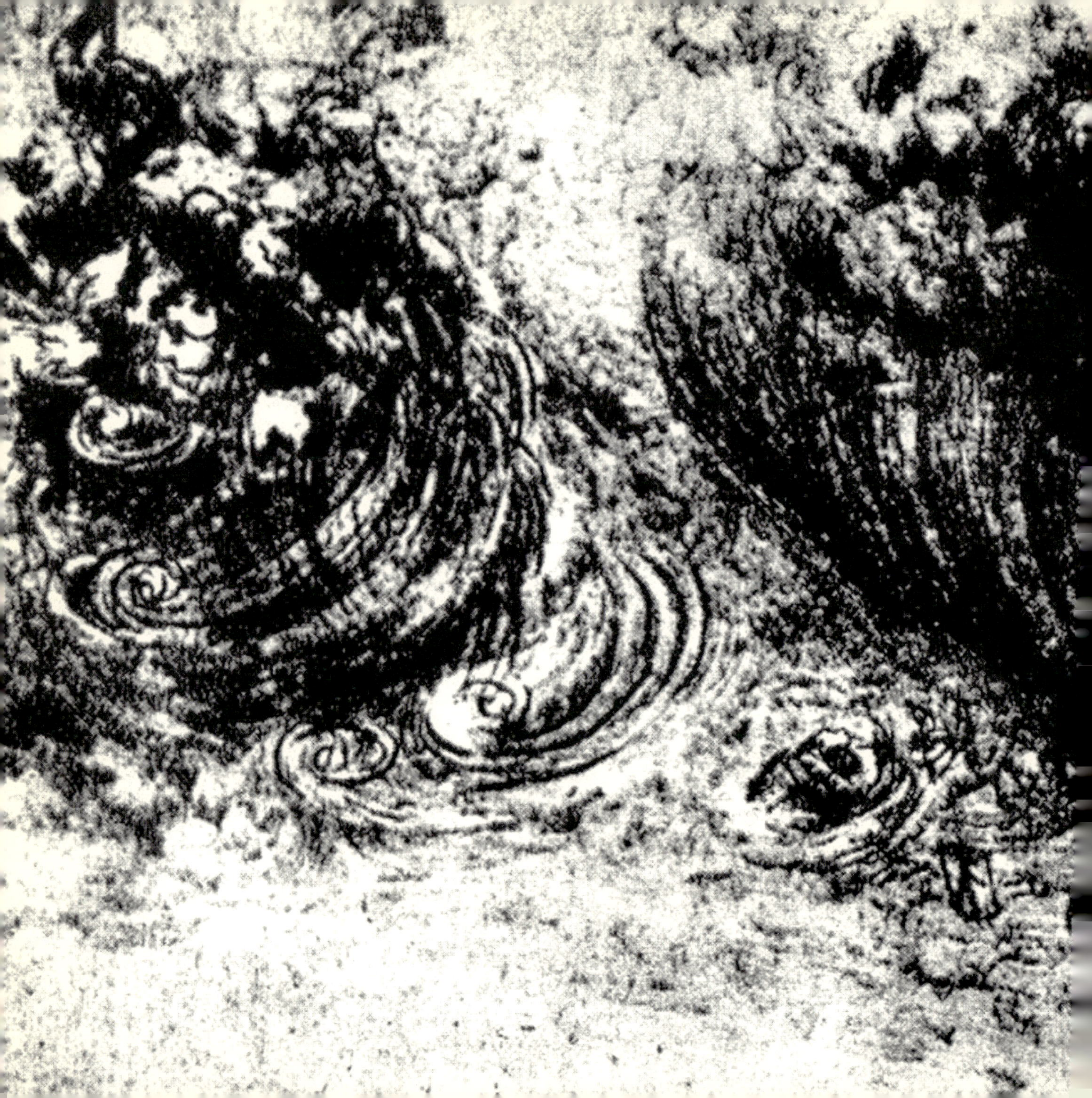

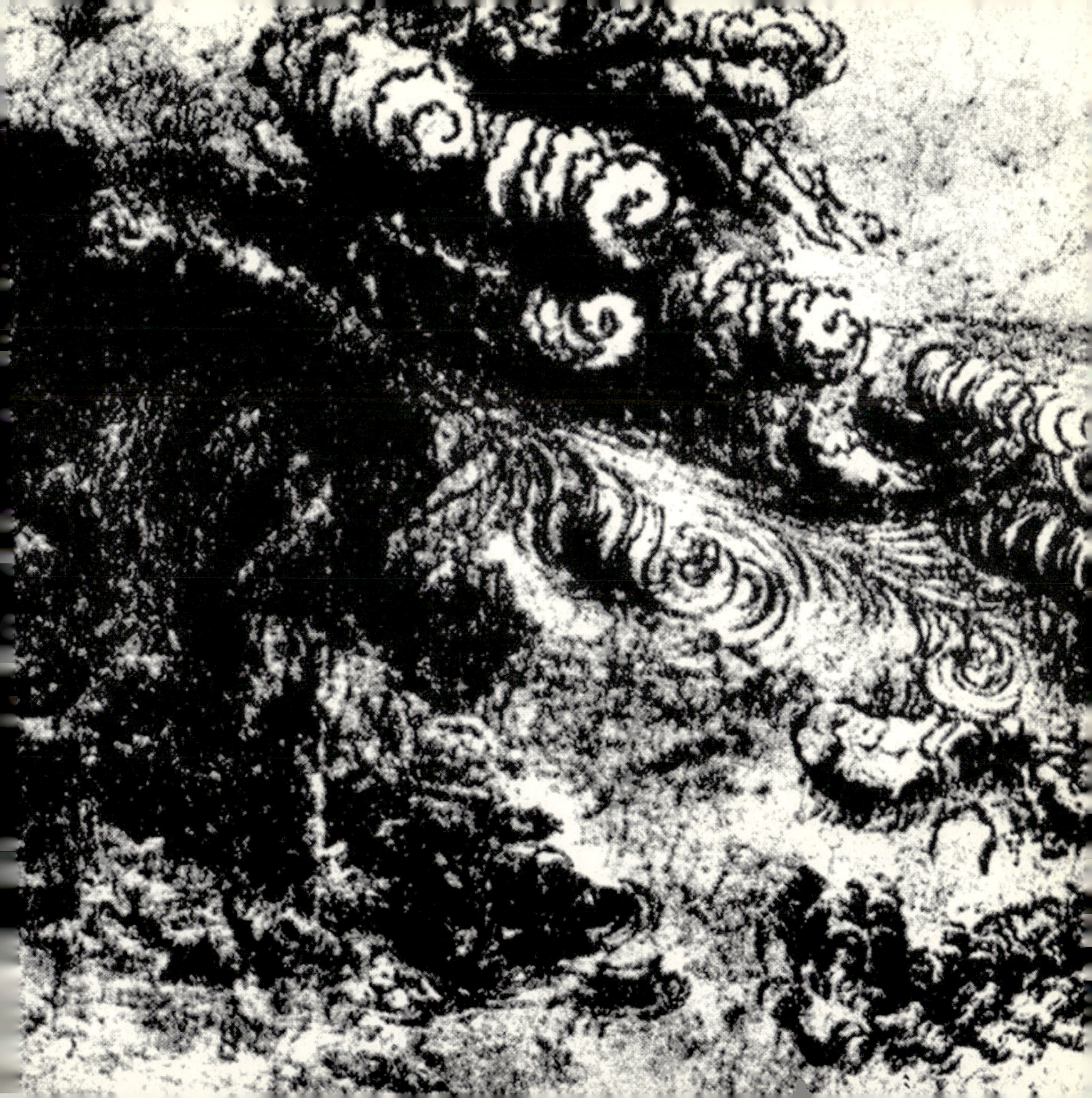

2—**31** Schleife, Falte, Knoten.

Umkehr

außen innen außen

Der im Raum umgestülpte Weg. Die systematische Umkehrung, Rückführung und Verzerrung der Wegegestalt. Eine Fülle von Punkten der Rückkehr, der Abzweigung und Einmündung, Abweichung, Richtungsänderung. Die Charakteristika des Verlaufes: Oben-Unten-Umkehr, Innen-Außen-Tausch, Verengung und Ausweitung, Wechsel von Kern- und Randlage etc. Das Spielerische der Verwandlung wird seit Jahrhunderten in Ostasien genutzt, um aus Papier zauberhafte Faltwerke zu erschaffen.
Die poetische Idee wie die philosophische Aussage solcher Formen zielt auf kultivierten Widerspruch in einem gestalteten Ganzen.

2 — 32 Technische Unendlichkeit. Maschinen-Ewigkeit.

Der euphorische Traum von der Maschinen-Ewigkeit, von der mehrere Wellen der industriellen Revolution ihr Zukunftsbild ableiten, basiert auf einem Zeit-Modell, das dem chronometrischen der Physik nachgebildet ist. Der Idee nach sollten die Produktionsvorgänge wie die Bewegungen der Geräte ohne Ermüdung, ohne Verschleiß, gleichmäßig, meßbar und exakt umkehrbar laufen. Die Vorstellung der technischen Unendlichkeit mit ihren regelmäßigen Bildern drehender, rollender Teile auf geraden und kreisförmigen Bahnen wurde auf der Bühne, in der Malerei und Architektur pathetisch dargestellt. Der Weg wird zur unendlichen Spur ohne Anfang und Ende. Die letzte industrielle Revolution allerdings hat mit der Einführung der Elektronik die Selbstdarstellung des Technischen völlig verwandelt: in beliebigen Entfernungen werden die größten Wirkungen ausgelöst, ohne bei Transport und Transfer Bewegungen zu zeigen. Die Geräte stehen still, ihre Teile bewegen sich nicht, aus ihren Bahnen werden digitale Anzeigen. Die technische Raserei ist bewegungslos, technische Unendlichkeit breitet sich aus in einem Raum ohne Gesten.

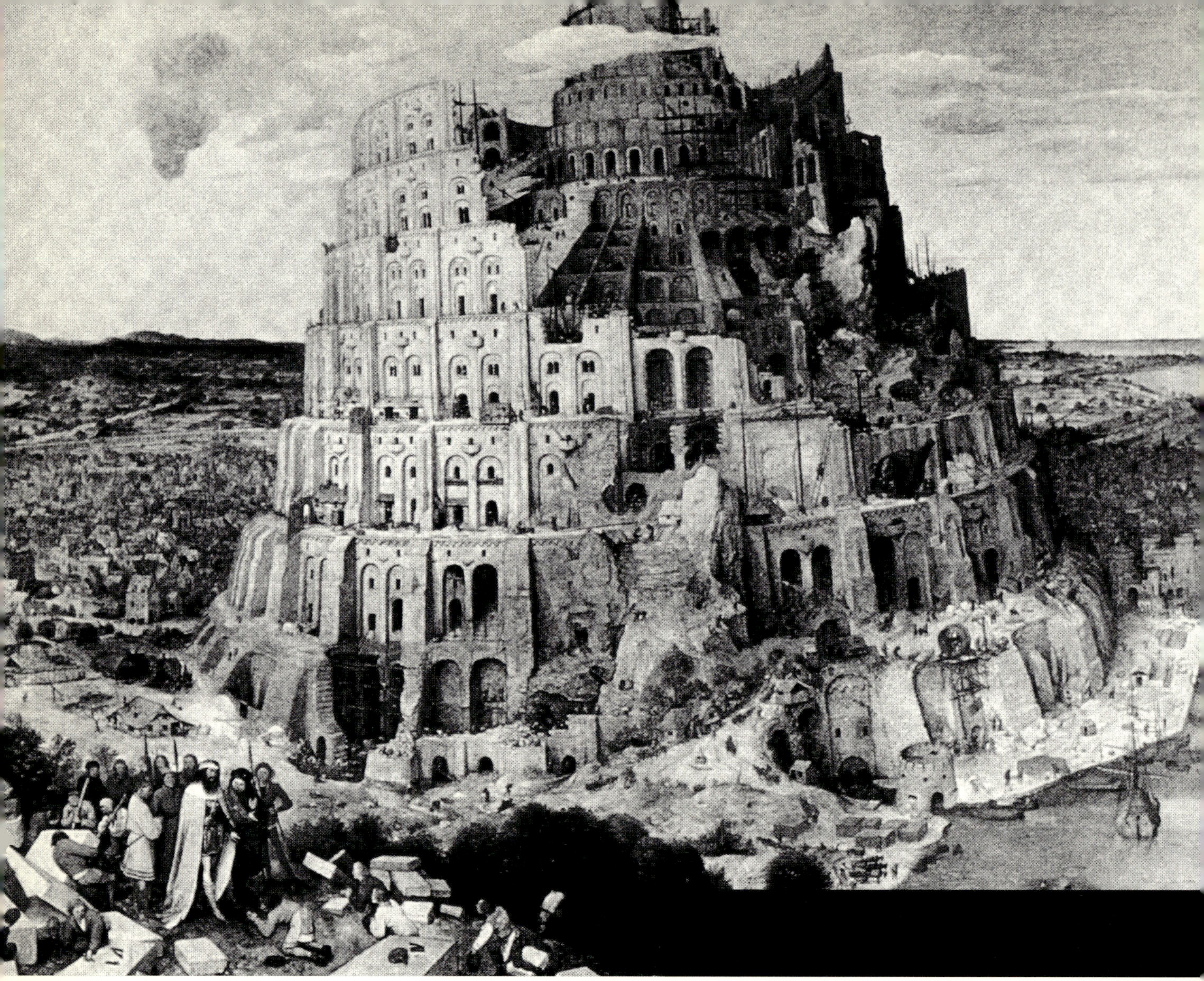

2 — 33 Der ewig neue Anfang.

Sisyphus-Arbeit

Anfangen! Immer wieder neu anfangen! Den Anfang selbst zur Ewigkeit machen! Die Geste des immer neuen Anfangs ist der älteste Ausdruck von Avantgarde, der so alt ist wie die schöpferische Menschheit. Der Turm von Babylon, der Flug zum Mond, Hölderlins Hyperion, Nietzsches Zarathustra, Tatlins Turm sind Explosionen der menschlichen Sehnsucht, wieder neu zu beginnen. Eine pathetische, zugleich verzweifelte Geste, die des immer neuen Anfangs. Die Sehnsucht nach Ewigkeit wird im Akt des Aufbruchs selbst beschworen. Der Sehnsucht-Akt weist in die Tiefe der Zeit und wird dennoch zurückgeworfen auf sich selbst.

Sehnsucht nach Auflösung in Nichts. Ikarus' Traum: sich hineinwerfen in den Raum, in die Zeit. Über sich selbst hinaus, über Jetzt und Hier hinaus, über den Tod hinaus ins Unendliche sich verlieren. Sich entwerfen. Am äußeren Ende des Tempels eine Tür ins Jenseits öffnen - wie die Pharaonin Hatschepsut in Der-el-Bahari. Mit einem neuen, anderen Körper den Schwereraum verlassen. Endlich fliegen. Bühnen bauen zum Betreten des kosmischen Raumes, zum Beispiel eine Lehmtreppe, die die Sahara mit dem Himmel verbindet (Hansjörg Voth).

v e r l o r e n

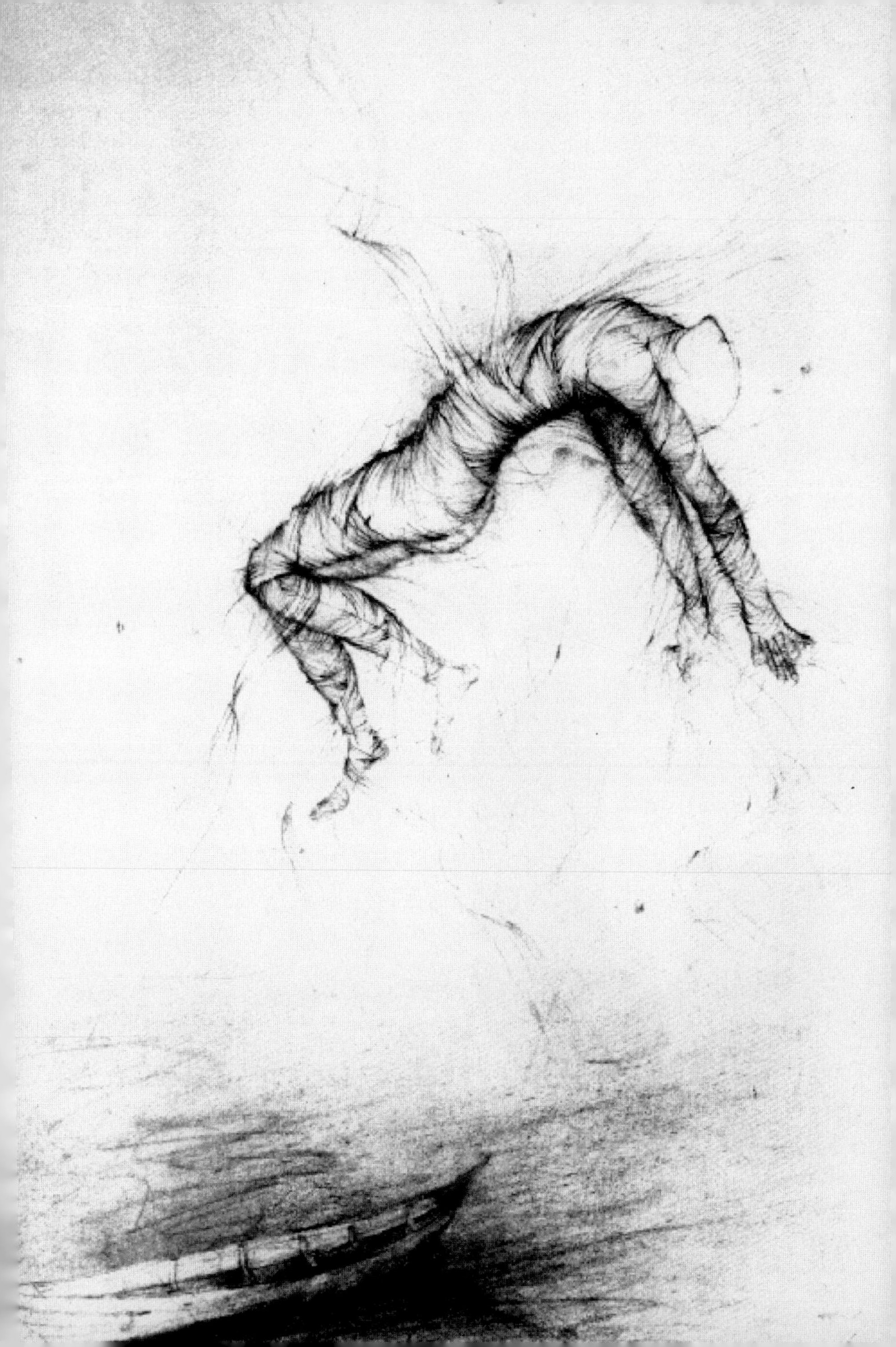

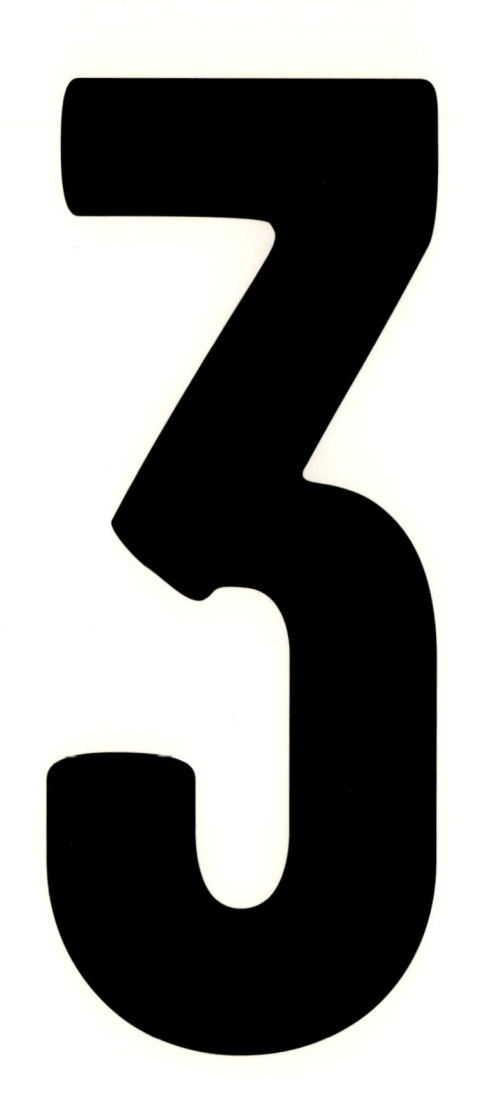

3

Stille Szenen. Ruheräume

Das Verschwinden der Zeit aus dem Raume.

Stille Szenen. Einführung.

Orte und Wege, das sind die Elementarphänomene der Architektur als Bewegungsraum. Was nun komplexe szenische Qualitäten betrifft - Architektur als vielschichtige Ausdruckswelt - so können wir in der Fülle der Phänomene zwei entgegengesetzte Tendenzen beobachten: die Tendenz zur Stille, zur Beruhigung einerseits und die zur Raserei, ja zum Chaos andererseits. Zwei Arten von Sehnsucht, Architektur zu gestalten! Eine dieser Sehnsüchte versucht, die Zeit aus dem Raum zu verdrängen, sie zielt auf Ewigkeit. Die andere versucht, den Raum im Rasen der Zeit aufzulösen, sie zielt auf die Macht des Augenblicks. „Stille Szenen. Ruheräume" soll das Thema des dritten Kapitels sein, „Erregte Szenen. Unruheräume" das Thema des vierten.

Vor Jahrtausenden war schon - wie heute - die Stille ein Grundthema des architektonischen Ausdrucks: das Gerinnen der Zeit. Das gilt zunächst für die intime Sphäre um den Körper. Die Sehnsucht, sich aus der Betriebsamkeit zurückzuziehen: endlich allein sein! Das Bett, die Schlafnische, stille Ecken und intime Höfe: Räume für den Rückzug ins Private. Bilder stellen sich ein, die das Menschenleben ins Tierleben zurückbinden, ja in die Nischen der stummen Natur. Höhle, Muschel und Nest. Die hilfreichen Gesten der Architektur - der rettende Winkel, die warme Mulde - scheinen älter als die Sprache, sie sind jedem Menschen unmittelbar - über Jahrtausende der Kulturgeschichte hinweg - vertraut.

Was die „Architektur der Stille" dem menschlichen Körper bietet, das bietet sie auch den zu verwahrenden, zu schützenden Dingen. Die Schränke und Truhen, die kleinen Nischen und die Museen - Großformen des Verwahrens - bieten Räume der Erinnerung. Die Schreine, Gräber und Totenstädte lassen die Zeit stillstehen, weit entfernt von den Vorgängen der Gegenwart. Die Zeit wird hier nicht als Handlung, sondern als Bild dargestellt, umverwandelt in ein Raumphänomen. In der starren räumlichen Gegenwart erscheint die Tiefe der Geschichte: einerseits als Erinnerung, andererseits als Erwartung.
Nicht nur der private, auch der öffentliche Raum braucht Zonen der Stille, Szenen des Rückzugs und der Meditation! Parks und Gärten machen eine Stadt besinnlich, aber auch die monumentalen „Formen der Leere" lassen die Unruhe der Zeit

aus dem Raume verschwinden. Das Erhabene erscheint hinter den Aussparungen der Gegenwart. Das Leben als Bewegung tritt zurück. Im Ereignis der Langsamkeit, im Zögern und Erinnern liegt die andere Idee von Zeit: Kairos. In den adäquaten architektonischen Szenen ist die Leere nunmehr als Fülle gemeint. Gerade die Abwesenheit von Alltagsbetrieb, von Lärm und Ereignisfülle, Wechsel und Bewegung liefert der Phantasie den pathetischen Raum, in dem die Bilder der Vorstellung aufsteigen. Großartig mag die Vergangenheit erscheinen, unwiederbringlich oder auch utopisch, sehnsuchtsvoll.
Die Architektur liefert den ahnungsvollen Rahmen für die Innenwelten der Meditation. Aber sie liefert auch den Rahmen für tödliche Erstarrung, kalte Räume der Ohnmacht, Kerkerräume. Architektur kann lähmen, die notwendige Bewegung verhindern, sie kann Werkzeug der Bestrafung sein, ja töten.

So zeugt das Verschwinden der Zeit aus dem Raume zweierlei Ausdrucksqualitäten. Die eine zielt auf Versammlung des Ich, auf Meditation und Heilung der Kräfte, die andere auf Zerstörung des Lebens, auf Verlust des Ich, auf Ohnmacht.
Die beruhigten stillen Räume können warme, schützende oder auch kalte, bedrohliche sein.

Räume für den Rückzug ins Private.

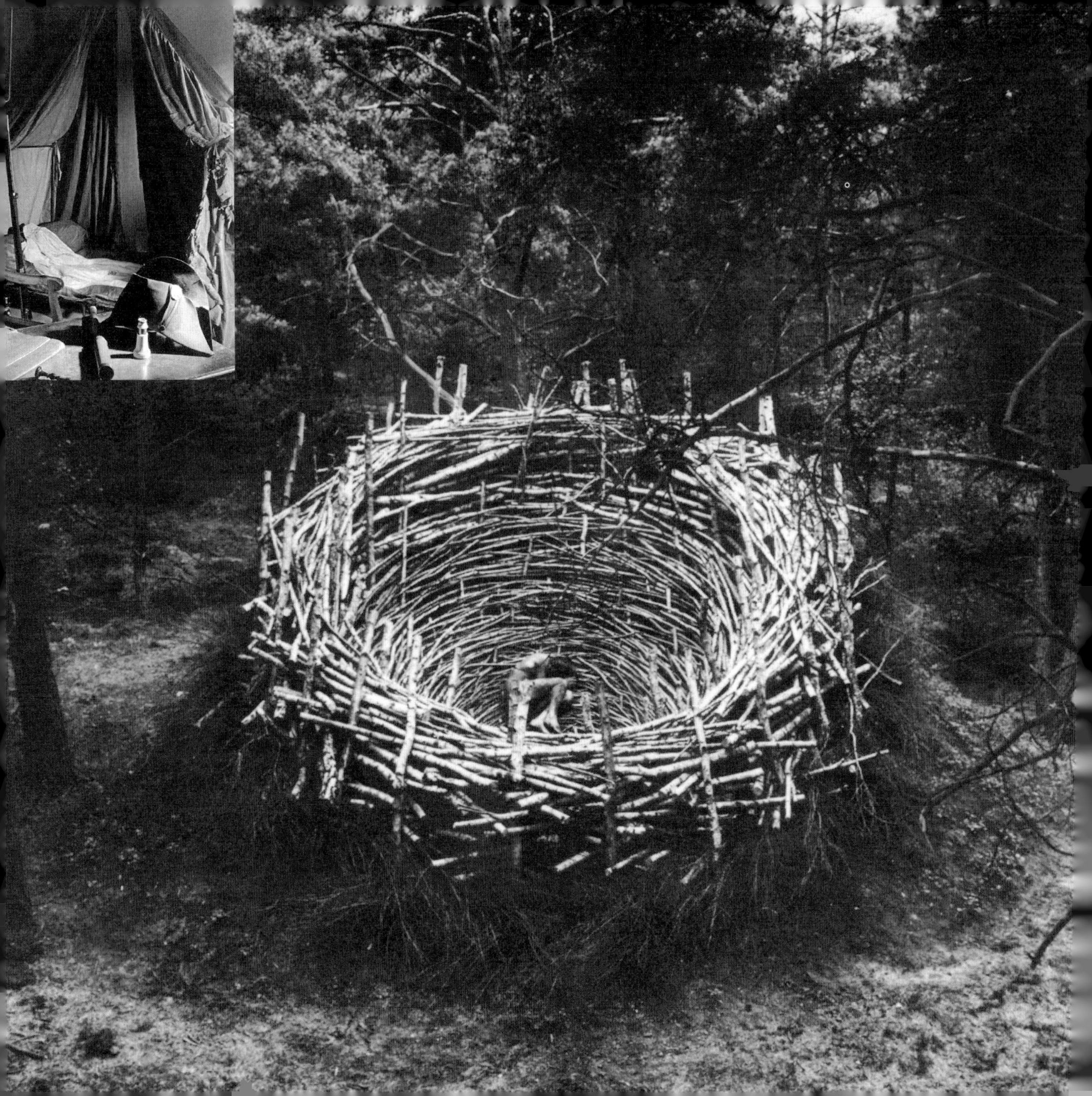

Das Bett, die Kuschelecke,
die Schlafnische, die Schlafhöhle,
das Nest, der stille Winkel.
Eine der tiefsten Freuden des Körpers:
sich kuscheln in die Schlafnische.
Entspannung suchen,
ausruhen, sich zurückziehen
in einen stillen Winkel. Einschlafen.
Aus der Raserei der Ereignisse entkommen.
Zurückkehren in den Schoß der Mutter.

Das Bett. Die Kuschelecke.

3
□
1

3
4
5
6
7
8
9
12
13
11
15
17
18
19

Räume für die Liebe,
für die Einsamkeit,
für den Schlaf,
für den Traum, Fluchträume.
Räume für den Tod.
Es gibt die Nische,
die das Urvertrauen weckt,
den traulichen Winkel zum Alleinsein,
eine schützende Wand im Rücken.
Es gibt die Mulde,
geeignet für die Ruhe,
für die Entspannung,
unsichtbar fast.
Am Rande der Gegenwart.

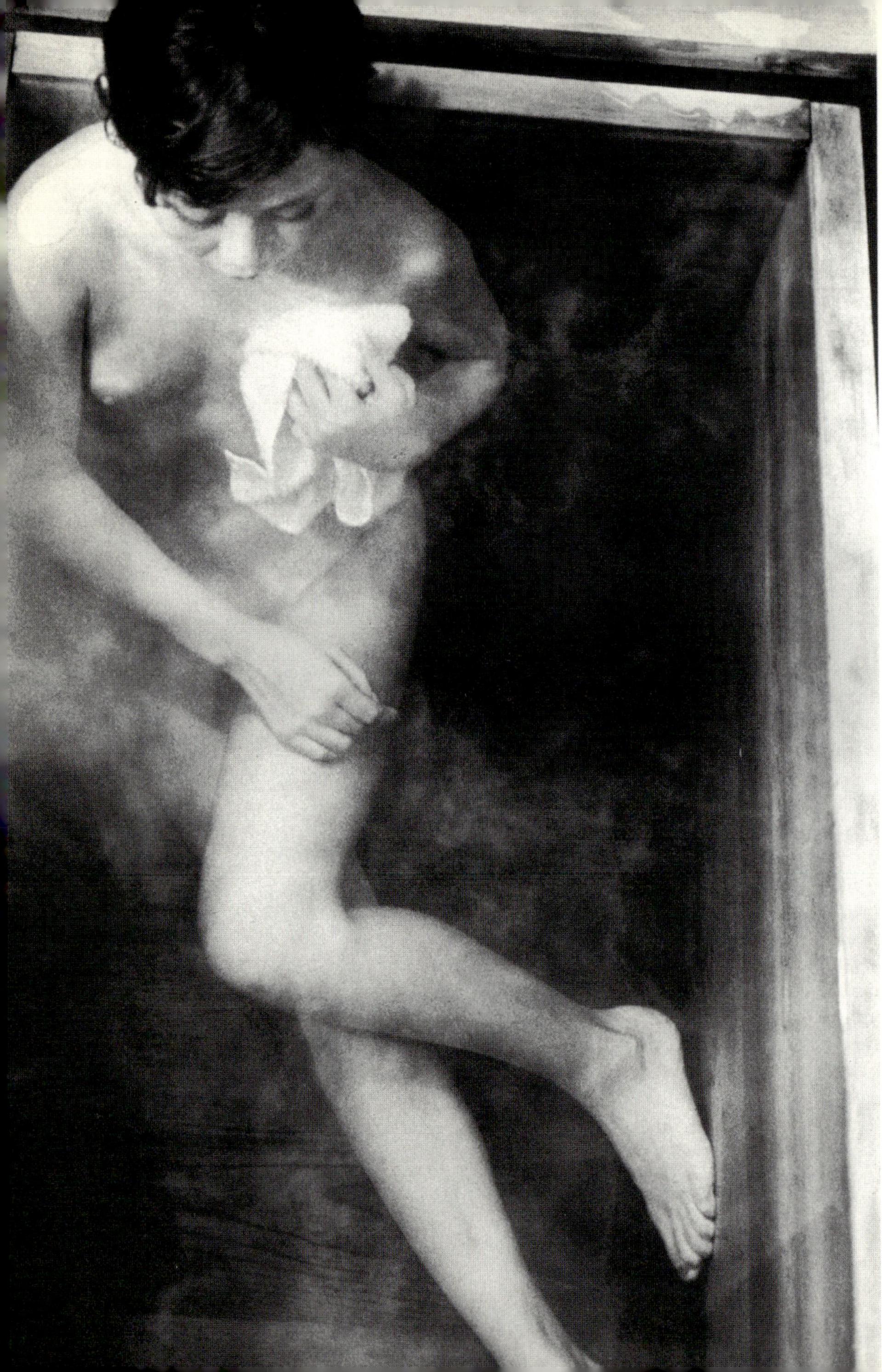

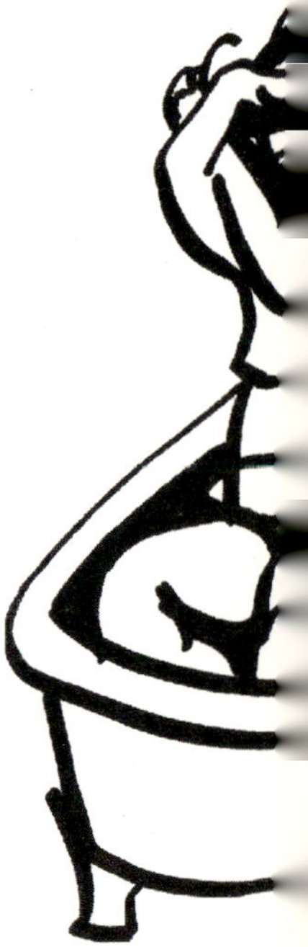

Das Bad,
die Toilette,
das stille Örtchen,
die Duschecke,
die Umkleide.

Der ängstliche, zärtliche,
prüfende Umgang mit dem eigenen Körper.
Der geschlossene Raum für die Proben
der Sauberkeit, der Schönheit.
Die Vorbühne für die Befragung des Leibes,
für die verborgene Lust.

Räume für das intime Alleinsein.

今、アメリカで大人気のジェット流は
当社自慢のもので
激しい気泡技射と強
力な水圧とによって血液の循環を促し
疲労業や毒素をすっかり取り去り細胞を
若返らせます。神経痛、筋肉の疲労
こり、腰の痛み等には効果てきめんです

Intimität, die sich im geselligen Rahmen zeigt,
ist seit Jahrtausenden Sache der Kultur,
der Kommunikation, der Kunst...
Zur Befriedigung eben dieser Bedürfnisse entstehen
in bestimmten Kulturlandschaften spezielle Formen
von Sprache, Gestik und Körperbewegung
und spezielle architektonische Details.
Stärker als bei individuellen Räumen
für intime Verrichtungen gelten
proxemische Regeln der zumutbaren Annäherung
und der angemessenen Entfernung.
Werden doch Nähe und Ferne, Verlockung
und Abstoßung, Zauber und Schauder
über die Haut empfunden,
werden doch nackte Leiber mehr gespürt als gesehen.
Die Nahsinne erzeugen mehr noch als das Auge
Gefühle der körperlichen Neugier,
Wohlgefühl und Abwehr.

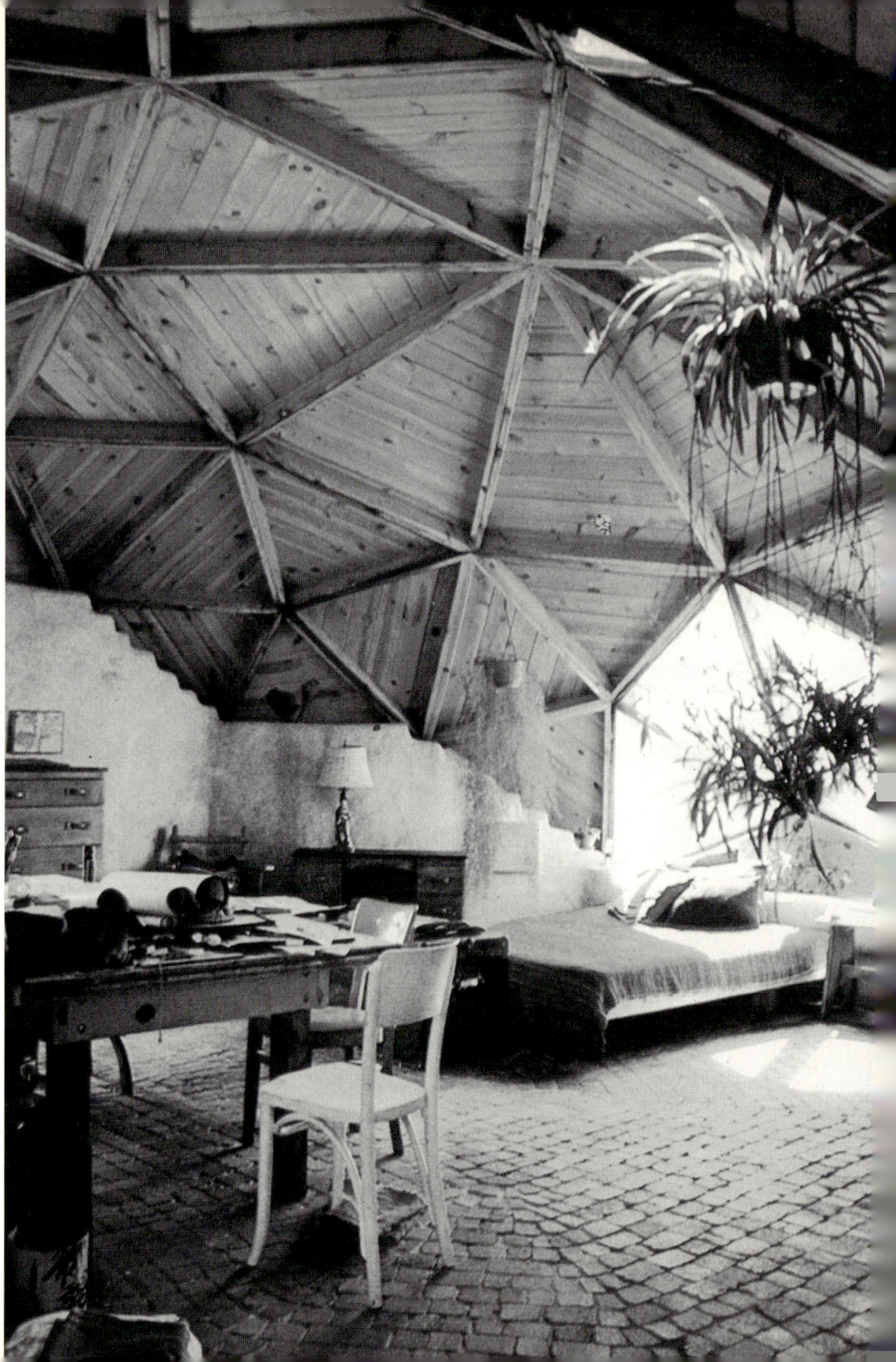

Das Heim, die Hütte,
das Wochenendhaus,
die Ferienwohnung:
Tagträume für die Alltagsmüdigkeit.
Die kleinen bürgerlichen Idylle
im Haus und in der Stadt:
das Blumenfenster,
der Wintergarten, die Laube,
kleine schattige Plätze,
Ecken zum Verweilen,
Bänke und Mauerinschriften,
freundliche Details.
Sie verhelfen zum Ausbruch
aus der Umklammerung des Alltags,
aus den Pflichten des Berufs,
aus den Bindungen an
die flache Funktionalität.

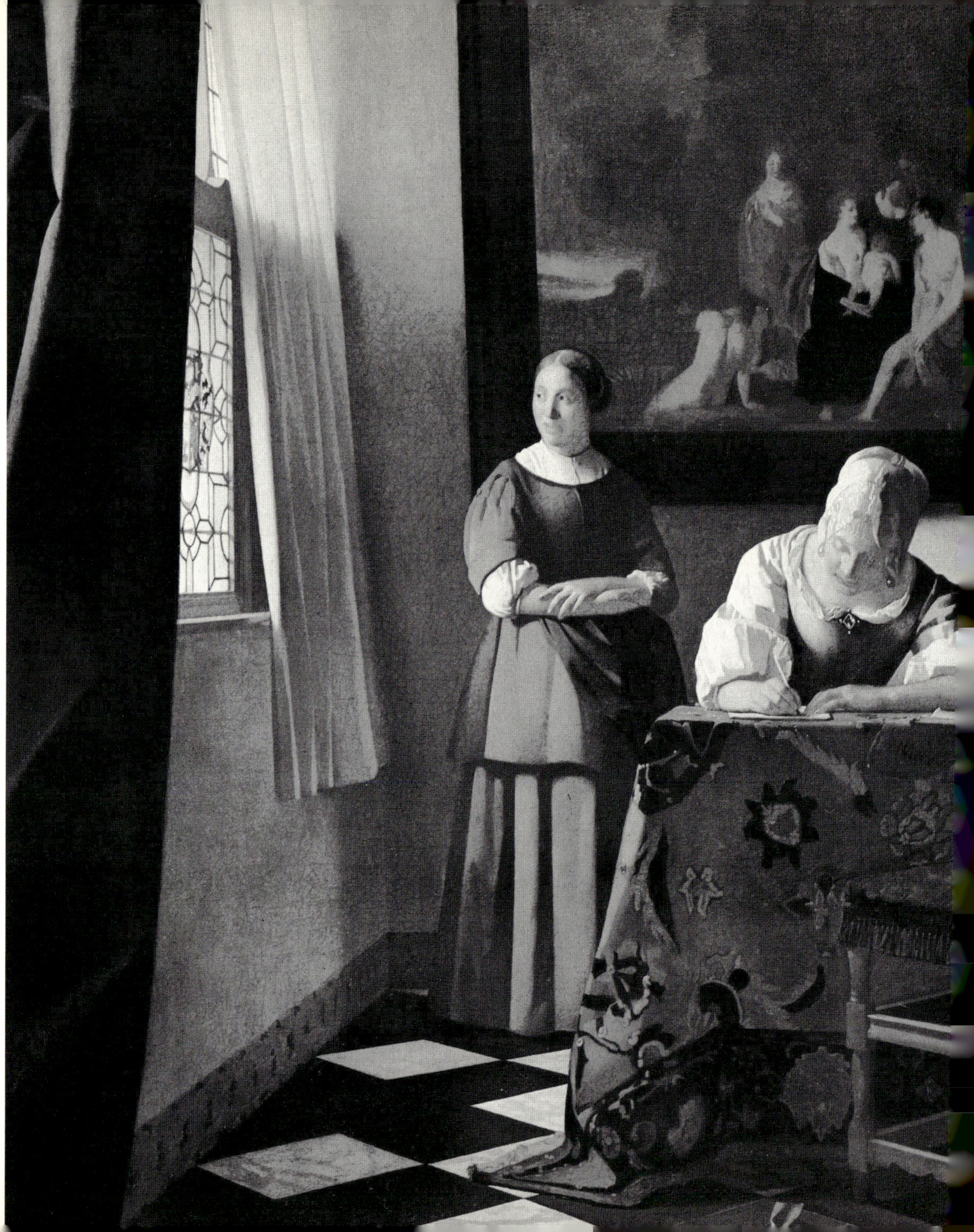

Sich in die Sitzecke,
die Leseecke verkriechen.
Den Schreibplatz am Fenster,
die Plauderecke aufsuchen,
die Eckbank besetzen.
Am Rande dabeisein.
Sich entziehen,
aber nicht ganz.
Die Ecken, Nischen bieten sich an,
die stillen Zonen an den Rändern
des kommunikativen Raumes.
Wohnflächen sollen Reste haben,
die dem Zaudern dienen,
unbeachtet, dem Besinnlichsein,
dem Nichtstun verfügbar.

Die Sitzecke. Der stille Winkel.

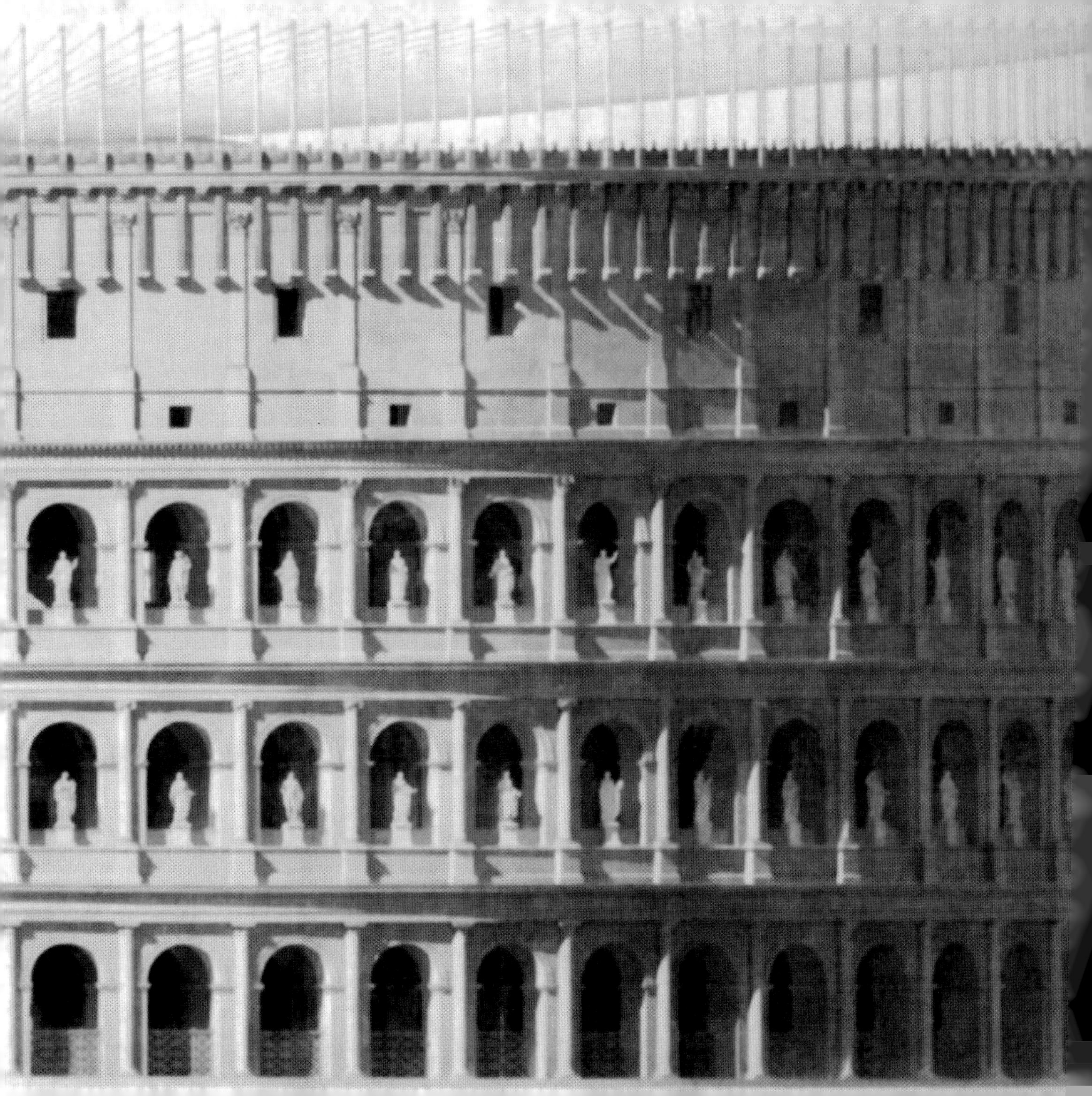

Die Nische für das Denkmal,
die Büste, das Götterbild.
Die Nische für den Kaiser,
den Häuptling, den Heiligen.
Die Nische zur Präsentation,
der architektonische Rahmen
für einen Zeigevorgang.
Weniger zugänglich als ein Altar,
den Blicken eher ausgesetzt als einer Handlung.
Dem Bild angenähert, vom Boden abgehoben,
vom Hier entfernt, in die Distanz gesetzt.
Attitüde des Erhabenen.

Die Präsentationsnische.

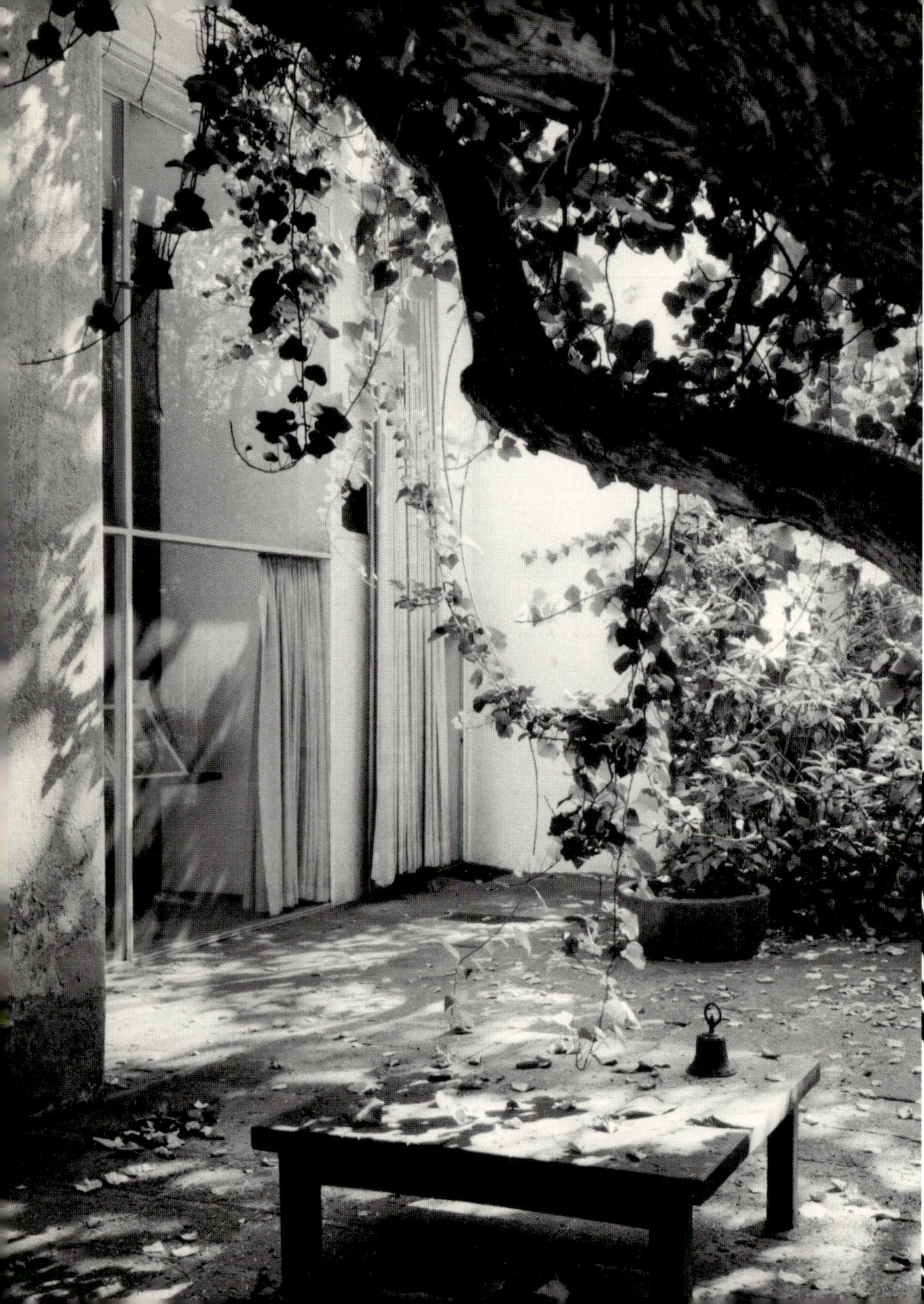

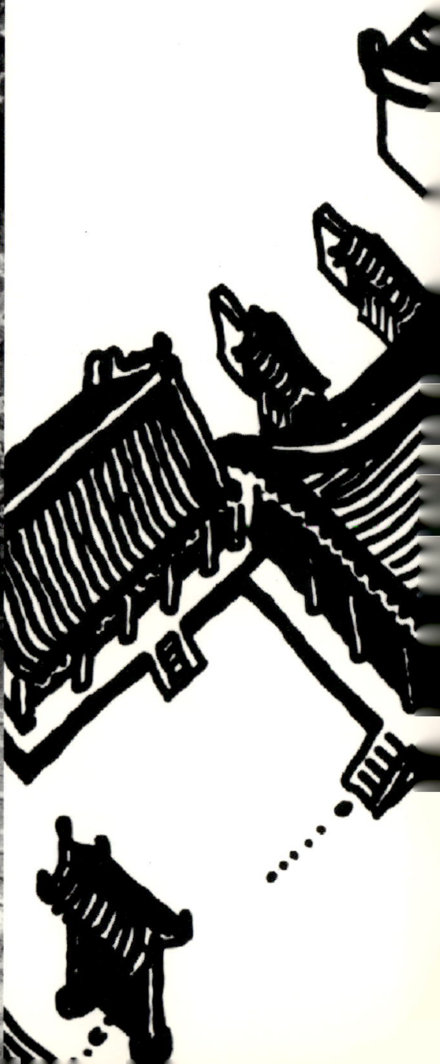

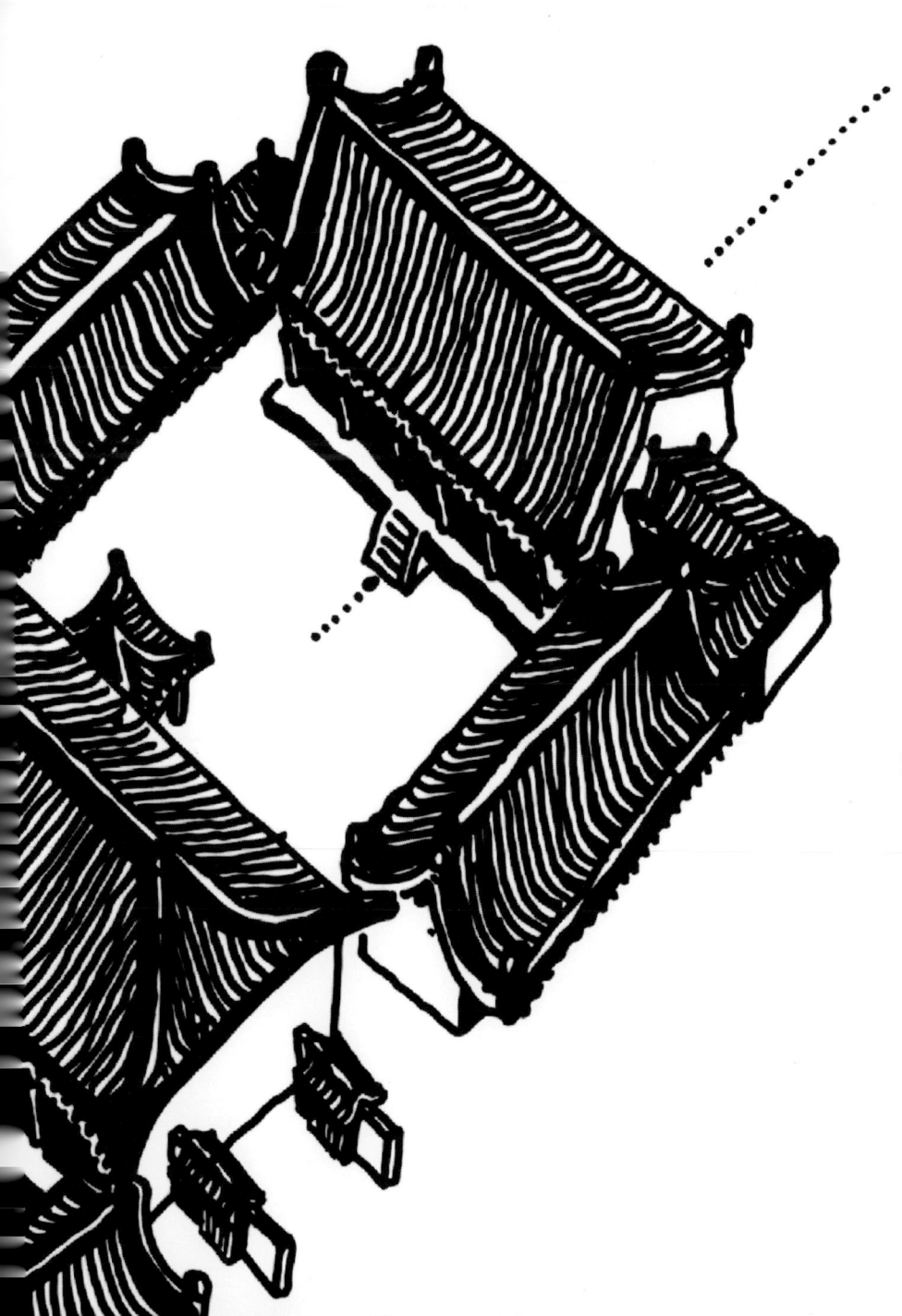

Der unendliche Zauber
des geschlossenen Wohnhofes!
Seit zweitausend Jahren
hat er seine sanfte Macht nicht verloren.
Seine Stille, seine Kühle,
sein Schatten überreden uns zum Rückzug.
Es ist das heimliche Angebot seiner Details,
das unsere Phantasie ins Innere zieht.
Er ist der Wohnraum,
das Zimmer unter offenem Himmel,
das unseren Träumen Raum gibt.
Nicht in der perspektivischen Ferne,
vielmehr in der Nähe,
in den Sonnenflecken des Bodens, der Wände
spiegeln sich die Veränderung des Kosmos
und die unseres Lebens.
Neben dem römischen
ist es besonders das Peking-Haus,
das durch seinen intimen Hof/
seine intimen Höfe das Private
aus dem öffentlichen Leben heraushebt.

Der intime Hof.

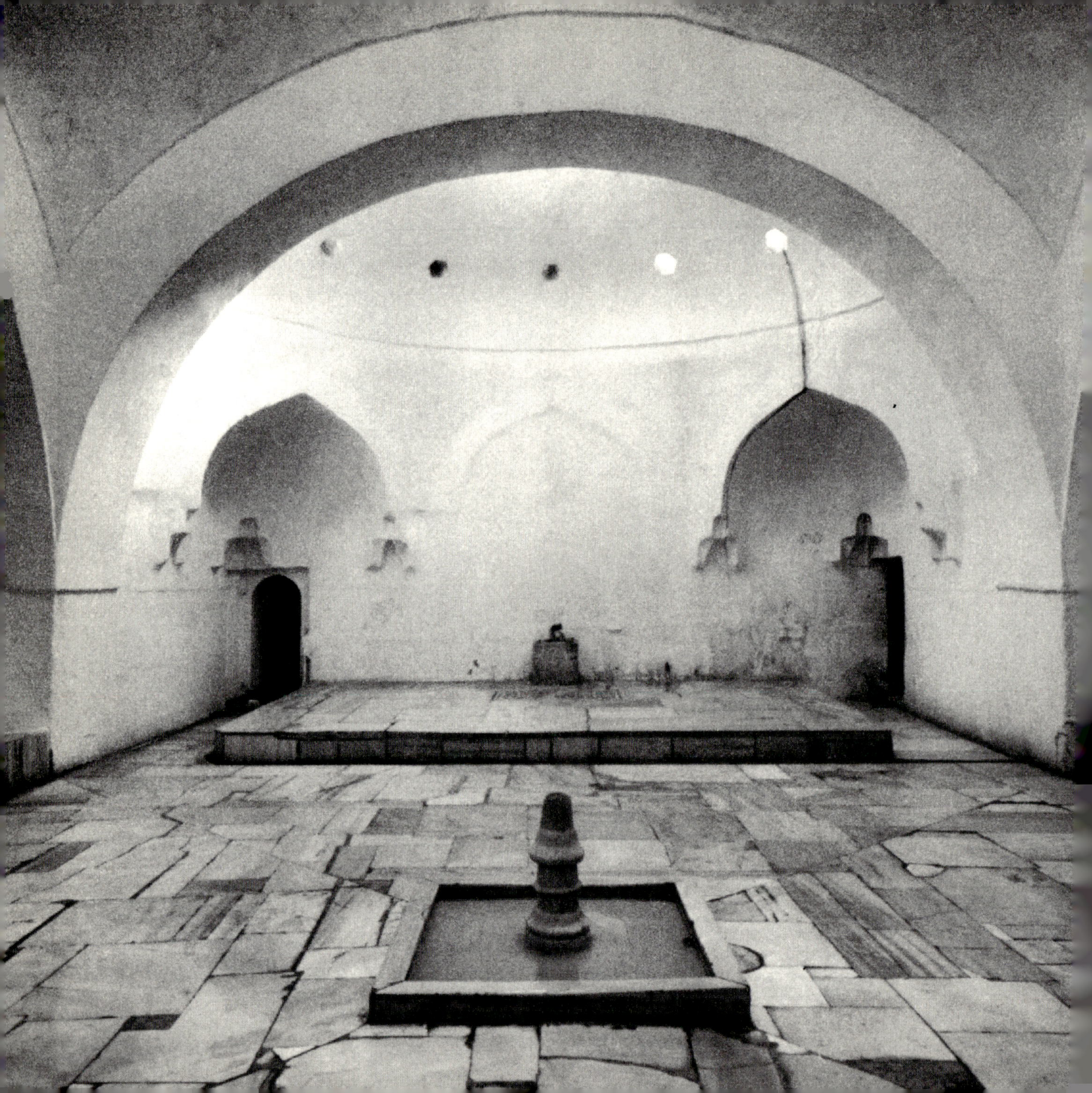

Die Wonne des Versinkens
Tauchen, Versinken,
Verbergen in der Grotte, in der Muschel, im Tal.
Gefäßöffnung, Einstülpung, Invagination.
Archaische Not und Lust.
Die Hohlräume und Einstülpungen,
die Buchten, Falten und Mulden des Körpers,
sie sind Zonen der Intimität, der Stille,
der zarten Berührung.

Die Grotte. Die Muschel. Die Mulde.

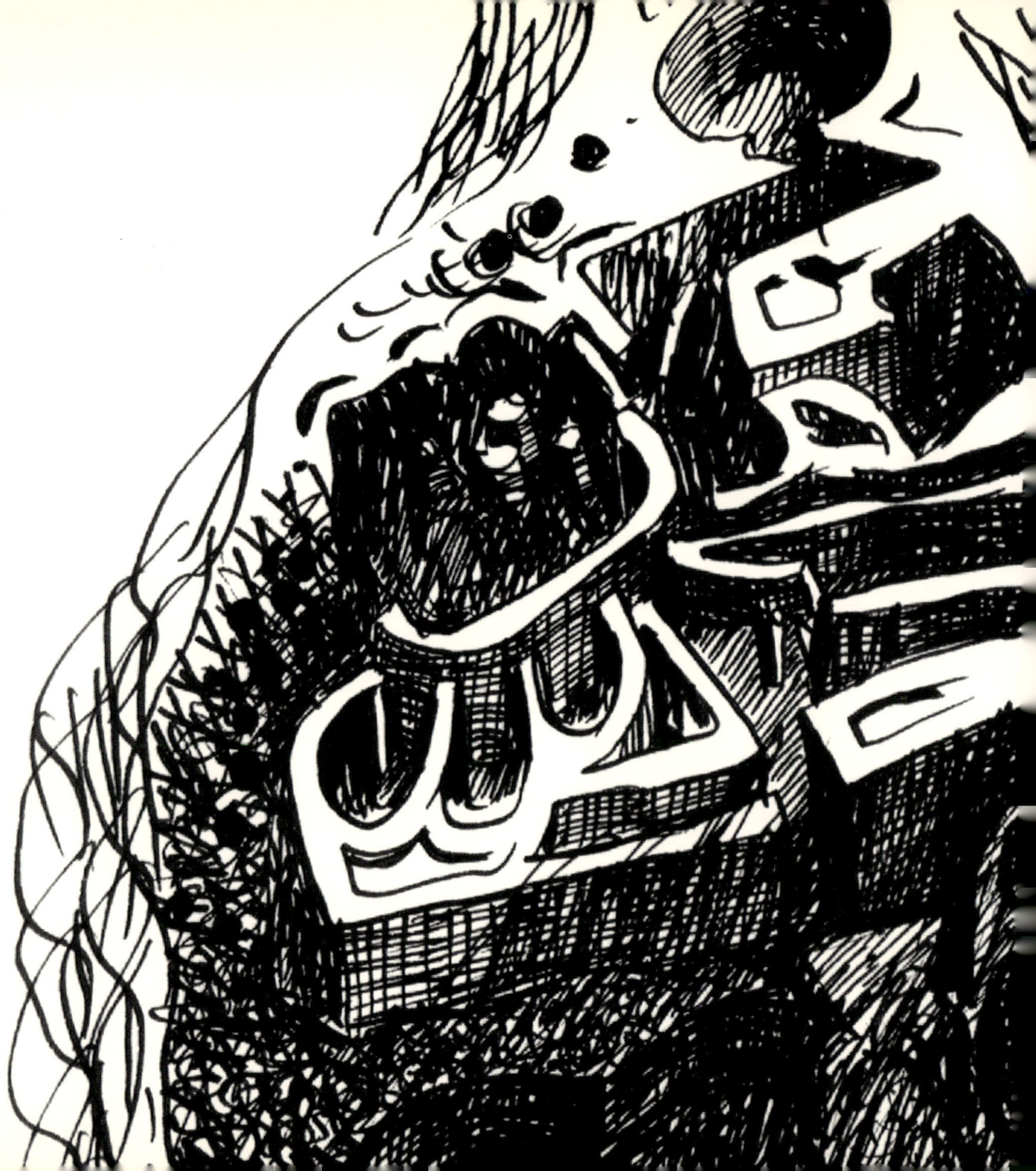

Die Grotten,
Wannen und Schluchten der Architektur,
sie sind die gehüteten Innenräume,
feucht, dämmrig, verborgen, geschützt.
Angebote für den Rückzug,
Schneckenhäuser, Muscheln:
Formen für die Ausdauer,
für das Verschwinden.
Orte der geheimen Lust.

Die Falte. Die Buchtung. Die Schlucht.

Verwahren und Erhalten. Räume der Erinnerung.

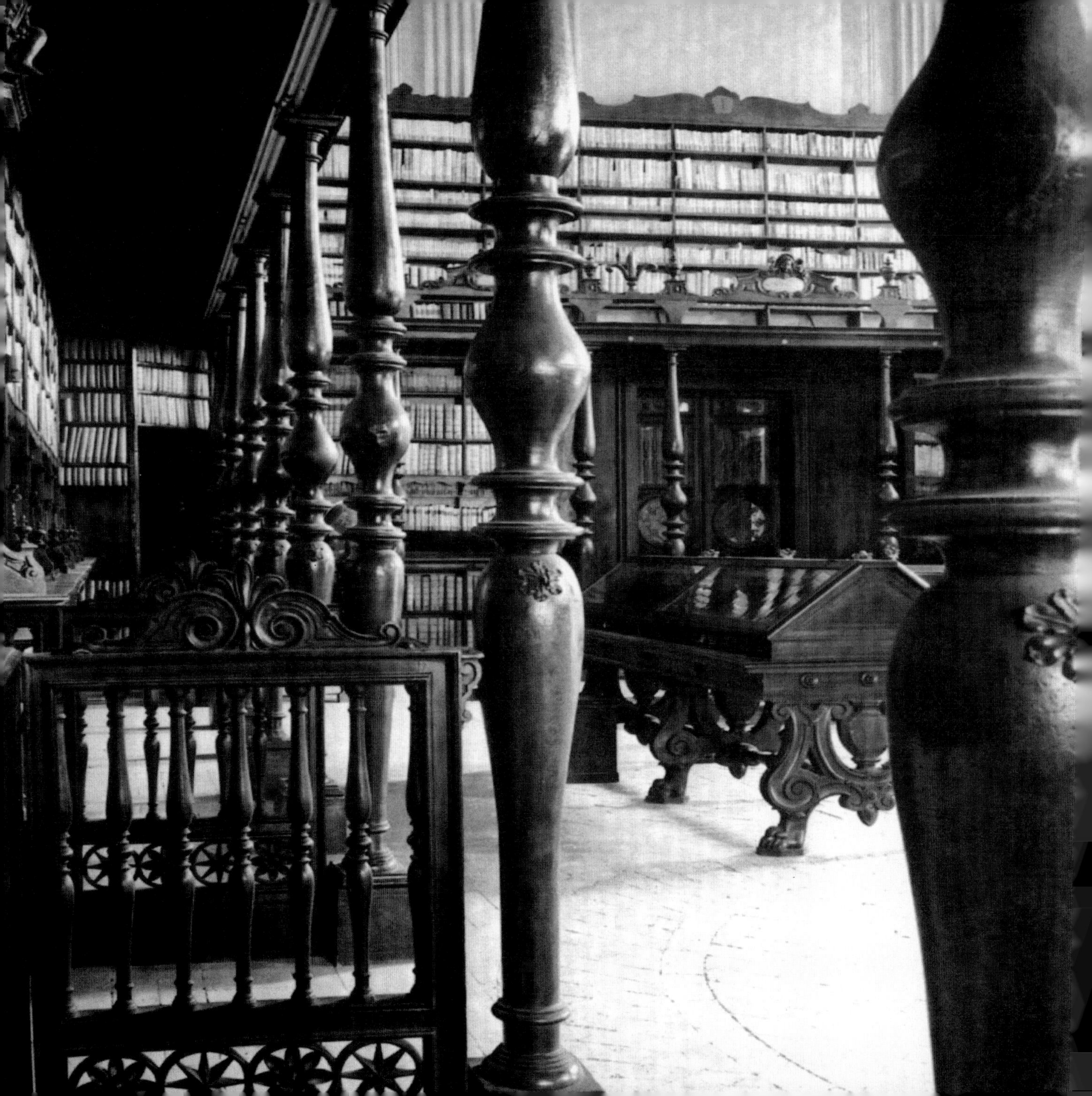

Der Schrank, die Truhe, das Schatzkästchen.
Das Regal, die Vitrine, die Schublade.
Das Archiv, die Bibliothek.

Dinge ablegen, verstecken,
aus dem Verkehr ziehen,
schonen, verwahren, schützen.
Güter horten, stapeln, lagern, verschließen.
Das Kostbare einpacken, aufbewahren, retten.
Das Empfindliche vor Einflüssen bewahren.

Vitrinen für die Eitelkeit.
Truhen für den Geiz.
Wandschränke für das Vergessen.
Magazine für die Sammler-Leidenschaft.

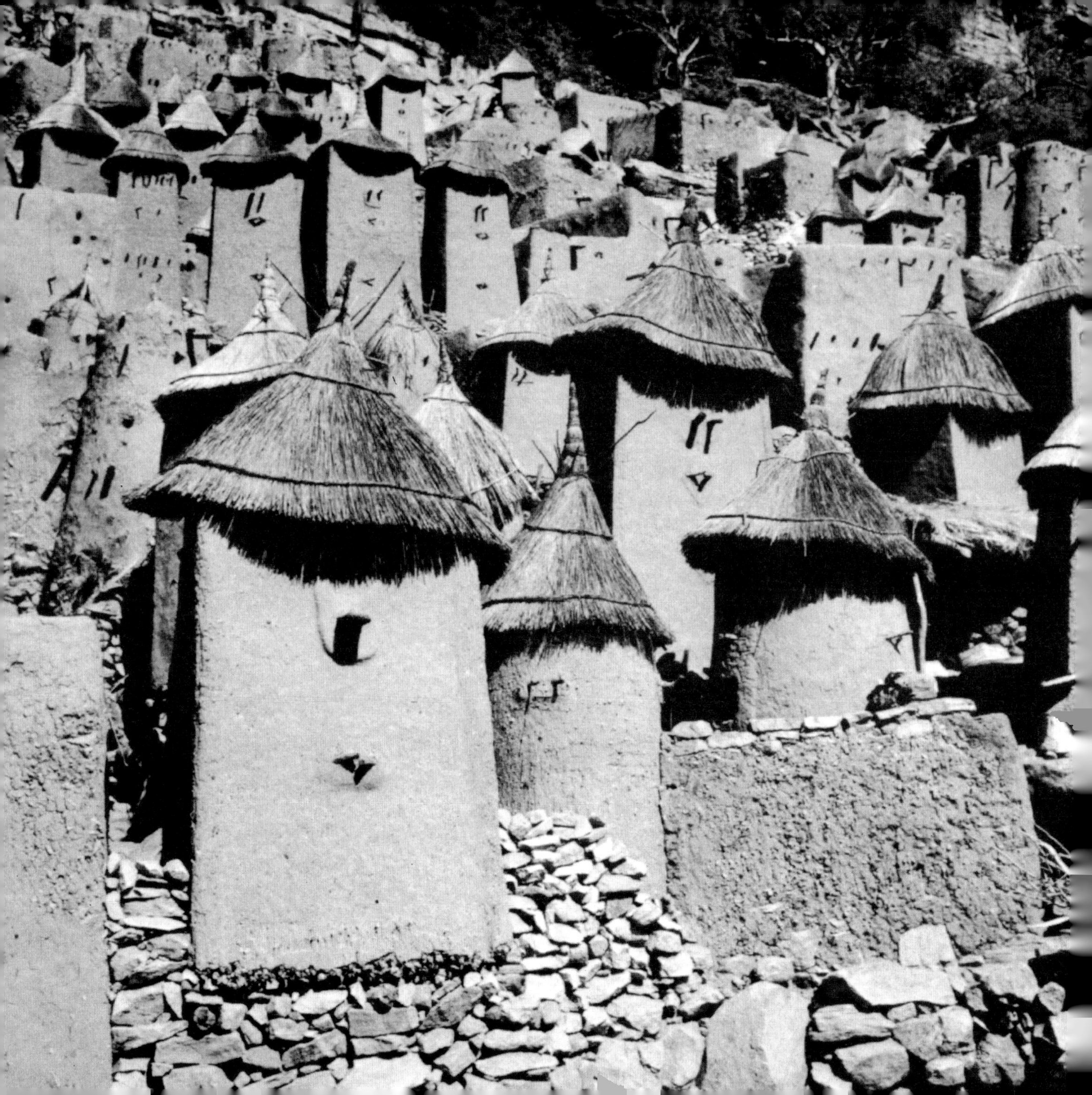

Platz für Kartoffeln, Zigaretten, Wein, Wäsche,
Bücher, Fotos, Bleistifte, Wintersachen, Schuhe,
Medikamente, Sportzeug, Kunstwerke, Mitbringsel.

Magazine, hölzerne Kästen, steinerne Regale,
um wertvolle Dinge angemessen zu verwahren
und zu präsentieren.

Der Speicher. Der Keller. Das Lager. Die Scheune.

3
12

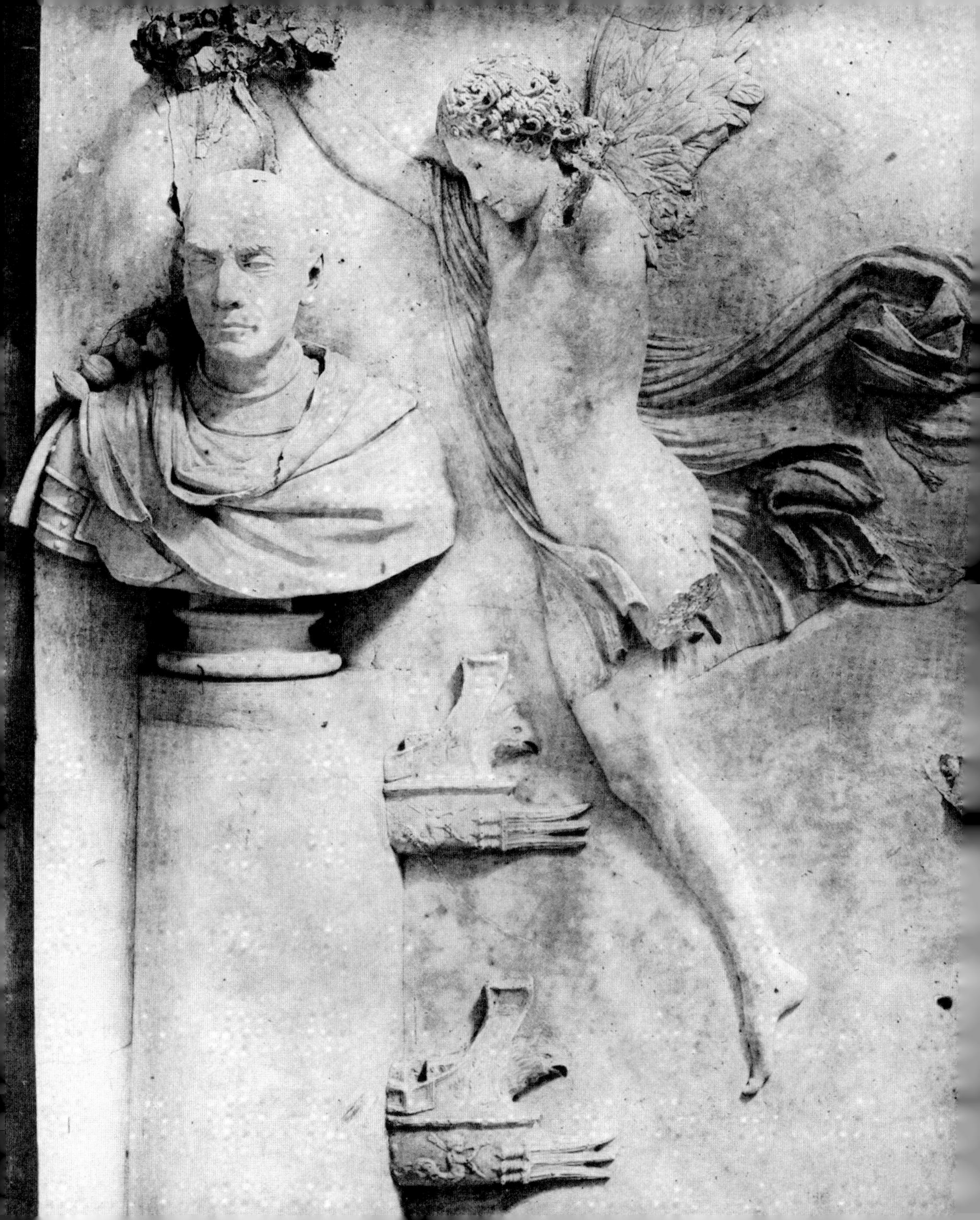

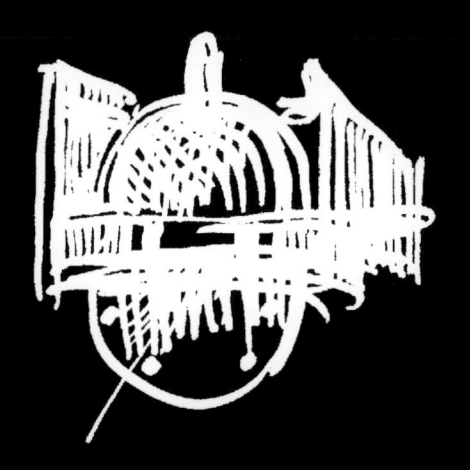

Der Schrein, der Friedhof,
der Kenotaph, das Grab, die Totenstadt.

Die Toten ehren durch Räume der Erinnerung,
durch steinerne Symbole,
durch erhabene Vorstellungsbilder.
Die Zeit aufheben durch architektonische Zeichen.
Bühnen bauen für die Betrachtung der Vergangenheit.

Vielleicht können Architekten-Entwürfe
für den Totenkult - vor allem italienische -
als Modelle von Idealstädten verstanden werden,
als Traumbauten, als Monumente für eine andere Zeit.

Gerade die Unabhängigkeit von sozialen Aufgaben
und die Hingabe an die Darstellung einer Idee
öffnen die Phantasie
für Szenen eines utopischen Lebens.

Der Schrein. Das Grab. Der Kenotaph.

3
13

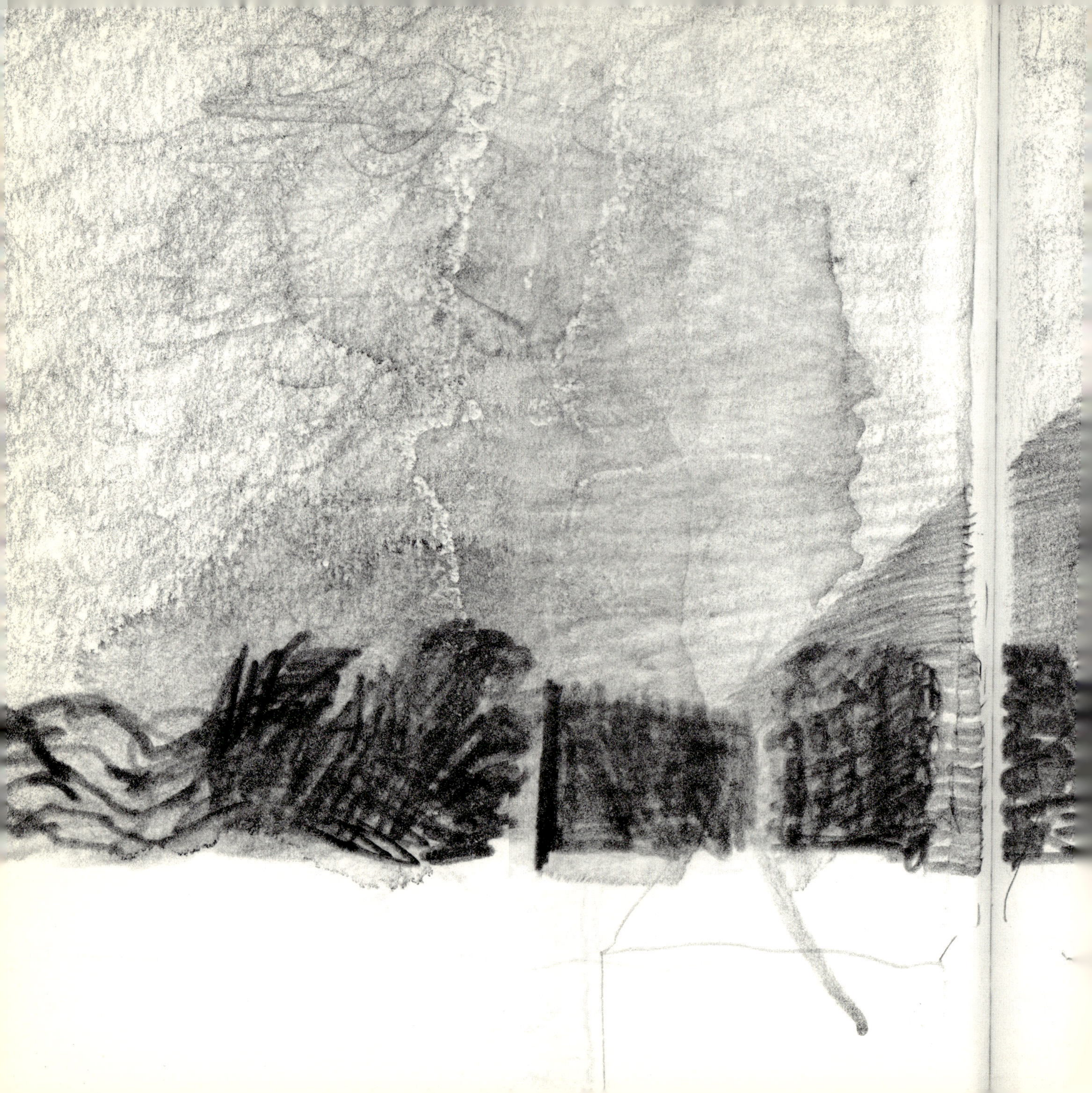

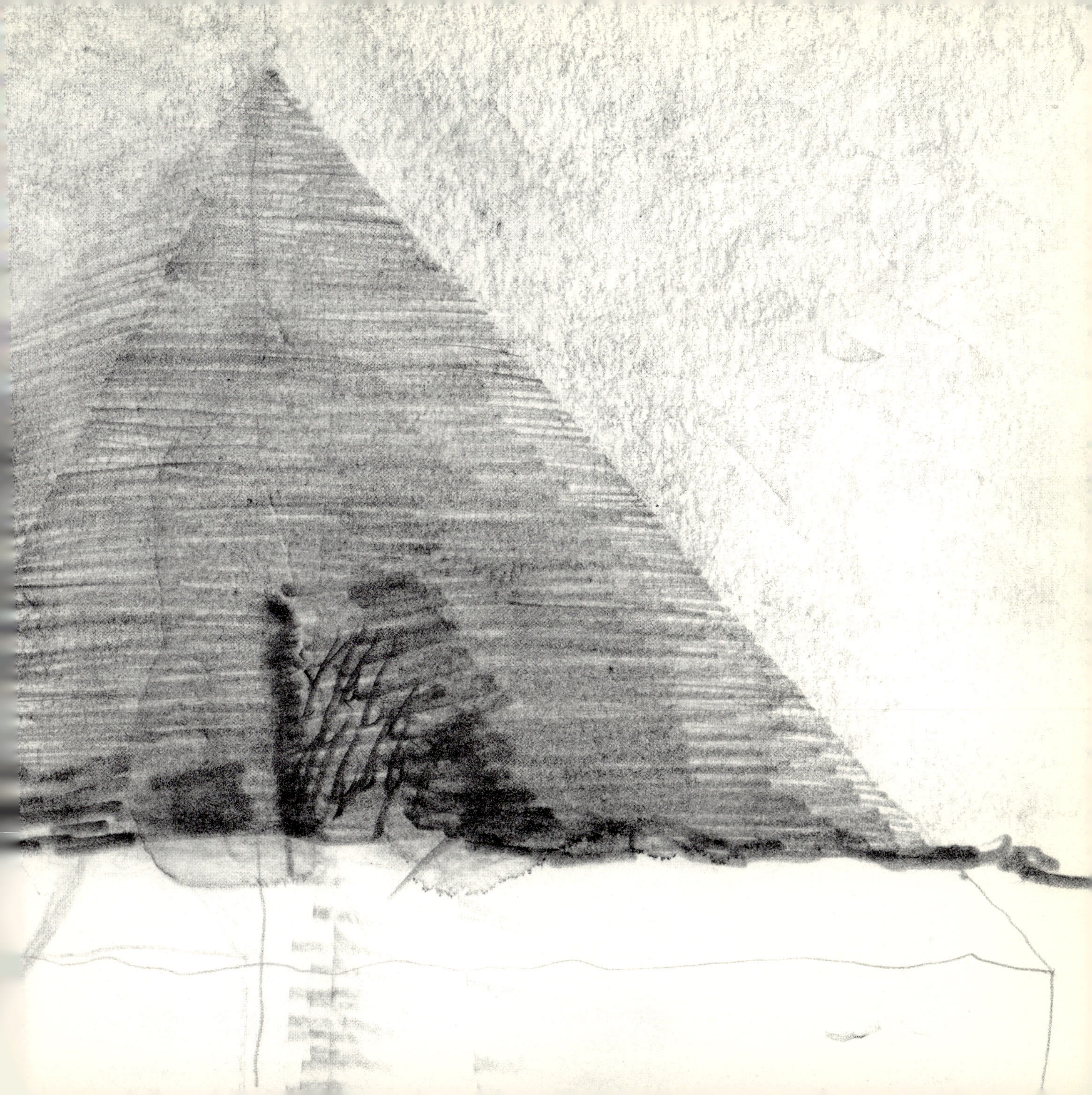

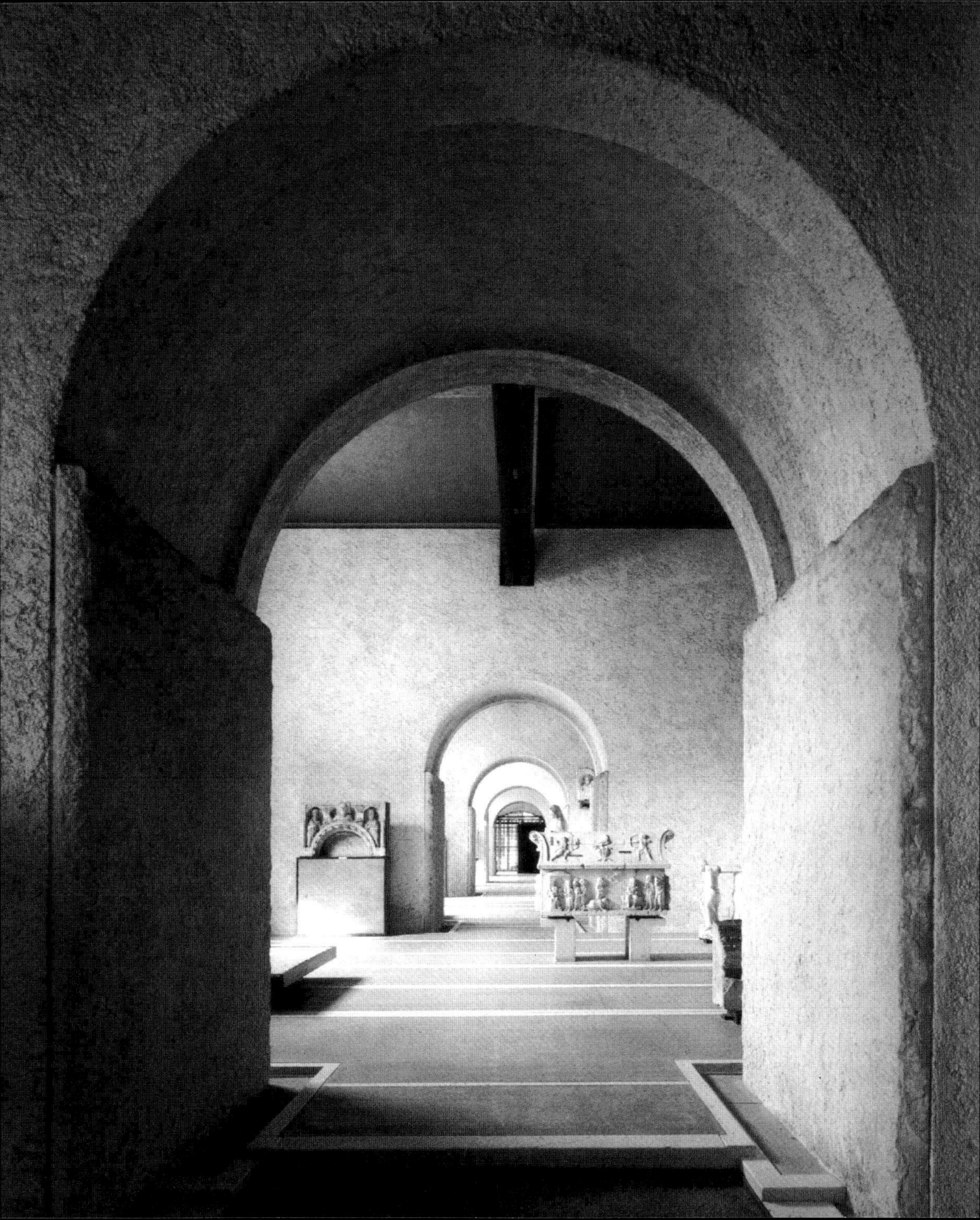

Versuche, die Zeit im Raume auszubreiten,
in den Regalen des Raumes zu lagern.
Ereignisse werden zu Panoramen,
Handlungen zu Bildern.
Museen sind Magazine für geronnene Zeit.

Dabei zeigt sich unausweichlich die belehrende
und bewertende Haltung der Ausstellungsregie.
Durch die Auswahl der Objekte
und die Regeln ihrer Präsentation
zeigen sich neben den dokumentierenden
vielerlei belehrende und unterhaltende Züge.
So erneuert sich die geronnene Zeit
im Spiel der pathetischen Bilder.

Meditative Szenen.

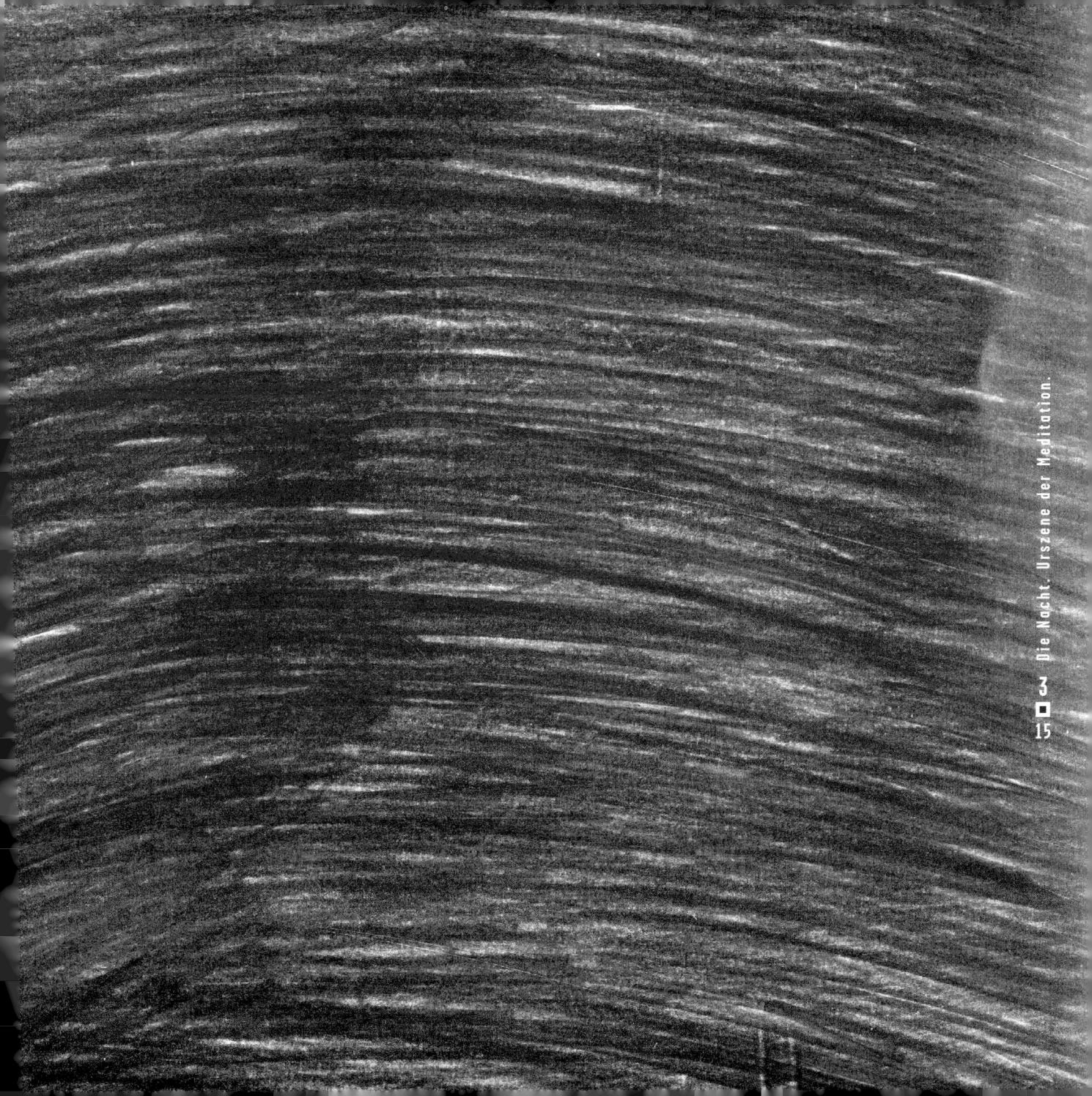

3 Die Nacht. Urszene der Meditation.
15

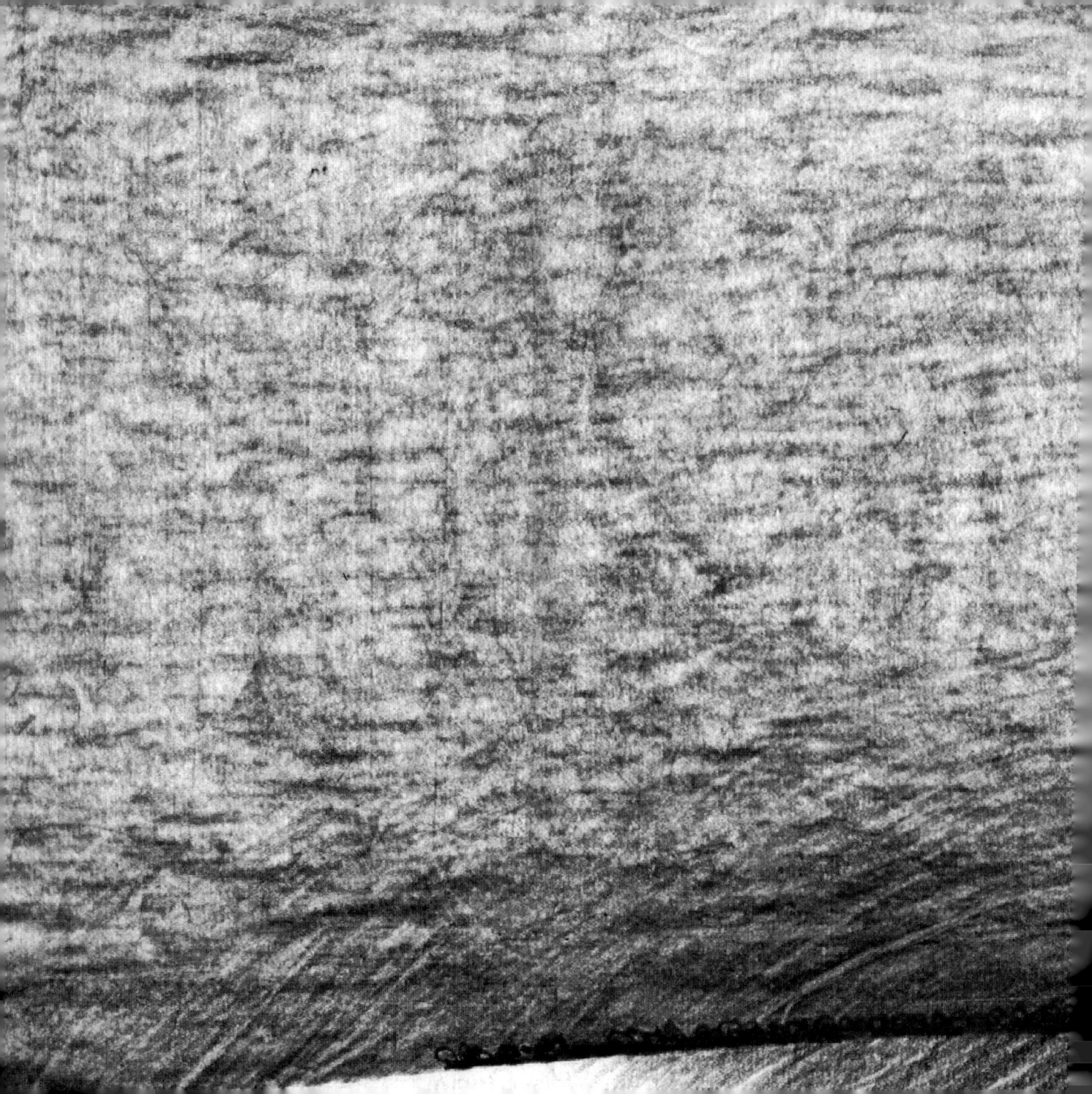

Im Meer,
in der Wüste,
in der Weite des Himmels,
sich ausbreiten,
sich ausdehnen,
sich verlieren.

Innenraum als Seelentraum,
Innentraum als Seelenraum.

Das Meer. Die Wüste. Das Himmelszelt. Die Weite der Natur.

3
16

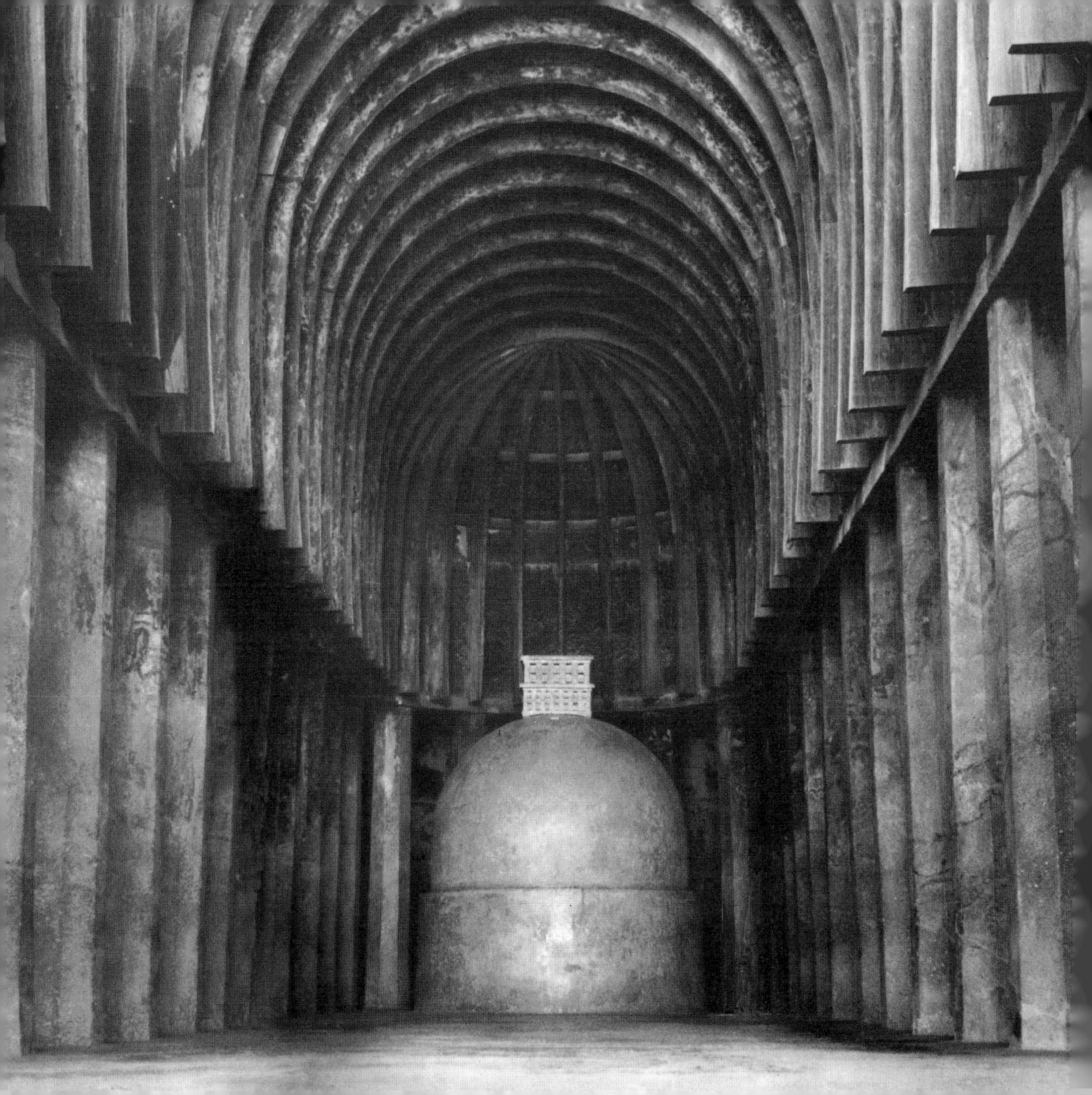

In die Höhlen und Mulden der Erde eindringen,
in die Spalten und Schlupfwinkel der Täler.
Verschwinden von der Erdoberfläche,
aus dem Licht, aus dem Lärm.
Unerreichbar, unauffindbar sein, unbeobachtet,
unbekannt, verborgen, geschützt.

Höhlenarchitektur gibt wohl am stärksten
die Vorstellung von Leib als Innenraum.
Hier ist das Gebaute nicht mehr ein Körper,
nicht mehr ein Ding.
Es ist vielmehr der umhüllte Raum selbst.
Es ist das Selbst,
ringsum vorgetreten in den Raum.

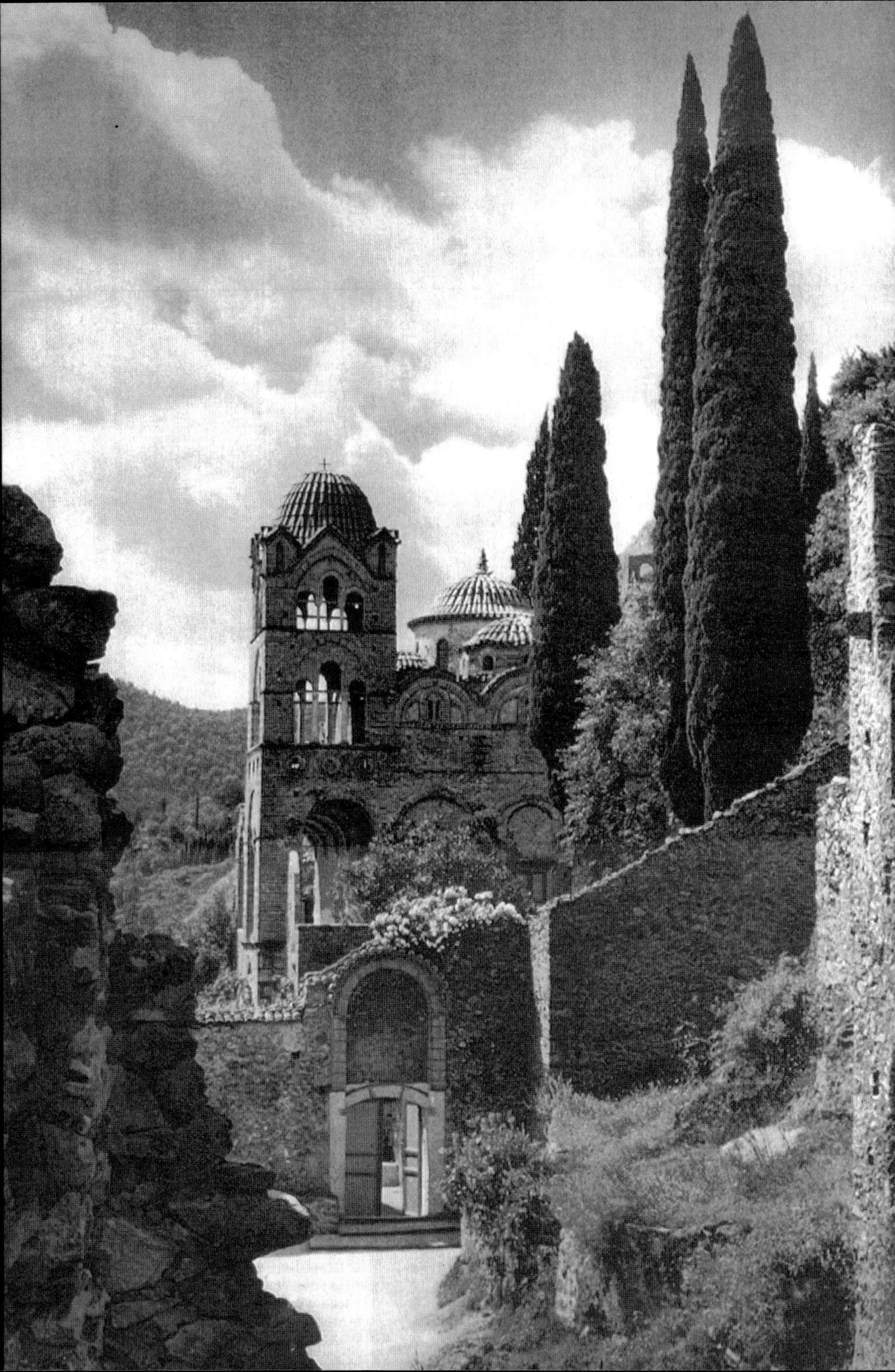

Die Geste der Abschirmung,
der Abwendung nach innen.
Die Geste der Ausschließung der Öffentlichkeit.

Die Versammlung des Raumes in seinem Inneren.
Die Simulation der Weite an einem engen Ort.
Die Hinwendung auf eine Idee
in einer lautlosen Kammer.

Raum wird Vorstellungsraum:
Wahrnehmung, nach innen gekehrt.

Die Klöster. Die Kirchen. Große Gehäuse der Meditation.

3
18

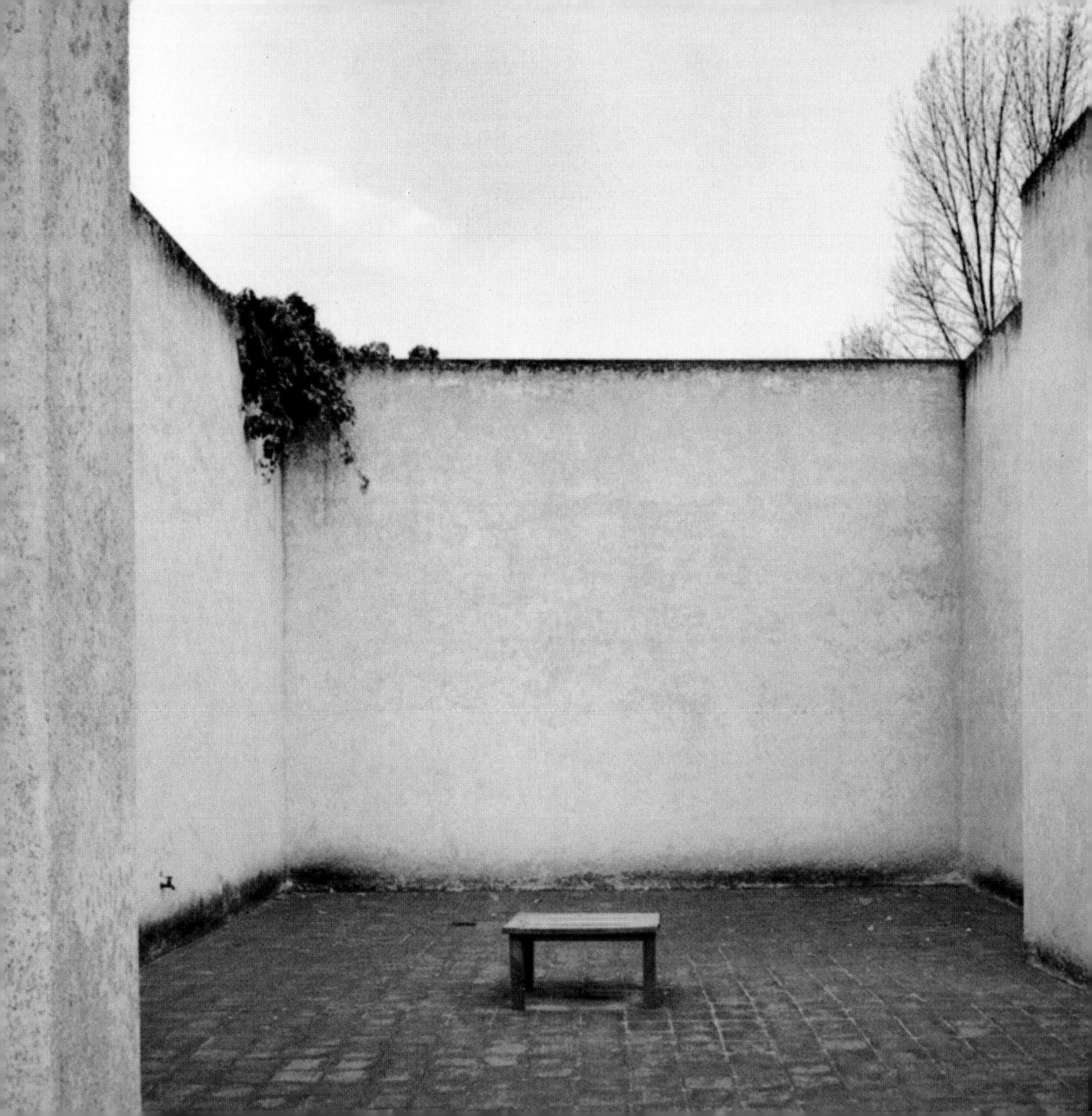

Die Leere, das Nichts, das Dazwischen.
Das Fehlen der Ereignisse, des Alltags,
des gewohnten Vielerlei.
Die Abwesenheit der Geräusche, der Namen,
der Verpflichtungen.

Die Leere im Gebäude, im Hof, im Garten
als meditative Bühne für das Ich,
das Gefühl, die Vorstellungskraft.
Die Erinnerung anregend,
Bilder, Wünsche und Ideen erzeugend.
Die Versammlung des Selbst.

Die Leere als Seelenlandschaft.

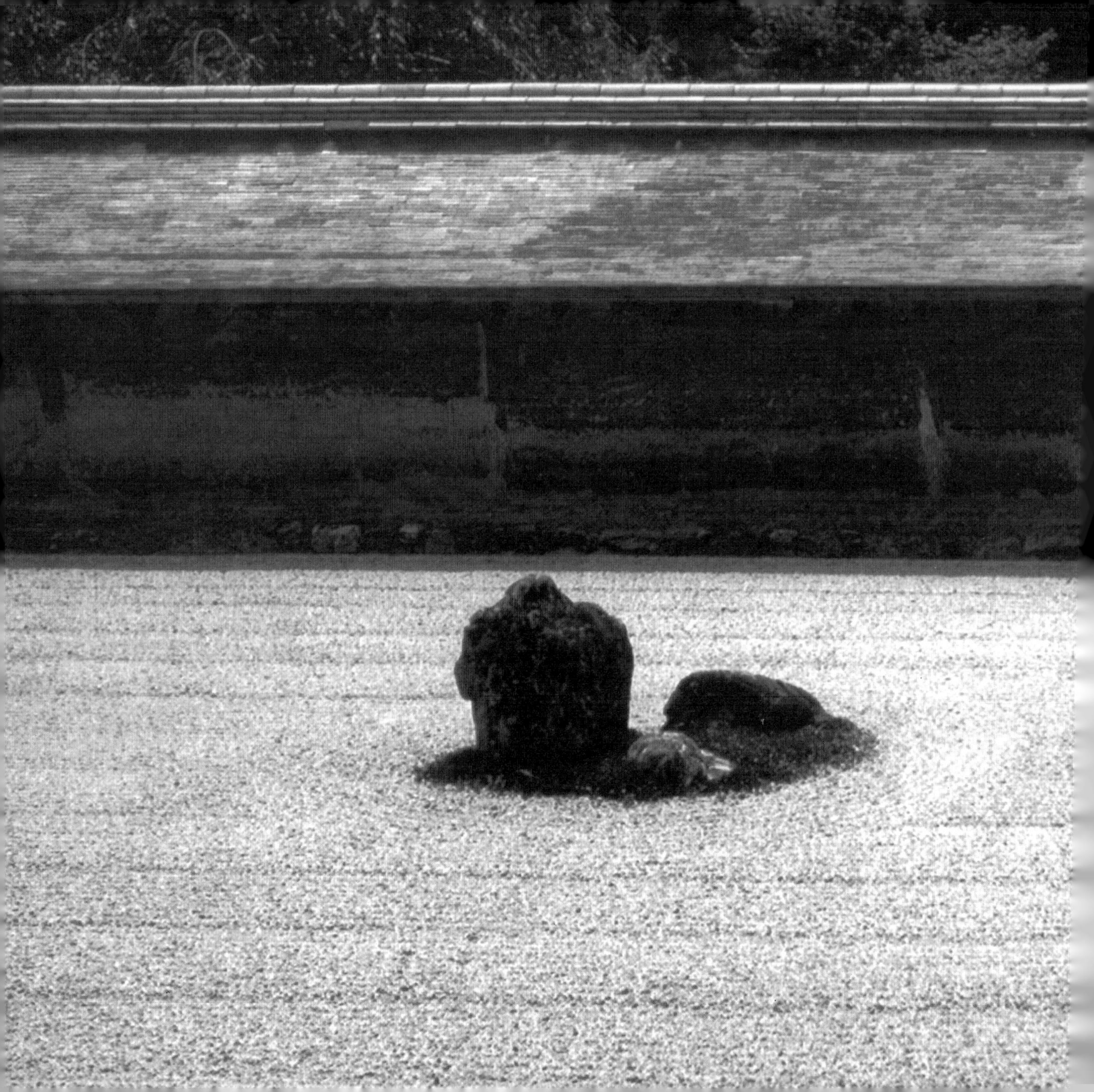

Raum,
der das Nichts aufnimmt,
der das Nichts darstellt
als eine Qualität.

Erste Annäherung an das Erhabene.

3
20

3 Der Kreis, das Quadrat als meditative Grundmuster.

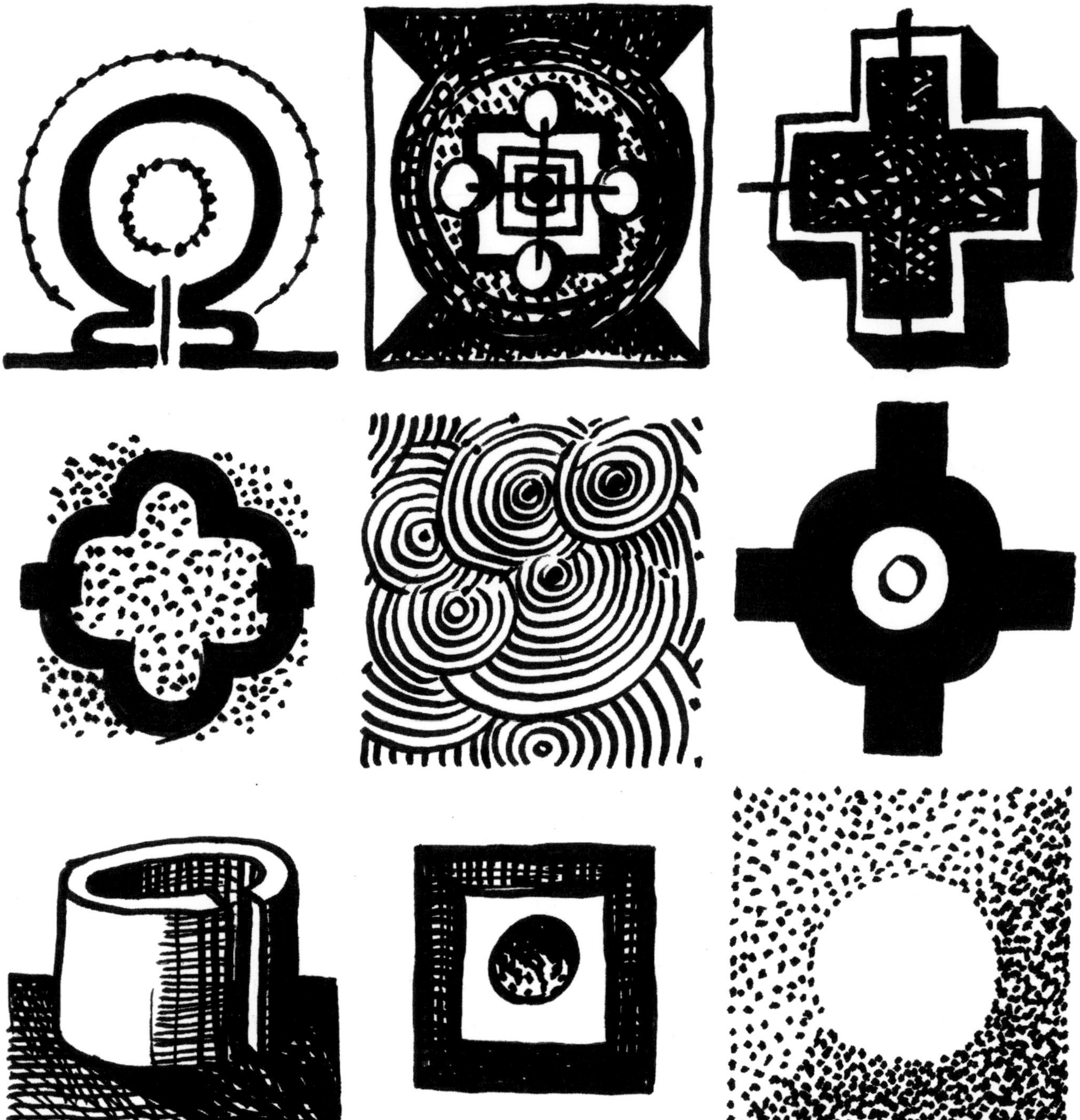

Denkt an die indischen, tibetanischen,
chinesischen Mandala-Erfahrungen!
Kreis und Quadrat -
oft konzentrisch aufeinander bezogen -
werden zu Grundformen
der erhabenen Architektur.
Günther Feuerstein meint,
„archetypische" Neigungen
auch beim Bauen der Kinder zu entdecken.
Keine Form ist jedenfalls der Mitte
mehr verpflichtet als diese.
Ihre Suggestion ist unentrinnbar.

Mandalaformen.

3
☐
22

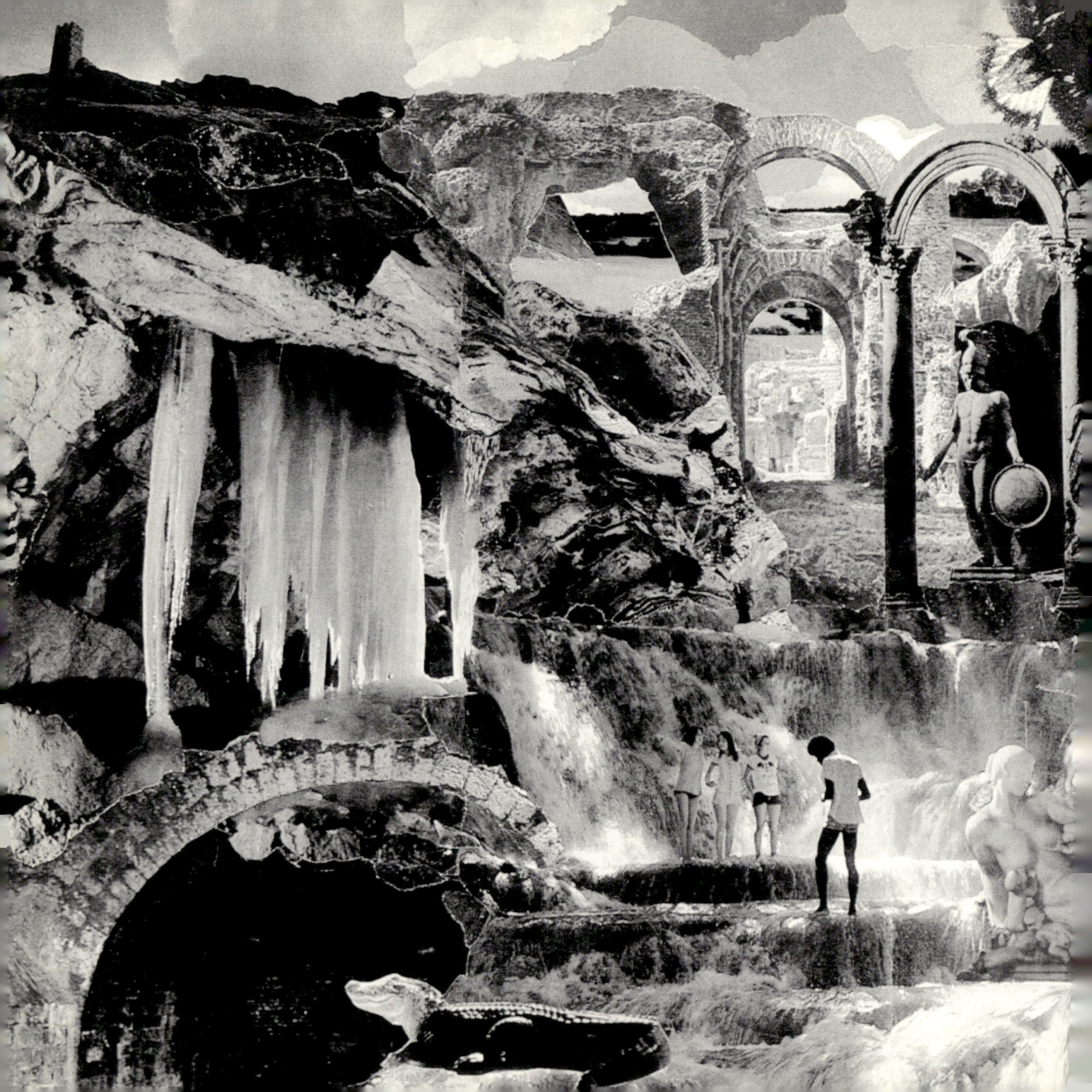

Das Idyll als Rückzug nach innen.
Verwandlung des Lebensraums in Traumraum,
weit entfernt
vom Lärm der Straßengeräusche.

Das Idyll. Räume für Träume.

3
23

Planographia sedis Regiæ

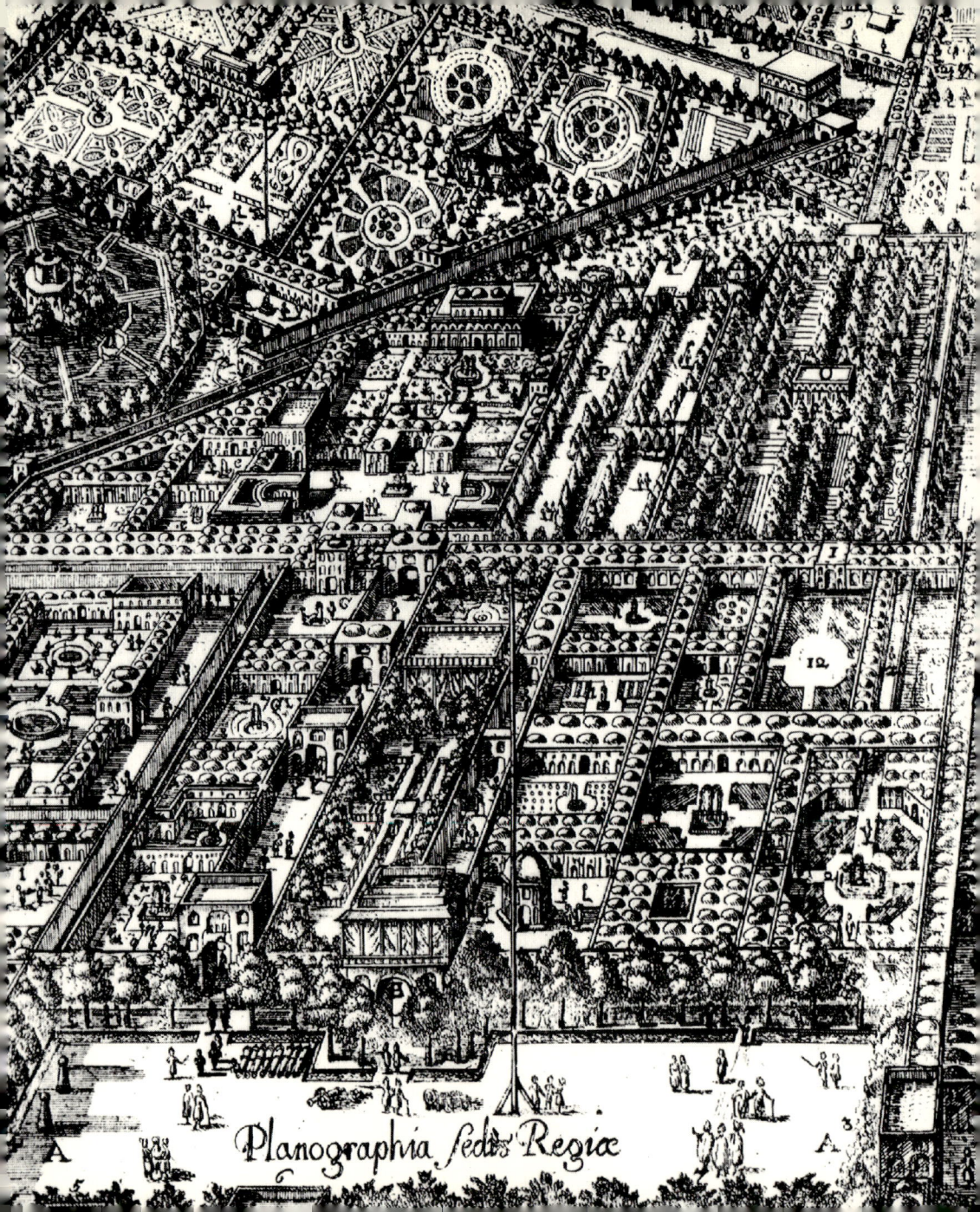

Räume aus Ereignisfeldern abheben.
Innere Weite darstellen
durch äußere Begrenzung.
In einem Inneren
die Zeit zum Stillstand bringen.

Einzäunen, einmauern, allseitig umbauen.
Die Kunst der Abgrenzung.

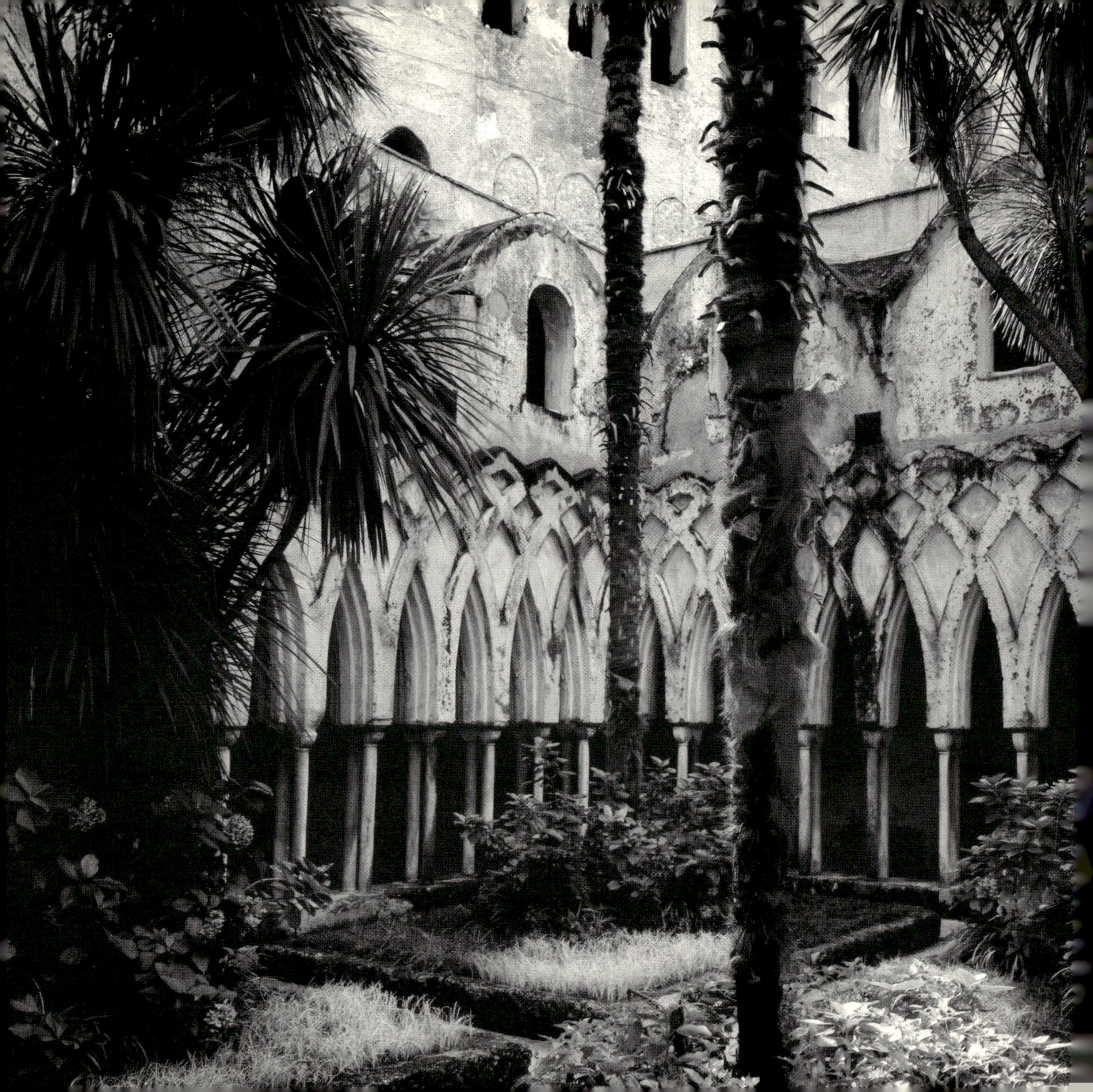

Im gebauten Inneren
erscheinen die Formen der Natur als Bilder,
Ideenlandschaften, Spiegelungen
der Gefühle, der Wünsche und zartesten Ahnungen,
als Darstellung des Vielleicht,
des Nochnicht, des Einstmals,
als Bühne der kaum in die Wahrnehmung
befreiten Vorstellung.

▸ Klostergärten ▸ Palastgärten ▸ Rosengärten ▸
▸ Kräutergärten ▸ Palmenhäuser ▸ Orangerien ▸
▸ Kakteenhäuser ▸ botanische Gärten ▸ Terrarien ▸
▸ japanische Gärten in Europa ▸
▸ afrikanische Gärten in Amerika ▸

Die Sehnsucht nach dem Fremden
kommt in ummauerten Gärten zur Ruhe.
Ihr Bild wird der Stadt und ihrer Aktualität
durch einen Rahmen entzogen.

Hortus conclusus. Der Garten als Innenwelt.

3
25

Tote Räume. Räume der Ohnmacht.

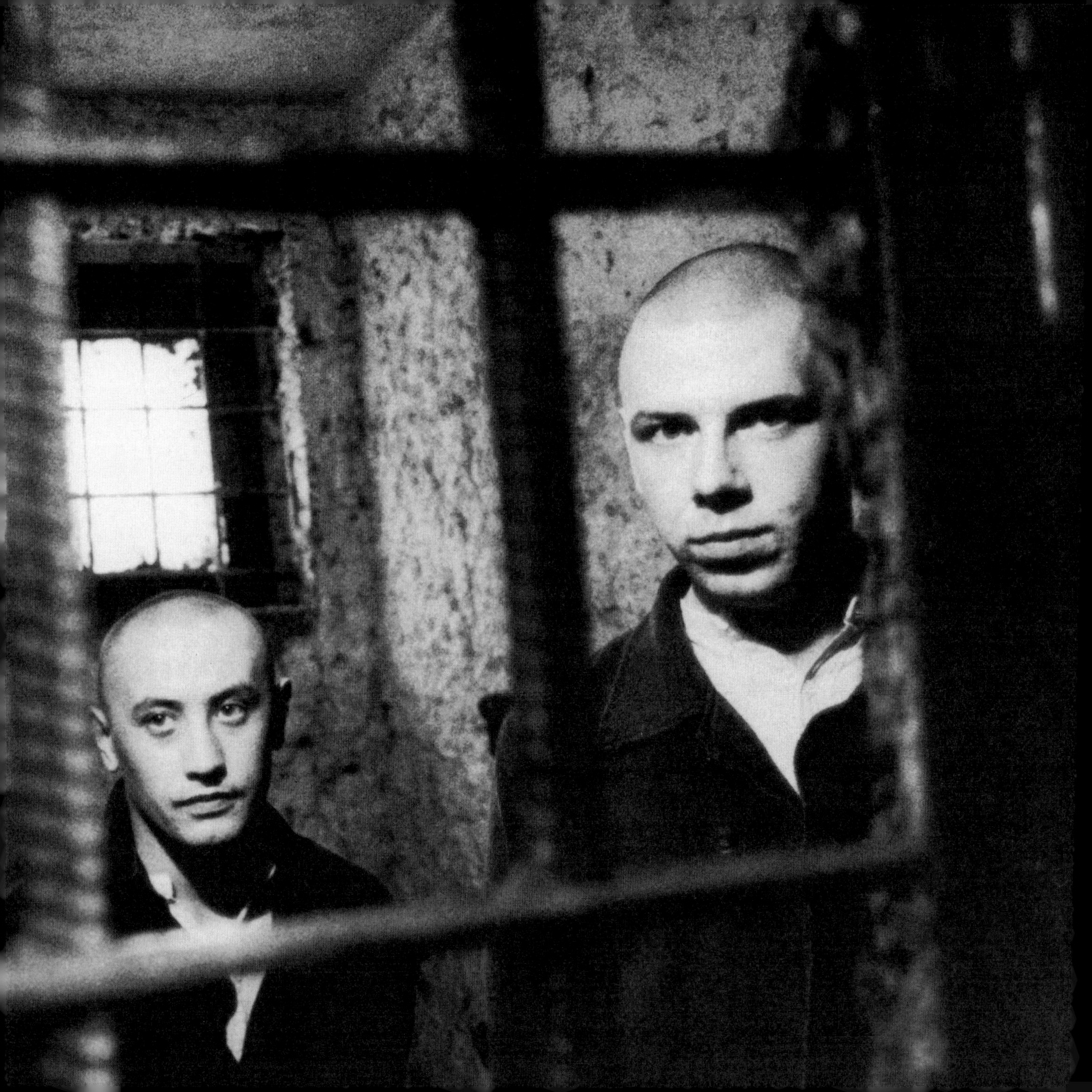

Die Ruhe des Kerkers,
Vorahnung des Todes.
Der vom Leben abgekehrte Raum,
der das Leben abschnürende Raum.
Der Raum als Gruft,
kalt, dunkel, still, orientierungslos.
Die Zelle, die keine Nachbarschaft
und kaum Bewegung erlaubt.

Eher als die Verödung des Raumes
ist es die Erstarrung der Zeit,
die das Leben unmöglich macht.

Das Verschwinden der Zeit aus dem Raume.

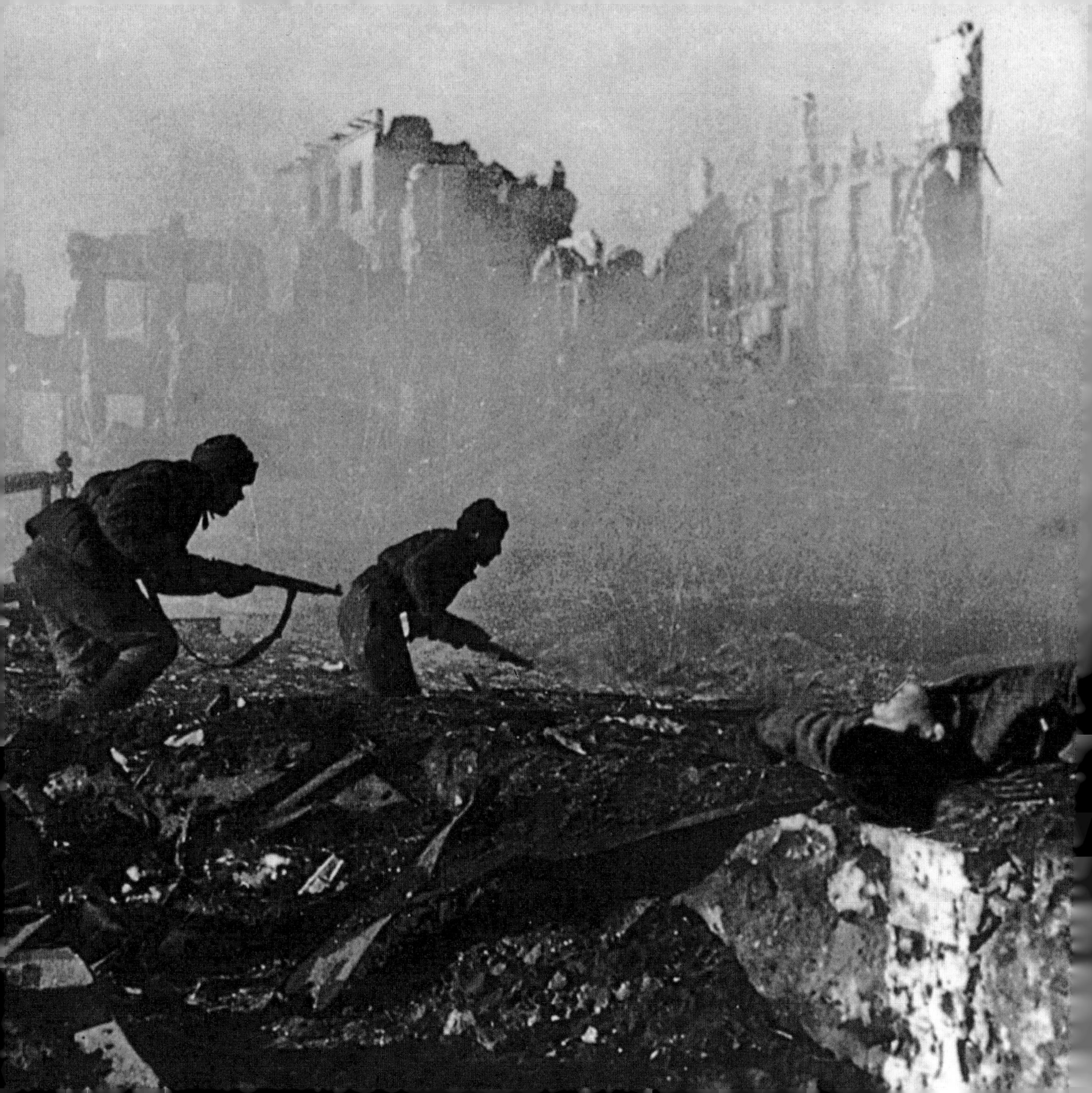

Kennt Ihr, Freunde,
den süßlichen Geruch von Staub und Tod?
Hattet ihr einmal die Kehle voll Rauch?
Und nasse Tücher auf dem Mund gegen das Ersticken?
Ich hörte als Kind
das Heulen der Bombe,
die entsetzliche Stille,
ich spürte die Erstarrung der Zeit,
die Entstehung des Nichts.

Trümmer, Asche: der verlorene Raum.

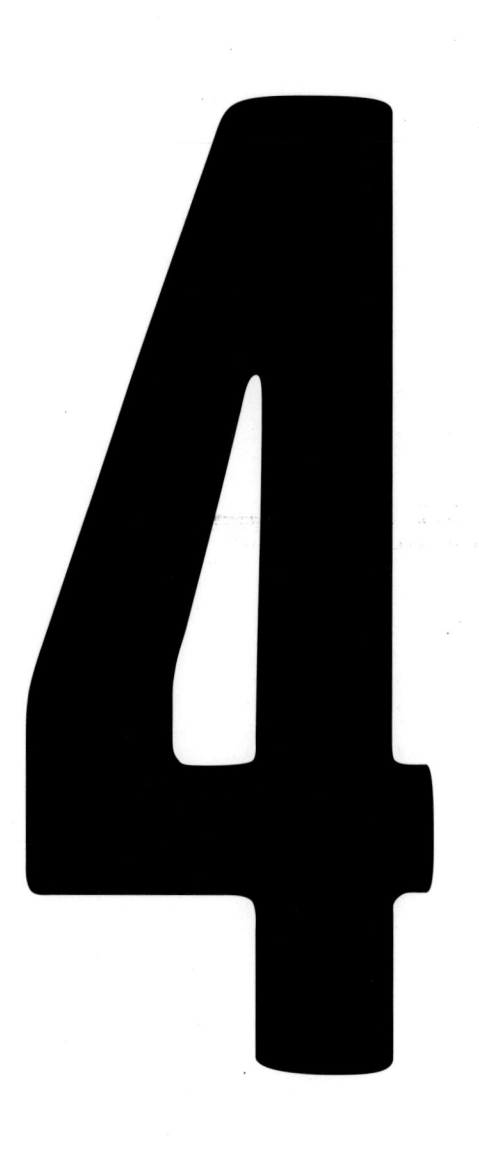

4

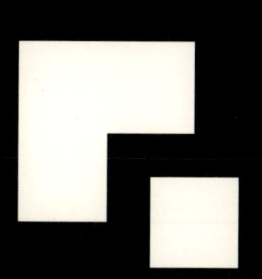

Erregte Szenen. Unruheräume.
Die Auflösung des Raumes in der Zeit.

Erregte Szenen. Unruheräume. Einführung.

Der vierte, letzte Teil dieses Buches soll das Repertoire der Architektur zur Inszenierung des Lebens zeigen, die Mittel der Auflösung des Raumes in der Zeit, die Gestaltung des Irregulären und Flüchtigen, das Wechselnde, Verwirrende, Berauschende, Ekstatische, kurz: die Darstellung des Lebens als Handlung mit den Mitteln der Architektur.

Die Provokation des Raumes durch Zeitphänomene macht für den architektonischen Entwurf eine „Theorie der Störungen" erforderlich. Denn für den Architekten, der mit Materialien und Baukörpern arbeitet, ist es zunächst die Störung der regelmäßigen räumlichen Ordnung, die szenische Qualitäten in das Gefüge der Dinge bringt, die die Umwelt des Menschen darstellen sollen. Der Architekturraum ist eben „Erwartungsraum", d.h. er ist geprägt durch Raum-Zeit-Phänomene, durch Spannungsmomente, die mögliche Handlungen betreffen. Die Theorie der Störungen wird zunächst einfachste Vorgänge szenischer Qualität unterscheiden: Arten der Irritation der Form. Naturformen, technische und künstlerische Formen sowie Formen des szenischen Gebrauchs werden befragt, mit welchen Mitteln das Aufbrechen des Raumes erreicht wird. Deutlich zeigt sich der Einbruch der flüchtigen Zeit bei den verschiedenen Formen temporärer Architektur. Sie versuchen, sich mit einer Fülle von technischen und gestischen Mitteln auf die Forderungen des trivialen Lebens einerseits und die des hochstilisierten Lebens, des Tanzes etc. andererseits einzustellen. Architektur wird zum Vehikel für vitale und maschinelle Bewegungen, und Architektur wird zum Bild und zur Kulisse szenischer Ereignisse. Die Faltungen der Labyrinthe und Irrgärten sowie die Verwirrspiele der Spiegel und Anamorphosen gehören zur architektonischen Demonstration der Auflösung des Raumes in der Zeit. Selbst Chaos und Ekstase sind Formen dieses Aufbruchs.
Durch die Steigerung von Bewegungstechnik und Fahrzeugkult (Auto, Flugzeug etc.) wird unser Körper mehr und mehr mit den rauschhaften Angeboten der elektronischen Kommunikation vertraut. Auf einem hohen Komplexitätsniveau werden sinnliche Ereignisse, Informationen und Überredungsformen angeboten, die - oft synästhetisch raffiniert - Augen, Ohren, Nase und Gleichgewichtssinn herausfordern. Der ekstatische Vortrag der Angebote (vom Warenangebot der Kaufhäuser bis zum

Informations- und Werbeangebot des TV) hat längst die Schmerzgrenze seiner Adressaten erreicht. Inmitten der rasenden Bewegung von Informationen, Geräten und Dingen erstarren die Menschen körperlich mehr und mehr, im Auto, vor den Bildschirmen, ja auch bei ihren öffentlichen Auftritten.

Am Anfang des 20. Jahrhunderts, zur Zeit der klassischen Moderne, faszinierte die Vorstellung, mechanisch-physikalische Bewegung mit den statischen Formen der Architektur zu konfrontieren. Der mechanistische Statik-Dynamik-Kontrast wurde von Le Corbusier, Sant' Elia, Tatlin etc... ins Symbolische hochstilisiert und als Bühnenbild des modernen Lebens empfunden. Das gleichmäßige Rasen der Maschine - und das dazu passende Modell der umkehrbaren chronometrischen Zeit - sollte wohl die Bewegungskultur des „befreiten" menschlichen Leibes - und das Denkmodell der biologischen, nicht umkehrbaren Erlebniszeit - überhöhen. Ein mehrschichtiges Raum-Zeit-Konzept sollte dem neuen Menschenbild wie der neuen Architektur zugrunde liegen.

Inzwischen, an der Schwelle zum 21. Jahrhundert, beginnen die Zeitphänomene den Raum aufzulösen, und die Bewegung beginnt, sich der körperlichen Erfahrung zu entziehen. Der Pilot nimmt seine Bewegungen nicht mehr wahr, er ist vielmehr auf eine immer kompliziertere Zeichenwelt angewiesen, die die „Wirklichkeit" darstellt. Die Kompositwelt dieser Darstellungen ist ein Erlebnisfeld des Piloten, das ihm näher und wahrer vorkommt als die sinnliche Erfahrung seiner Füße und Finger.

Indem aber die Zeitphänomene ins Unbegreifliche gesteigert werden, ergeben sich neue erregende Fragen zur Aufgabe der Architektur: Wie kann die Kunst des Bauens im Körperschema des Menschen, d.h. im Erlebnis von Körperraum und Körperzeit, verankert werden, um ein Gegengewicht zu technisch-medialen Zeitkonzeptionen zu bilden?

Die neue Empfindlichkeit für Zeichen, kann sie mit einer neuen Empfindlichkeit für die Qualitäten der Dinge (auch für die der Natur) in einen Zusammenhang gebracht werden, um der fortschreitenden Aufhebung von Sinnlichkeit entgegenzusteuern?

Unsere Wege zu einer aktuellen Architekturtheorie werden durch differenzierte Raum-Zeit-Modelle charakterisiert sein.

Wir brauchen ein neues Instrumentarium zur Analyse von Architektur als szenische Architektur.

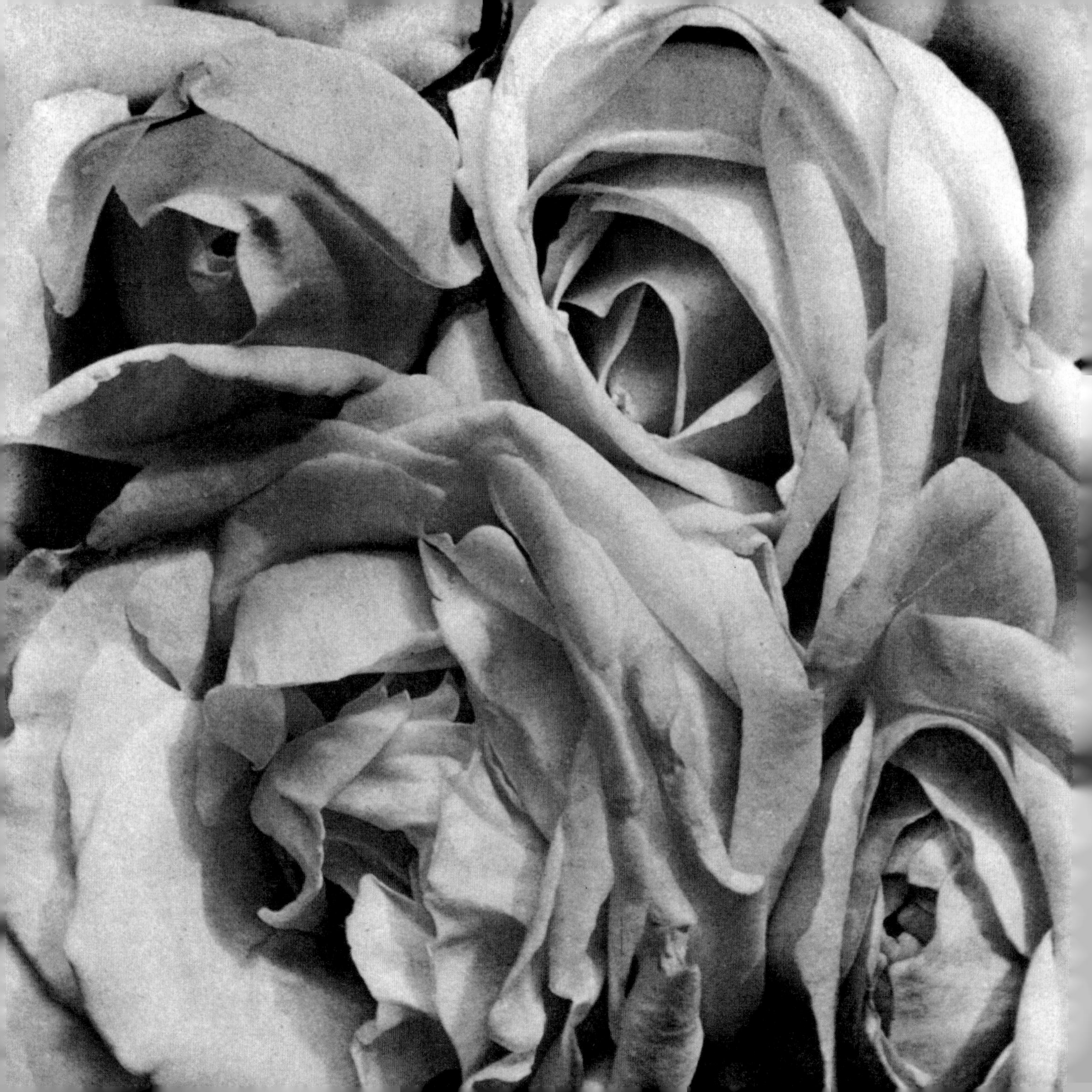

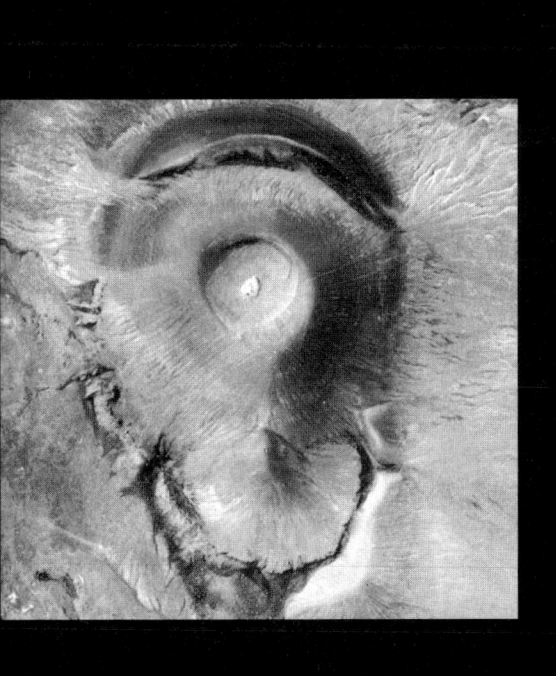

das Auffalten der Berge, das Anschwellen und Verebben der Wasser, der Winde, alle diese herrlichen und schrecklichen Rasereien der Natur sind Bewegunsphänomene.
Vulkanausbrüche, Sternwirbel, Sturmböen, Feuersbrünste: Bewegungsphänomene.
Von einer vorgegebenen, ruhenden Struktur heben sich die Störungen ab als Abweichungen, Anomalien und Bruchstellen.

Die chinesische Philosophie sieht genau in diesen Störphänomenen die Gestalt des Drachens. Die Irritation der Erdgestalt (die Gebirge) rufen nach dieser Jahrtausende alten Weltanschauungslehre die Bewegungen von Wind und Wasser hervor. Von diesem dynamischen Gesamtsystem hänge das Schicksal der menschlichen Zivilisation ab.
Wird sie sich sinnvoll einfügen können in die „Störfiguren des Kosmos" oder nicht?

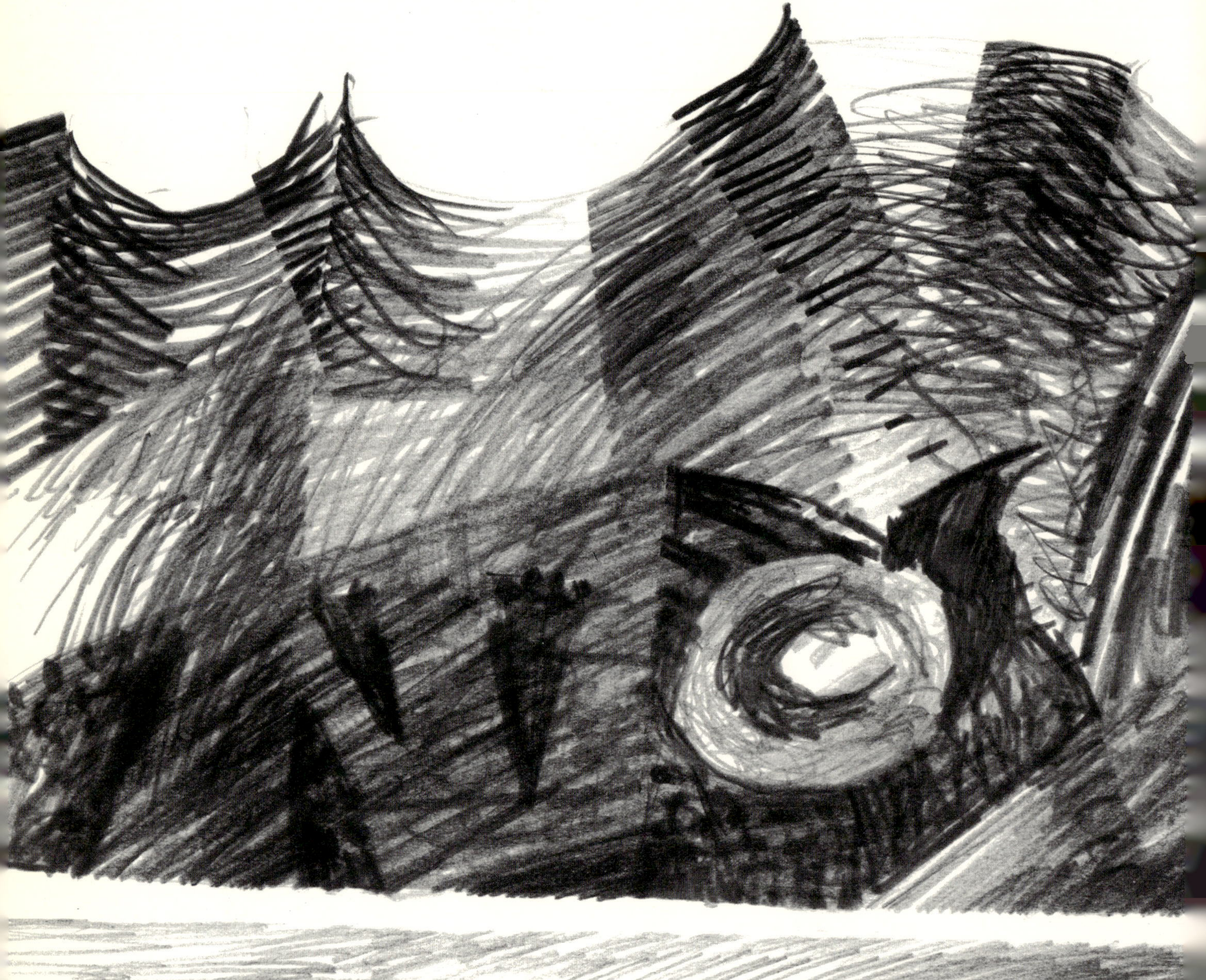

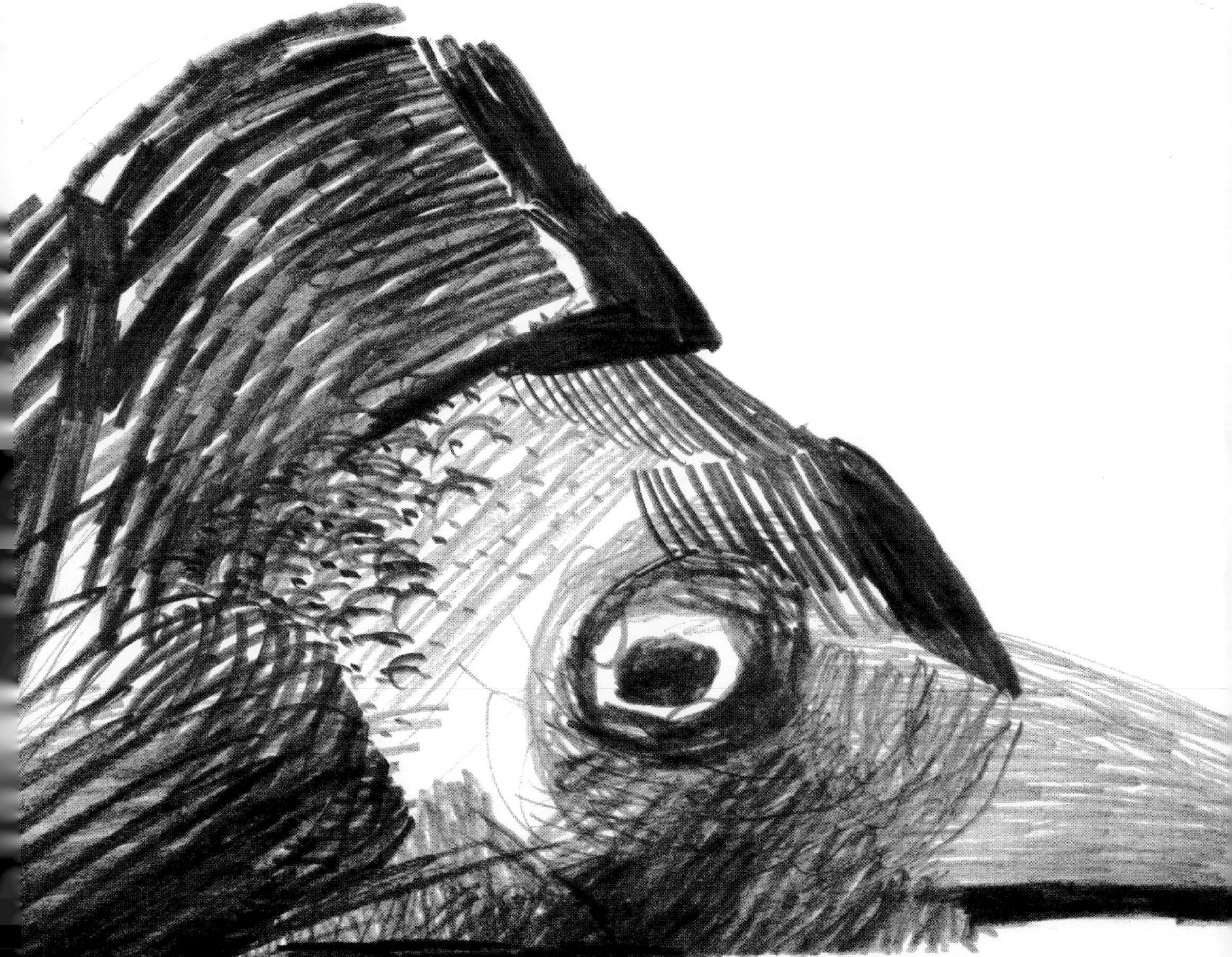

Explosionen. Kollisionen. Abirrungen. Auflösungen. Reibungen. Brüche. Risse. Zerstörungen. Die Bilder der Materie sind besonders an den Stellen ausdrucksstark, wo die normale Textur des Materials gestört wird: an den Bruchstellen und Rändern, an Orten punktueller Störung etc. Gerade durch die Irritation einer gleichmäßigen Struktur tritt die Eigenart der Kräfte hervor, die in den materialen Raum eindringen, aus ihm ausbrechen oder ihn peripher berühren. Die Ausdrucksqualität der Materialien ist besonders an den Stellen der Anomalie spürbar, in den Zonen der Störung an den Rändern der strukturierten Felder. Einbruch der Zeit in die räumliche Struktur.

Störfiguren in der Technik.

4.2

stören

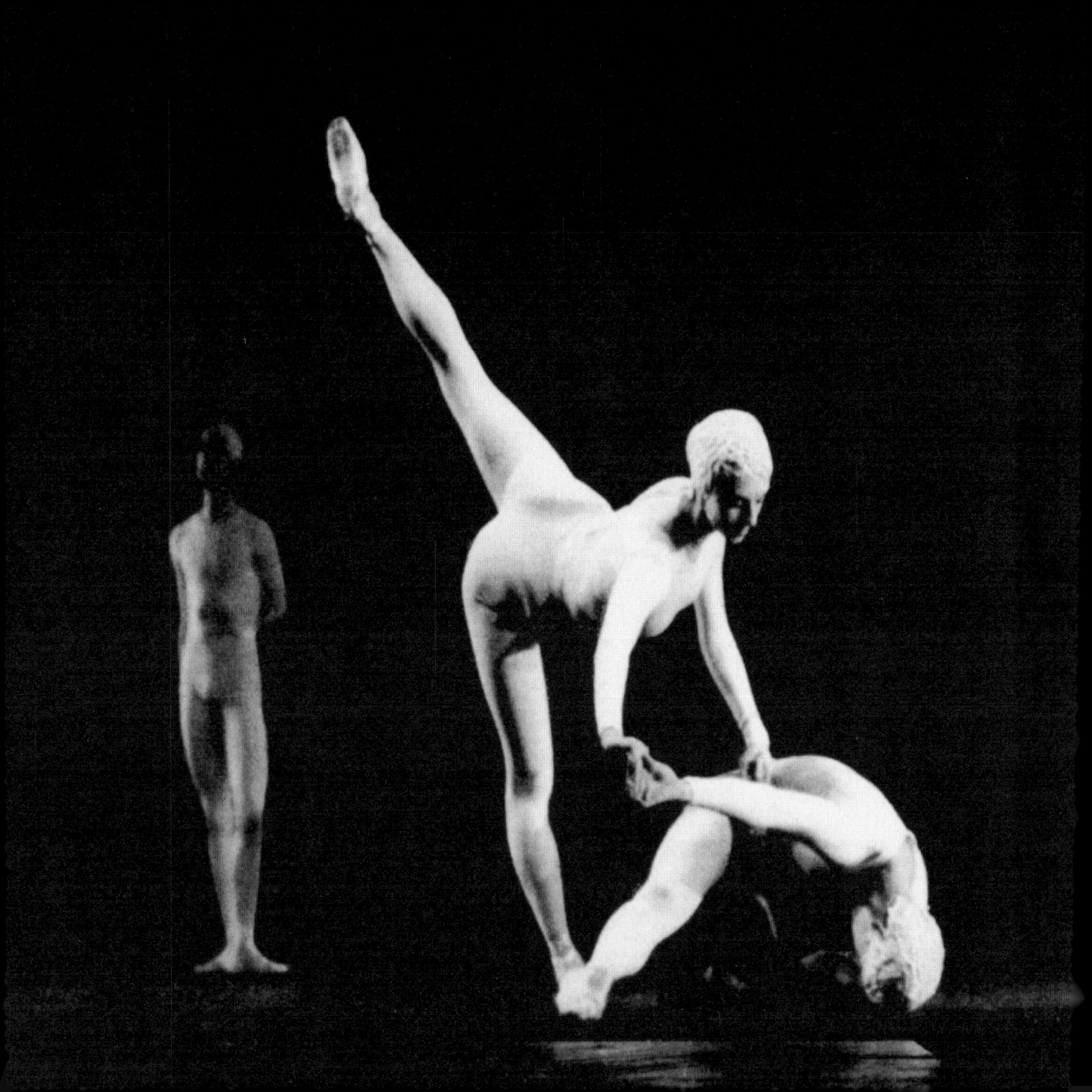

Das Balancieren – jedem Menschen aus der Kindheit wohlvertraut – macht Angst und Lust. Der Balanceakt unter der Zirkuskuppel ist vielleicht der Inbegriff dieser spielerischen Herausforderung der Schwerkraft. Das vertrauteste Körpergefühl, seine lastende Schwere, wird für eine Weile infrage gestellt, tatsächlich oder zum Schein. Das Risiko selbst wird zum Ausdrucksmotiv: im Tanz, im Sport, in Architektur und Skulptur, häufig mit einem Stich ins Ironische, immer aber mit einer Spur von Triumph, wird doch eine Störung kunstvoll eingesetzt, um schließlich das Urvertrauen in die Schwerkraft wieder herzustellen.

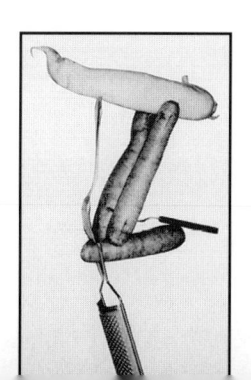

Das Finden der Balance. Das Stören der Balance.

Wenn wir von ästhetischer Gestalt sprechen, meinen wir - genau genommen - die Irritation eines regelmäßigen Musters (Gestalt als einfaches Regelmuster wird irritiert. Gestalt als komplexes Muster wird hergestellt.) Es gibt die uralte Lust, Parallelität, Rechtwinkligkeit, Klappsymmetrie etc., also die total regelmäßigen Schemata ein wenig zu brechen, zu irritieren, in Frage zu stellen, um dadurch erst recht die Aufmerksamkeit, den genießerischen Sinn aufs Regelmäßige zu lenken.

Wir wissen, daß die Abweichung vom regelmäßigen Muster (der Fehler) gestalterisch gesteigert werden kann zur besonderen, kostbaren, ja sublimen Ausdrucksqualität. So enthält jedes wirklich schöne Objekt - (ein menschliches Gesicht, ein graphischer Entwurf, eine gebaute Fassade) - nicht nur den Grundstoff der Regelmäßigkeit, sondern zugleich deren Aufhebung durch Gestaltirritation.

4.4 Gestaltirritationen.

4 Die Erregung der Haut als erotischer Ausdruck.

Das ist wohl die tiefste Grundlage aller Ausdrucksqualitäten: die Öffnung der Haut. Sie badet in Luft, Schall, Licht, Wärme. Der Körper beginnt, sich auf die physischen Qualitäten der Welt einzustellen. Seine inneren und äußeren Häute stellen - als unendlich feine Szenerie - den allerersten Ort der Begegnung von Körper und Welt dar, indem sie sich kräuseln oder glätten, kühl oder erhitzt, aufnahmebereit oder undurchdringlich, weich oder hart werden. Hier ist das erste „Verstehen" angesiedelt, hier geschieht die erste Bewertung der äußeren Ereignisse durch Schließen und Öffnen. Und hier ist die erste Andeutung von Liebe, Angst, Zutrauen und Abschreckung spürbar.

Und was den Zauber dieser elementarsten aller Szenen ausmacht: die Wahrnehmung ist sogleich mit Ausdruck verbunden, die Erfahrung mit dem Tun.

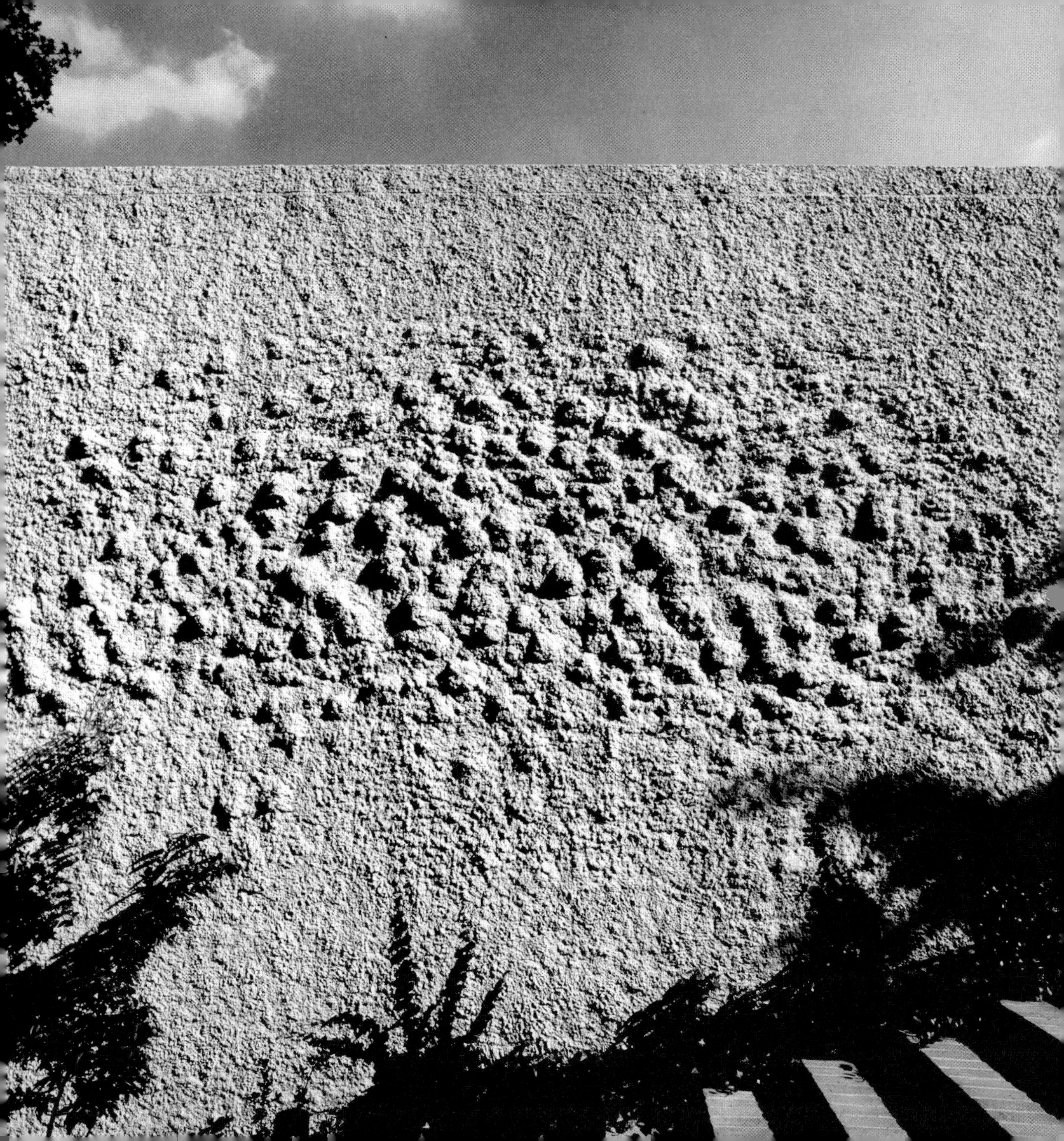

Unser Gefühl für Material
ist ganz und gar besetzt
von dieser erotischen
Erfahrung mit Haut.
Mit den elementaren
Wahrnehmungen -
weich ‒ hart, kühl ‒ warm,
rauh ‒ glatt, farbig,
glänzend ‒ stumpf -
ist sogleich eine vitale
Ausdrucksqualität
verbunden: die Oberfläche
wirkt neu oder alt, gesund
oder krank, gespannt oder
schlaff, auffordernd oder
abschreckend.

Die Rinde des Baumes.
Die Maserung des Brettes.
Die Glätte des Steines.
Die Äderung des Marmors.
Die Faser des Textils.

Die Erregung der Haut
- die intimste der
Sensationen des Körpers -
wird gesteigert oder
gedämpft, versteckt
oder dargestellt durch
Bekleidung: die zweite Haut.
Und auch diese Erfahrung
hat ihre Entsprechung
in der Architektur.
Baukörper können nackt
oder verkleidet erscheinen,
ihre Häute können
vielschichtig überzogen
sein mit dekorativen
Hüllen, transparente
und semitransparente
Bekleidung. Sie können
zart umhüllt und bis zur
Unkenntlichkeit verpackt
sein. Das Verschönern und
Verfremden, das Schützen
und Zurschaustellen der
Leiber durch Kostüme:
es muß eine der ältesten
Aussagen menschlicher
Kultur sein!

Im Arabischen und im Barock
etwa entwickeln sich gerade
durch die Kultivierung
der Haut bedeutende
architektonische Sprachen.

vernutten

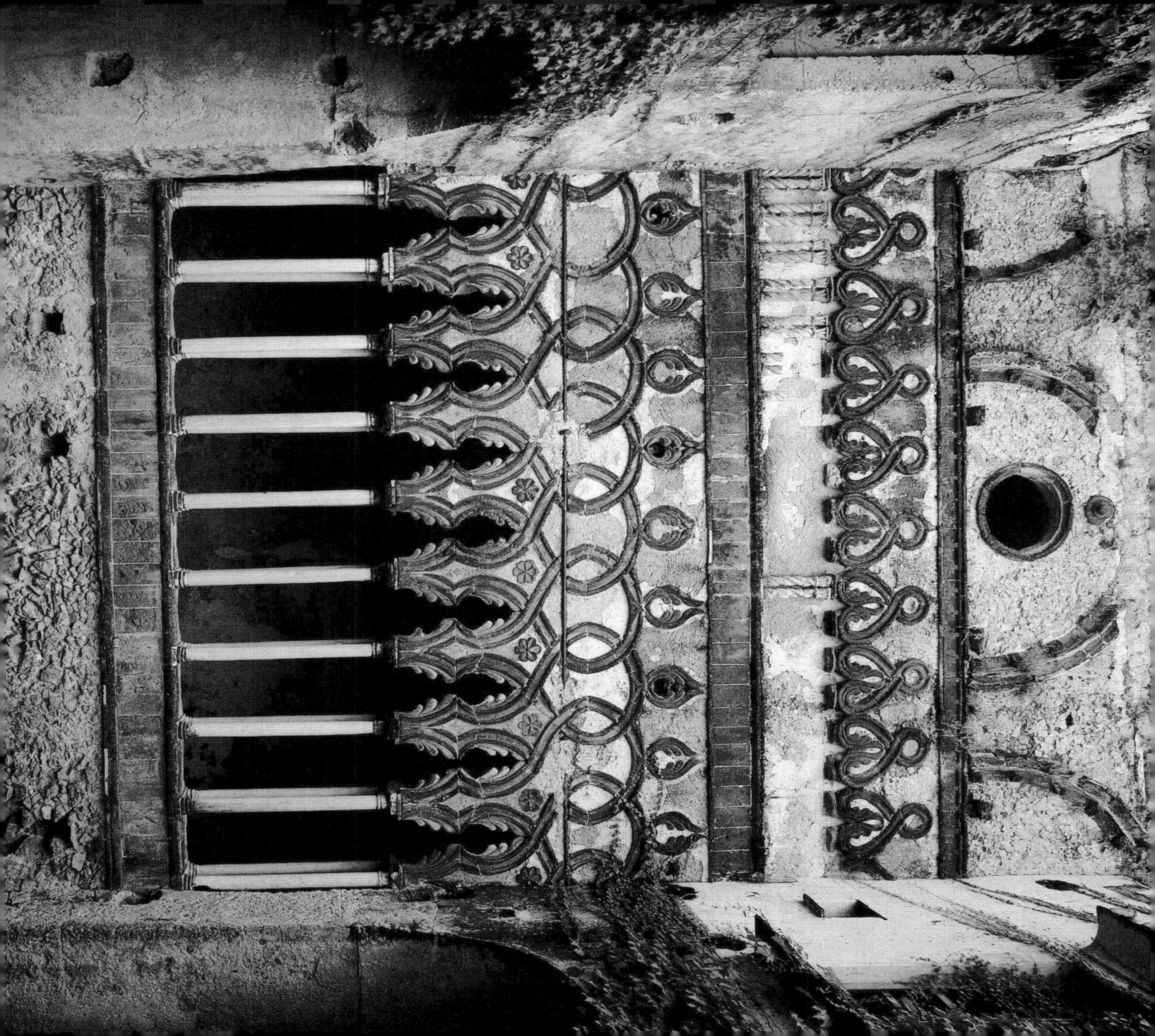

Räume für den flüchtigen Gebrauch.

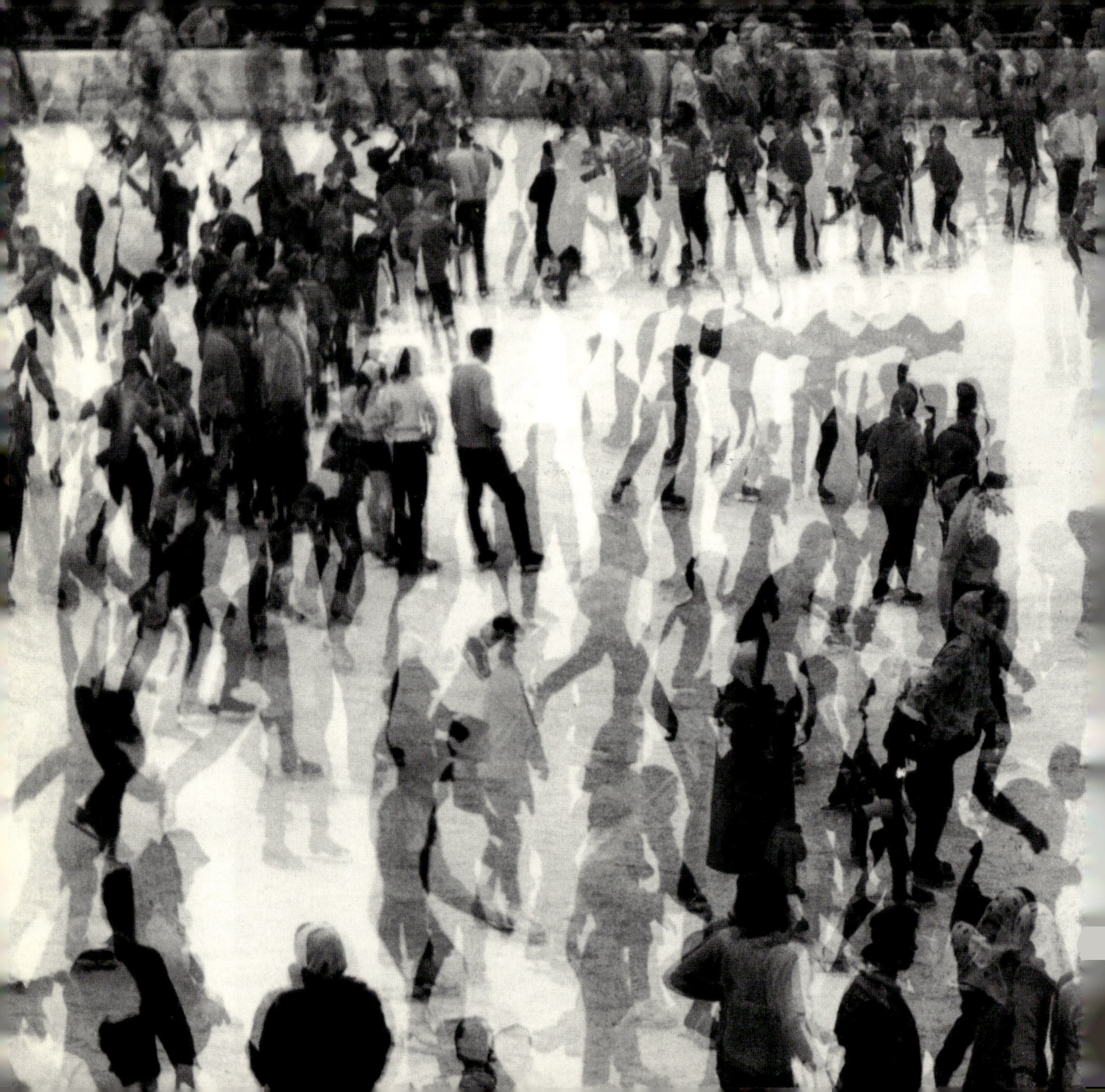

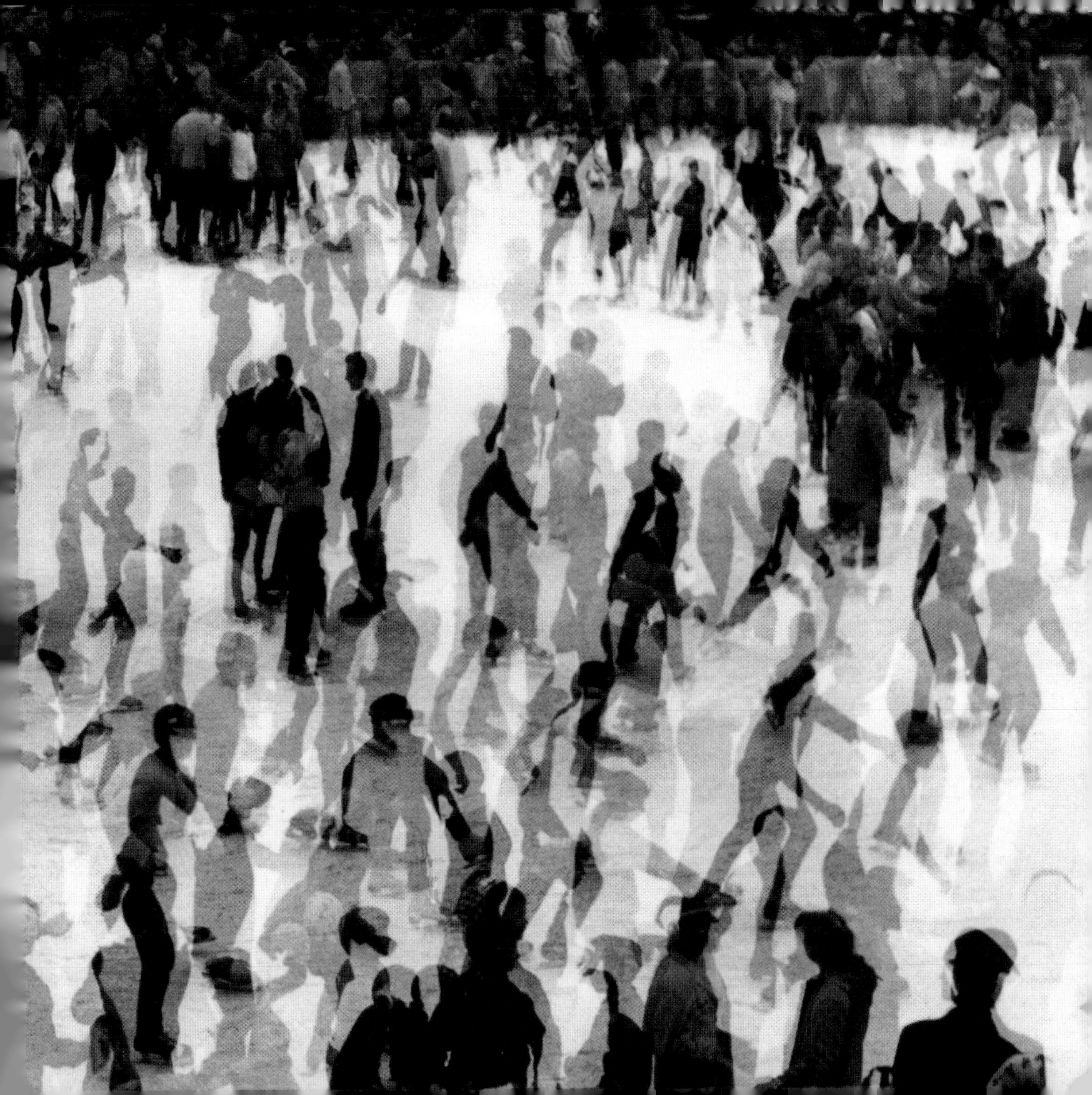

Minutenarchitektur.
4
8

Die Formen der Stadt für
das flüchtige Leben:
Straßen, Plätze, Bahnhöfe,
Schienen, Trassen.
Einsteigen, Aussteigen,
Umsteigen. Kioske für den
Einkauf, Läden für die
Auswahl der notwendigsten
Dinge, Automatenhallen
für den flüchtigen Genuß
der Singles, Tribünen
in der Erwartung eines
Ereignisses,
Telefonhäuschen,
Schalterhallen, Inforäume,
Bars, Bahnhofscafés.
Die Typologie von
„Minuten-Architektur"
ist kaum erforscht, ihr
Vokabular kaum beherrscht.
Deutlich ist, daß die
flüchtigen Nutzer hier
ähnlich gestimmt sind
wie in Fahrzeugen, wie
unterwegs. Das formale
Design ist mit seinen
Übertreibungen auf
eingeschränkte Sinnlichkeit
eingestellt. Viele Reize
werden in kürzester Zeit
gefiltert und verarbeitet.
Elektronische Medien
kontrollieren zunehmend
das Rasen der Zeit und
die Auflösung des Raumes.

Zeitlosigkeit, Dauer ist die Domäne der Architektur, gewiß. Dennoch und immer dringlicher findet sie eigene Sprachen für den flüchtigen Gebrauch. Was aber ist flüchtig? Das Leben einer Generation, eine Herrschaftsperiode, die Dauer einer Saison, eines Festes, eines Wochenendes? Oder ein kurzer, bedeutender Augenblick? Temporäre Architektur meint andere Aggregat-Zustände von Zeit als „die für die Ewigkeit gemachte". Sie wird für verdichtete, flüchtige Zeit gemacht, für das Leben, wie es - einmalig, selten oder regelmäßig - an Höhepunkten wie an Alltagen erscheint.

Der Zirkus, das Festzelt, der Tanzboden, der Wohnwagen, Marktstände, Kirmesbuden, folkloristische, industrielle oder gewerbliche Container Bauten auf Rädern.

Bauten auf Zeit. Temporäre Architektur.

Die Trivialkultur der Straße. Schnellimbiß-Welt.

Mit gemischten Gefühlen stellen wir überall auf der Welt, vor allem im Umfeld der Märkte und Bahnhöfe fest, daß die flüchtigsten der Konsumangebote wie Krätze empfindliche Orte unserer Städte besetzen. Die McDonalds und Pizza Hut, Kentucky Fried Chicken und Coca Cola, die Macintoshs und Marlboros stülpen ihre immer gleichen Inhalte aus ihren Werbepackungen, so aufdringlich wie möglich und ohne jeden Nachbarschaftsbezug. Die totale Aufhebung der Orte-Charakteristik ist längst vollzogen. Man hat uns nicht gefragt. Freunde, vielleicht ist noch nicht alles verloren, was die Entwicklung einer „Kultur des flüchtigen Gebrauchs" betrifft. Sie wird wohl keine architekturale Kultur sein, eher eine Kultur des räumlichen Designs.

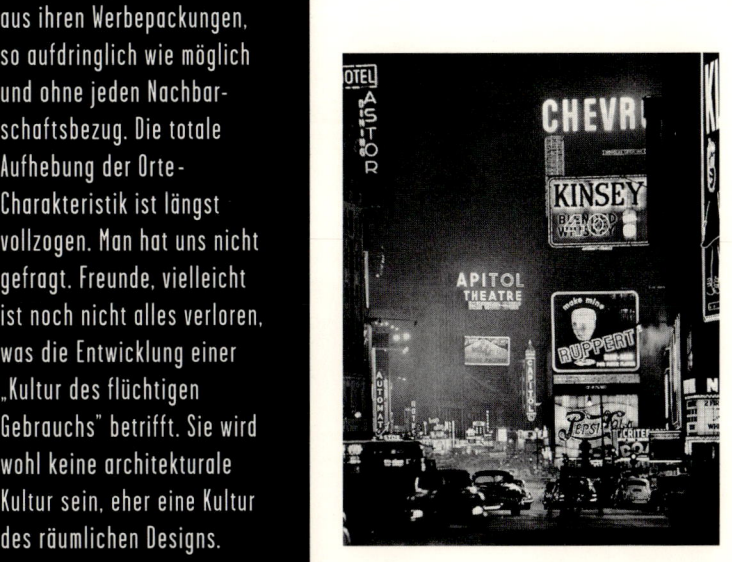

Mit den Instrumentarien der elektronischen Medien und der Fahrzeugtechnik werden wir eigene Formen der „kultivierten Flüchtigkeit" finden müssen. Aber wie soll das gelingen, ohne daß in den faszinierenden Faltungen der Zeit das Gefühl für räumliche Heimat, für den besonderen Ort, ganz und gar verloren geht?

Die Szene um den Tisch herum ist vielleicht die anregendste und älteste Szene des Wohnens. Hier setzt man sich zusammen und auseinander, hier trifft man die anderen, hier fühlt man sich allein. Tische werden - wie Häuser - besetzt und geräumt, aufgesucht und gemieden. Bei Tisch zeigt sich, wer hier wohnt, wer die Szene beherrscht und wer geduldet ist. Hier zeigt sich - beim Hantieren und Reden, bei der Arbeit und beim Essen - der gesellschaftliche Rang.

Der Tisch sorgt in seinem Umfeld für die angemessene Erregung, der Caféhaustisch für die flüchtige Begegnung, der Seminartisch für die geistige Auseinandersetzung, der Altartisch für die magisch-mythische Inkarnation.
Die Chinesen lieben es, sich zweimal am Tag, pünktlich um 12.00 und pünktlich um 18.00 Uhr, mit sechs bis zehn Freunden um den runden Eßtisch zu treffen. Die Typologie der Tische meint jeweils andere, aber wiederholbare szenische Ereignisse am gleichen Ort: der Eßtisch, der Schreibtisch, der Konferenztisch, der Klubtisch, der Abstelltisch, der Beistelltisch, der Hochzeitstisch, der Weihnachtstisch, der Frühstückstisch.

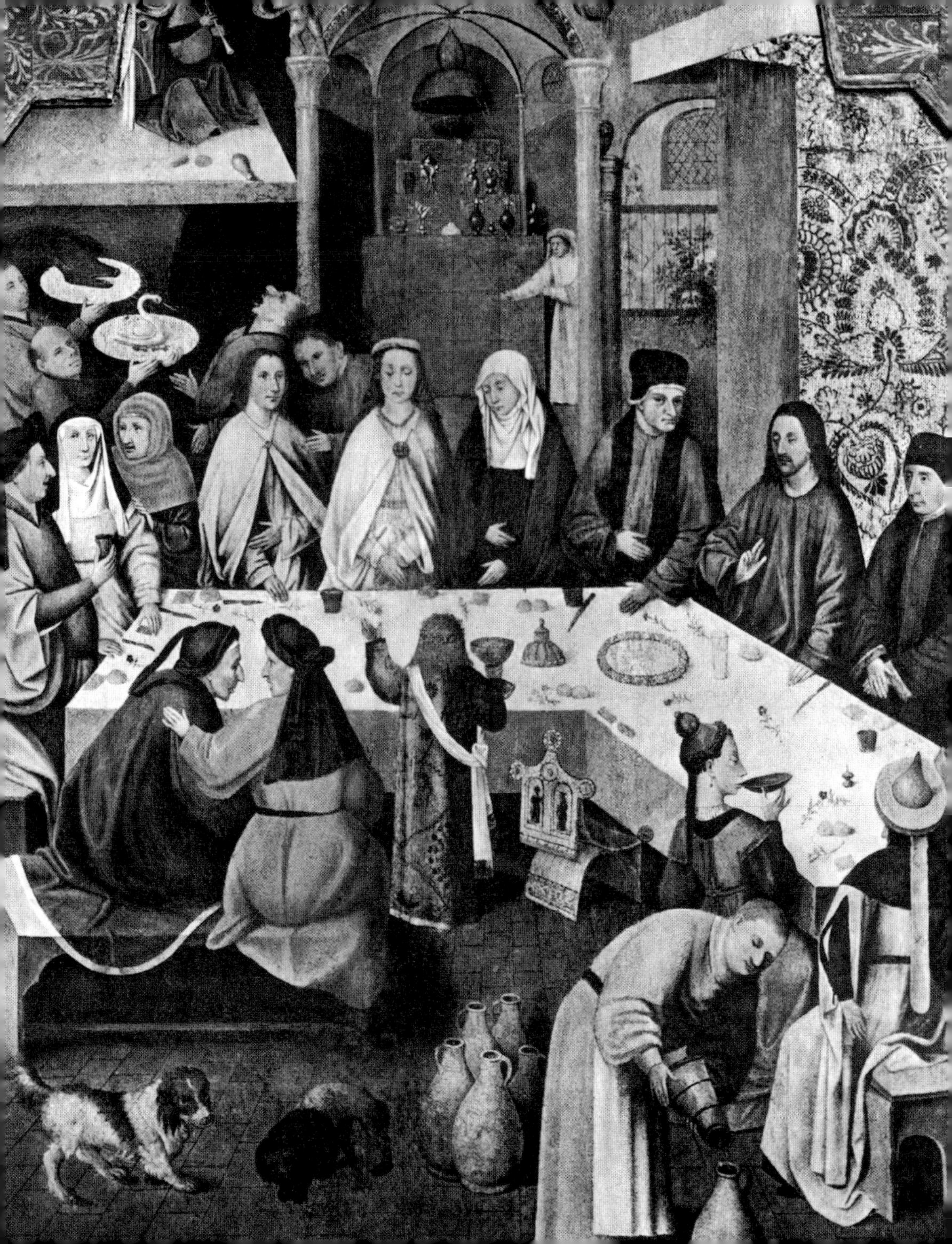

Tanz: Das Öffnen des Raumes durch gestische Bewegung.

Raum und Bewegung bilden für Architektur und Tanz eine Bedeutungseinheit. Raum und Bewegung interpretieren sich gegenseitig, indem gebaute Räume Bewegungsverläufe andeuten und Tanzfiguren Raumvorstellungen suggerieren. Raum und Zeit sind in beiden Künsten unauflöslich miteinander verknüpft. Der Tänzer fügt der Aufeinanderfolge seiner Handlungen nicht etwa Raumvorstellungen hinzu, der Architekt plant nicht etwa Räume, die der Nutzer durch Bewegungsfolgen ergänzt. Vielmehr hat in beiden Werk-Vorgängen der Raum Zeitqualitäten und die Zeit Raumqualitäten.

Nicht nur der Tänzer, sondern jeder Mensch verfügt über ein Vorstellungsbild seines Leibes, das ganz konkret sein Gehen, Laufen, Tanzen usw. bestimmt. Dieses gründet in einem figurativen Gestaltschema: unten die Füße, der Erde zugeordnet, oben der Kopf, dem Himmel zugeordnet. Attitüden der Schwere und der Leichtigkeit, das Fallen und Heben der Glieder vermitteln zwischen diesen physiologischen Polen. Eine ständige Folge von Irritationen kontrolliert dieses Bewußtsein, wobei Intentionales, auch Ideenhaftes in die Bewegung einfließt, sie ist zugleich Umraum prüfend und ausdruckhaft. So ist der Leib des Menschen von Geburt an in eine Art Testverhalten einbezogen: er öffnet den Raum durch seine eigene gestische Bewegung.

Beim architektonischen Raum liegt ein Zeitmoment in den „virtuellen Bewegungen", die durch jede Planung mehr oder weniger nahegelegt werden. Das Leben im Raum wird so als mögliche Szene vorgezeichnet, auch wenn sein faktischer Verlauf völlig offen bleibt. Ebenso gilt umgekehrt: die getanzte Zeit entfaltet die Möglichkeiten des Körpers im Raum, auch wenn die Struktur dieses Raumes nicht fest definiert ist. Architektur und Tanz beruhen auf „Möglichkeitsdenken" und sind in diesem Sinne utopisch und szenisch: utopische Szenerie.

Weder in der Geschichte der Architekturtheorie noch in der Geschichte der Tanztheorie finden sich befriedigende Anstrengungen zur Entwicklung von Notationsmethoden, die diese Grundphänomene (Raum-Zeit-Abhängigkeiten) hinreichend darstellen könnten. Diese Versuche sind Stückwerk geblieben, in Begriffen und Zeichen erstarrt, eher hemmend als brauchbar. Dabei wirken die historischen „Tanz-Schriften" in einer Hinsicht enthusiastisch, die Folge ihrer Grapheme will die Folge der Tanzhandlungen nicht nur im Nacheinander, sondern auch im Nebeneinander ausbreiten. Die Notation der tänzerischen Arbeit hat seit Jahrhunderten versucht, die Ausdruckswelt des Leibes in Raum- und Zeitstrukturen zu repräsentieren und sie auf diese Weise in ihrer Komplexität wiederholbar zu machen.

Ein Beispiel dafür ist das Notationssystem des Raoul Auguste Feuillet für die Tanz-Akademie Ludwigs XIV., die 1661 gegründet wurde. Es beruht auf der Überlegung, zum Zweck der exakten Wiederholung von Tanzvorgängen die Fuß-, Arm- und Handbewegungen eines Tänzers entlang einer gedachten Mittellinie aufzuzeichnen, deren Verlauf als Grundrißfigur, also räumlich ausgebreitet gezeigt wird.

Das Notationssystem von Friedrich Albert Zorn (1840), nach dem die Prima Ballerina der Romantik, Fanny Elssler etwa tanzte, zeigt vorwiegend die Gestenfolge des Körpers, die den musikalischen Takten zugeordnet wird. Die Entwicklung der Horizontalbewegung im Bühnengrundriß ist dabei als grobe Floskel angedeutet.

Andere Systeme, etwa das von Margaret Morris, geben nur Folgen von Körperhaltungen in Symbolen wieder, ihre Position im Raum bleibt außer acht.

Im XX. Jahrhundert arbeitete Rudolf Laban ein Notationssystem aus („Kinetographie"), das die Vorstellung des Tänzers von seinem eigenen vertikalen Körperschema in den Mittelpunkt stellt. In symmetrischer Anordnung werden die Bewegungen der Glieder rechts und links neben der Sagittalebene dargestellt. Die Bewegung des Tänzers im Raum wird durch Linien und Pfeil-Schemata zugefügt.

Oskar Schlemmer ist (1926-27) davon ausgegangen, bei der Darstellung der „Bewegungswege" müßten zwei Systeme sich ergänzen: die lineare Projektion der Fortbewegung auf die Grundfläche eines bestimmten Raumes einerseits und die verbale Beschreibung der übrigen Parameter des Geschehens (Zeitmaß, Geräuschangaben, Gestik und Mimik) andererseits. Durch die graphische Notation, besonders der horizontalen Bewegungslinien, wurde der „räumliche" Charakter des Tanzes besonders herausgearbeitet.

In der Grundlegung des neuen Tanzes durch die Limón-Technik ist es der Handlungscharakter, d.h. gerade die Entwicklung der Körperspannung im Raum, der durch verbale Beschreibung dargestellt wird: Sukzession = fließender Ablauf der Bewegung durch die verschiedenen Teile des Körpers, Opposition = Gegenspannung im Körper (z.B. das Gefühl für Längerwerden = Ausdehnung), Fallen = Gebrauch der Schwere, Spannung halten, Isolation (einzelner Körperteile voneinander) etc.

José Limón unterscheidet drei Möglichkeiten von Körperspannung: • Konflikt, d.h., der Raum widerspricht der Handlung • Indifferenz, d.h., der Raum sagt nichts zur Handlung • Akzeleration, d.h., der Raum unterstützt die Handlung.

Bis zur Einführung der elektronischen Videotechnik haben Tanzmeister und Choreographen mehr oder weniger präzise mehrere Jahrhunderte versucht, die Aufeinanderfolge der Stellungen ihrer Tänzer festzuhalten, um sie auf diese Weise wiederholbar, korrigierbar, planbar und lernfähig zu machen. Deshalb wurde der Sprach-Charakter des Tanzes betont, elementare Stellungen und Bewegungsfloskeln wurden unterscheidbar gemacht und in kunstvollen Systemen wieder zusammengefügt. So leistungsfähig und ideenvoll eine solche Syntax war – insbesondere bei der Gründung einer Tanz-Akademie und der Verbreitung eines besonderen Stils – die grammatikalischen Einschränkungen haben die Arbeit am akademischen Tanz erstarren lassen, die Verbindung zum Leben wurde erstickt.

Bei der Entwicklung neuer Tanzformen - etwa nach Merce Cunningham - haben sich graphische Schriften wohl nicht mehr bewährt, weil die Tänze eher als „offene" Raum-Zeit-Systeme aufgefaßt werden, deren Strukturen meist von einer Gruppe und ihrem Choreographen oder gar einem einzelnen Tänzer realisiert, erinnert und intuitiv wiederholt werden, nur hier und da unterstützt durch elektronische Aufzeichnungen und persönliche Notizen. Das tänzerische Repertoire ist kaum noch als Sprache formuliert (d.h. elementiert und systematisch zusammengefügt) und kaum noch als Schrift niedergelegt worden.

Trotz ihrer Unzulänglichkeit haben die historischen Notationssysteme das Grundphänomen des Tanzes erfaßt: seinen Ereignis-Charakter, d.h. seine Entfaltung in Raum und Zeit. Es wird dargestellt, wie der Leib sich im Raum darstellt und wie er diesen Raum durch seine Bewegung charakterisiert. Obgleich aber jeder Tänzer selbstverständlich die Raumgrenzen und ihre Eigenart in seine Arbeit einbezieht (Entfernung, Richtung, Material- und Echoqualitäten etc.) wurden diese Parameter kaum in eine Notation einbezogen, die über einen einzelnen Schöpfer hinaus verbindlichen Rang hätte.

Raumzeitbezogene Darstellungsmethoden fehlen in der Architektur fast gänzlich, obgleich der Sachverhalt ähnlich ist wie beim Tanz. Virtuelle Bewegung färbt den Raum, sie gibt ihm Charakter, Atmosphäre und Stimmung. Der Architekturraum wird zum Erlebnisraum wesentlich durch vorgestellte Bewegung, die durch den gestalteten Raum suggeriert wird. In der Geschichte der Architekturtheorie gibt es zwar skizzenhafte Versuche, dieses Grundphänomen - die Erscheinung der Zeit im Raume - darzustellen, aber leider - wie in der Tanztheorie - kein ausgereiftes Notationssystem.

Ein Schlüssel zur Raum-Interpretation durch Bewegung und Handlungszusammenhang (Spannung) könnte etwa in der Limón-Technik gefunden und einige ihrer Grundzüge könnten auf Architekturphänomene übertragen werden.
⟶ Virtueller Raum ist der Raum in Erwartung einer Handlung.
⟶ Schemata virtueller Bewegungen können Raumstrukturen angemessen interpretieren.
⟶ Die potentielle Energie des Raumes kann überführt werden in kinetische Energie, d.h. ausgeführte Bewegung.

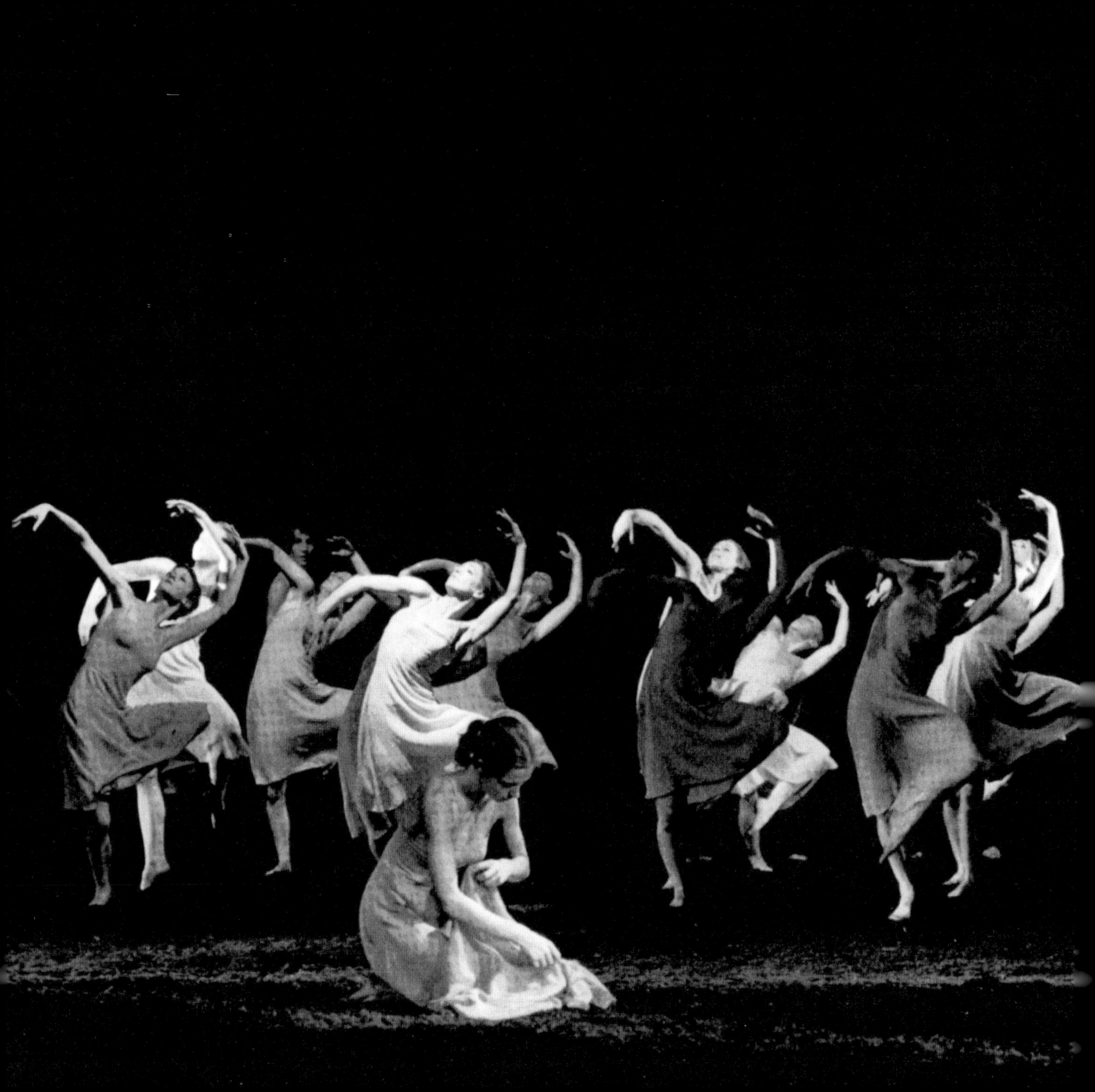

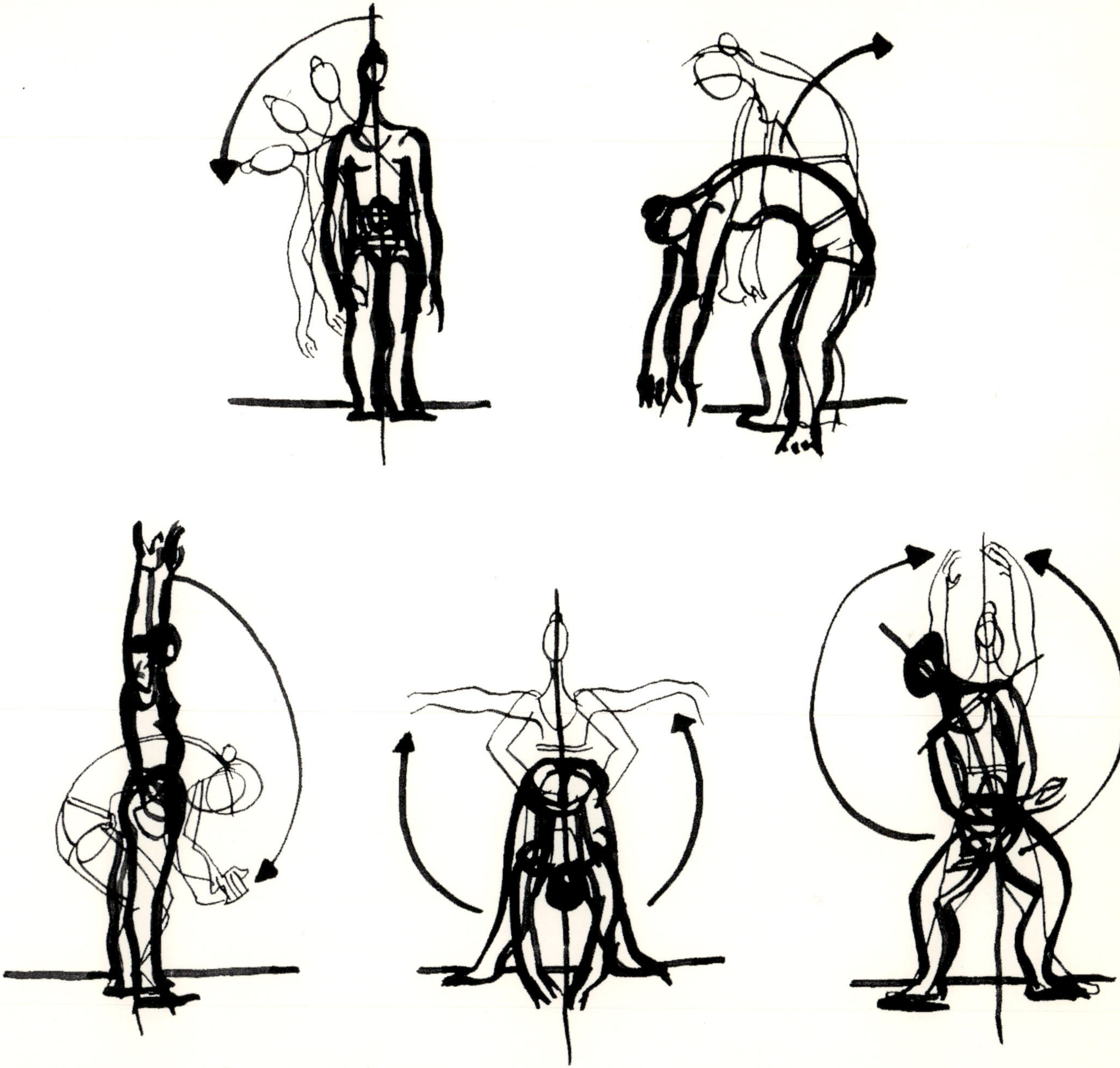

Tänzerische Momente des gebauten Raumes

Sukzession der fließende Ablauf, die gegenseitige Erregung der Teile, die aufeinander folgen

Fallenlassen totale Entspannung der Kräfte, das Zur Ruhe Kommen der Bewegung

Zurückschwingen durch die Ruhepunkte hindurch in neue Bewegung hinein

Alignement der Bezug der Teile in ihrem Nebeneinander, die gute Aufreihung der Merkmale

Opposition Gegenspannung erzeugen, damit erscheint der Ausdruck als Feld äußerster Positionen

Spannunghalten die potentielle Energie steigern, die faktische Entladung hinauszögern

Isolation auch Teile der Figur sind Figuren, die Glieder der Gestalt sind Gestalten

Nachfedern das Echo einer Bewegung in neue Richtung hinein

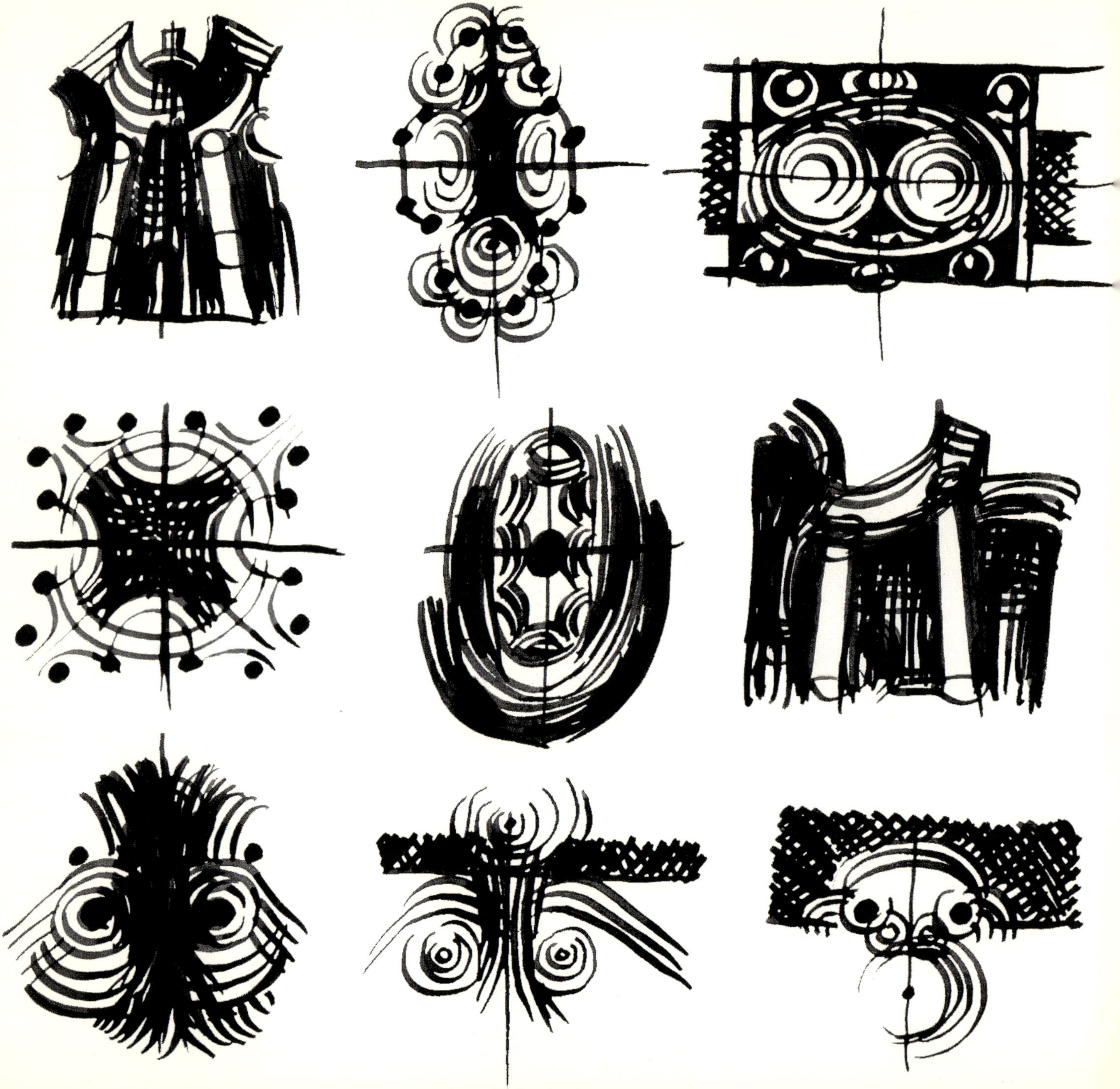

Es gibt gestische Attitüden der Architektur, die Ihr nur durch die nachahmende Haltung Eures Körpers verstehen werdet. Die ordnende Raumvorstellung wird durch die Bewegungserfahrung des Körpers gelenkt. Die architektonischen Linien werden als Spuren gelesen, die Wölbungen als Sprünge. Der Ausdruck des Raumes scheint aufgeladen durch die Gesten des eigenen tanzenden Leibes, durch Sukzession, Opposition, Fallen, Zurückschwingen, Nachfedern, Spannunghalten u.a.m. Die Gestaltelemente der Architektur und ihre Verknüpfung werden spontan als (d.h. körperlich nicht reflektiert) Analogien zu Körperbewegungen erkannt. Die kompositorischen Konzepte - z.B. bei Borromini - sind (de facto) choreographische.

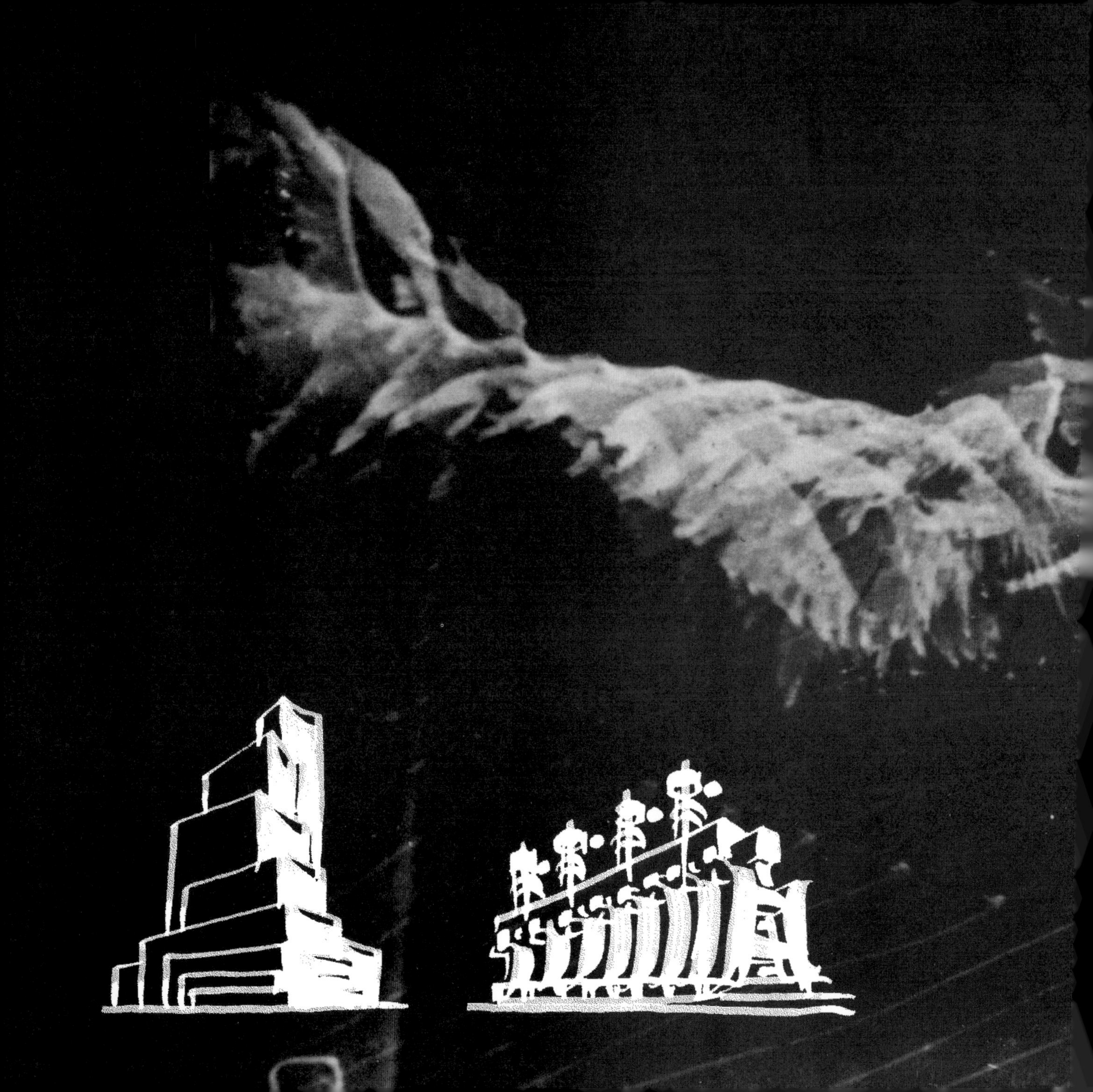

Materie und Energie des
kosmischen Raumes werden
in pulsierender Veränderung
beobachtet und gemessen.
Erst recht erscheint uns
die Natur als Erlebniswelt
in rhythmischen Wieder-
holungen: die Jahreszeiten,
der Wechsel von Tag und
Nacht, Sonnenaufgang
und Sonnenuntergang,
die Gezeiten des Wassers,
Wellenbilder und
Windbewegungen.

Pulsation. Rhythmusphänomene.

4
13

Das menschliche Körperschema dient seit ein paar tausend Jahren als Grundmodell für die Komposition gebauter Dinge. Um den Rumpf spielen die Glieder, sie erlauben Beweglichkeit an der Peripherie, Vermischung mit den Dingen, Berührung mit der Nachbarschaft. In den Kern, die Körperachse wird Ruhe eingependelt, hier im Inneren entsteht Stabilität, Sicherheit, Ruhe. So ist der Bauch der sicherste Ort, die Welthöhle.

Vor aller möglichen Bewegung der Glieder ist das Zeigen des Körpers, vor allem das Zeigen des Bauches ein Zeichen. Akte der Beredsamkeit sind das Zeigen und das Verschleiern des Körpers, besonders seiner Mitte (Geschlecht) und seiner Enden (Kopf und Fuß). Von stärkster Suggestion ist der Anblick von vorn, besonders der des Gesichts. Mit der Bereitschaft zu diesen Gesten - und mit der Kenntnis ihrer Bedeutungsschlüssel - spielen seit eh und je die Formen der Architektur.

Körpergestik als Gestaltungsmotiv.

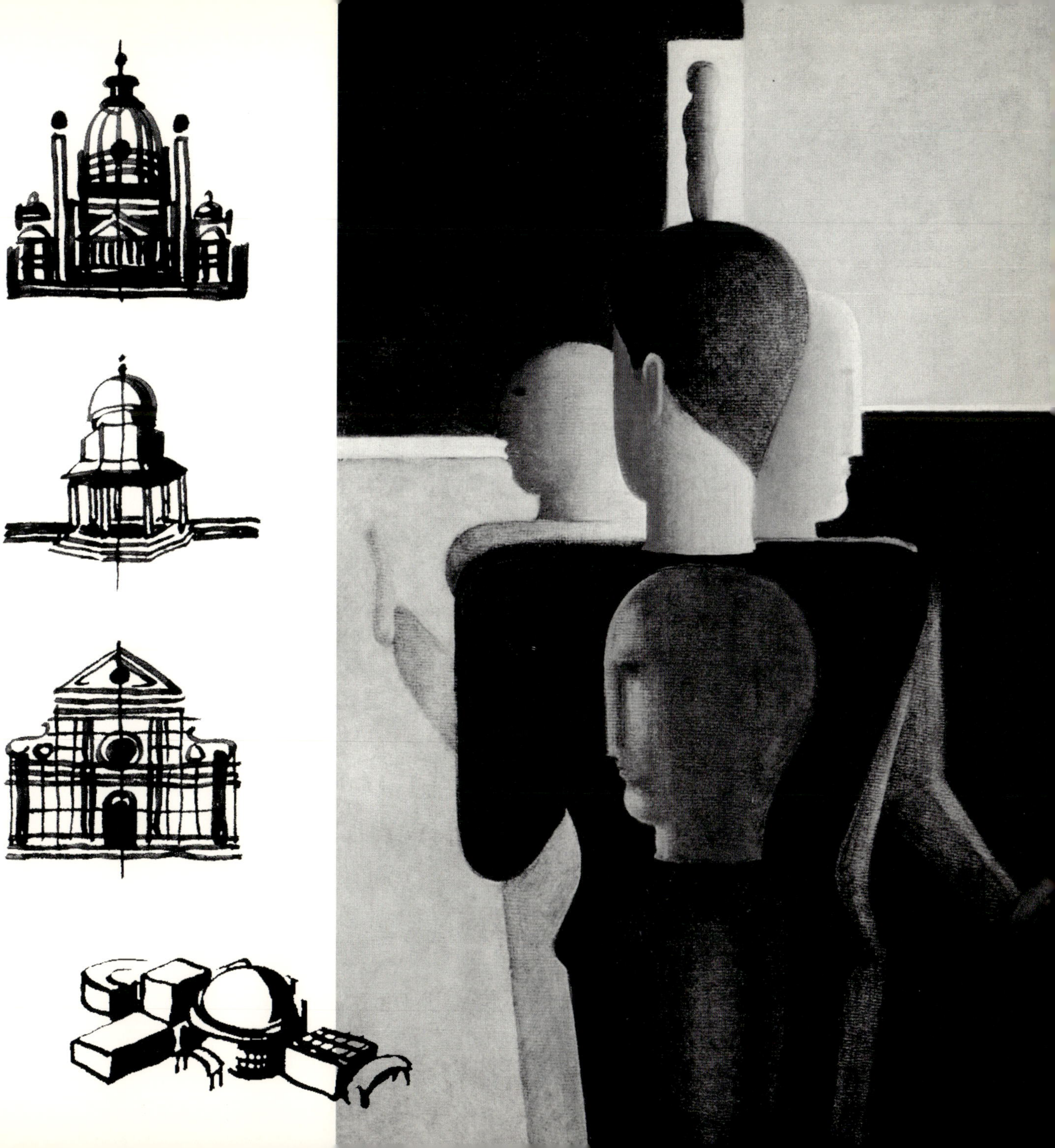

Die physikalisch-technischen Gestalten als szenische Entwürfe. Maschinen als Motive für „architektonische Bilder". Seit der ersten technischen Revolution gelten die Teile der Gerüste, Geräte und Maschinen - die Räder, Achsen, Kufen, Ketten, Stangen, Streben, Pfosten, Züge, Ösen, Stifte - in ihrer technischen Kombinatorik - additiv, multiplikativ, gedreht, geschwenkt, geschachtelt - als Kulissen-Elemente nie gekannter Faszination. Die funktionale Präzision eröffnet - jenseits der Brauchbarkeit - schockierende Visionen von Dichte, Arbeit und technischer Produktivität. Die Abläufe der chronometrischen Zeit werden zu pathetischen Zeichen des Fortschritts, sie gerinnen zu Bildern der „Maschinen-Ewigkeit".

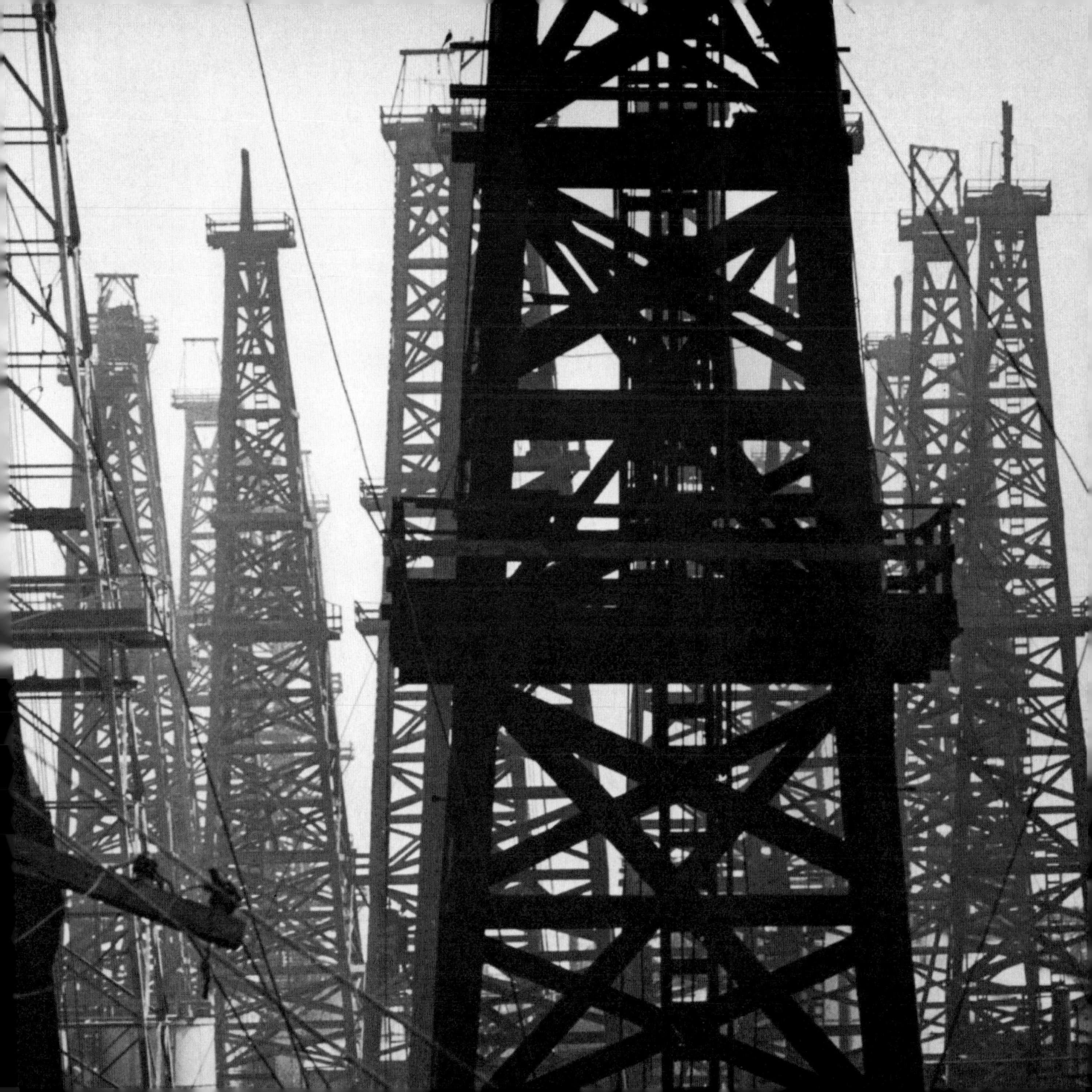

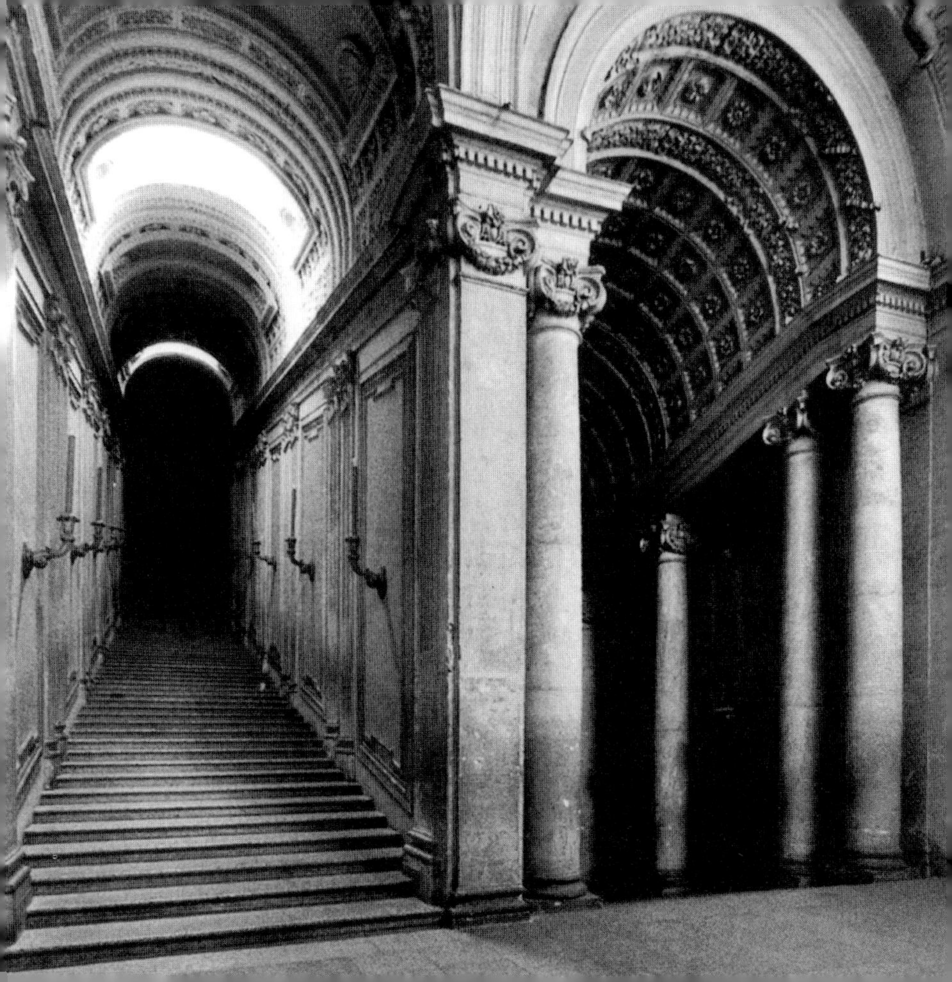

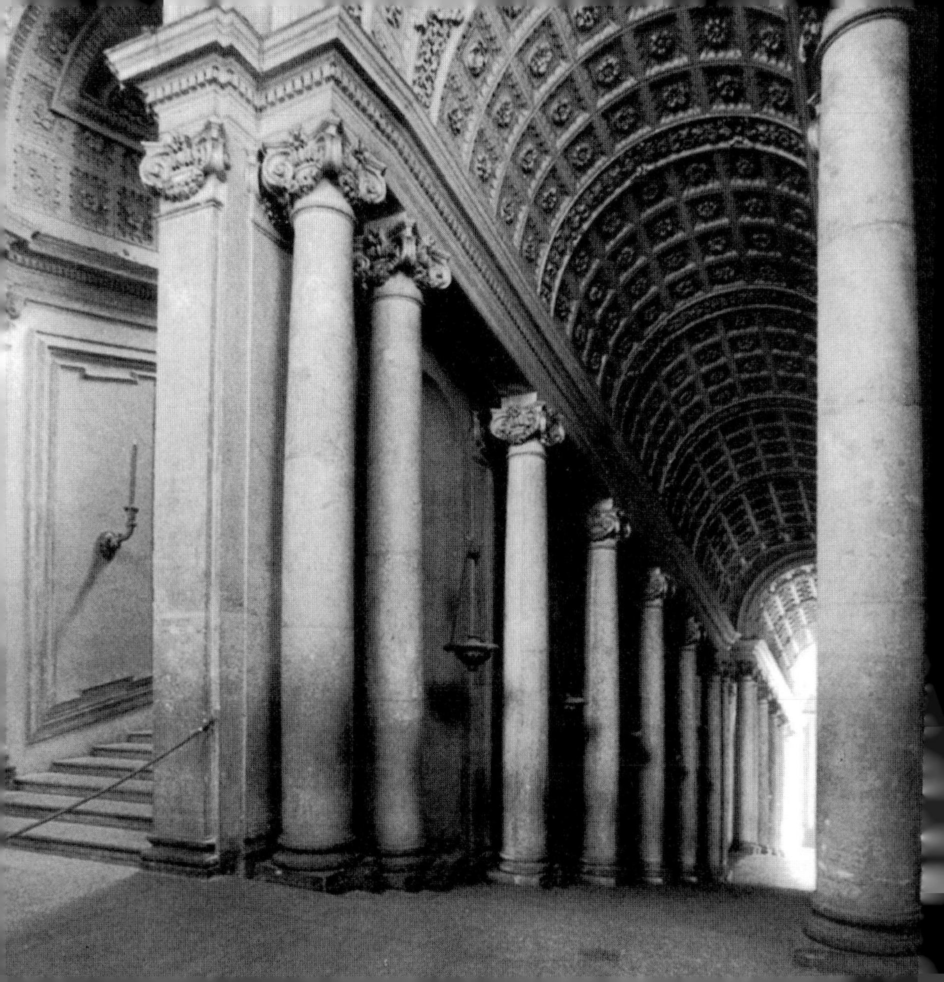

Lustvolle, ironische Arbeit der Augen! Das Spiel mit dem Tiefenraum belebt die Malerei wie glanzvolle Szenen in gebauten Räumen: vorn und hinten werden dramatisch gesteigert, die Augenerfahrung wird trickartig abgerufen, geprüft, widerlegt oder spielerisch ironisiert. Die primären und

Augen

Augenillusionen. Perspektivische Spiele.

sekundären Kriterien der Tiefenraum-Wahrnehmung (das zweiäugige Sehen und die projektiven Merkmale der Objekte, die Linien- und die Farbenperspektive, das Abnehmen der Größe und der Kontraste mit der Tiefe und anderes mehr) werden zu künstlerischen Mitteln intelligenter Spiele...

lust

Picasso in der Malerei, Cage in der Musik, Cunningham im Tanz haben damit experimentiert, mehrere Wahrnehmungsbilder, die voneinander unabhängig sind, die vielleicht sogar nicht zueinander passen, dennoch gleichzeitig in einem Werk anzubieten, so daß der Betrachter / Hörer in die Verlegenheit kommt, beim Erlebnis der Augen / Ohren selbst zu entscheiden, welche Phänomene zu welchen „passen" oder nicht.

Die Situationen werden nicht eindeutig, sondern mehrdeutig angeboten. Es gibt mehrere Möglichkeiten der Interpretation. Das Zusammenstimmen der sinnlichen Erlebnisse, sowohl der Wahrnehmungen als auch der gestalterischen Ebenen, ist nicht mehr gegeben. Die Alltagserfahrung beim Wiedererkennen von „Dingen" läßt uns im Stich. Wir werden neugierig gemacht auf neuartige Kombinationen der Erlebnisse von Augen, Ohren, Tastgefühl usw. Diese künstlerische Methode macht die Welt (wieder) zu einer „künstlichen", erzeugt aber gleichwohl eine neue Art von Sinnlichkeit.

Mehrdeutigkeit als Stimulans: Nicht-Eindeutigkeit. Nicht-Simultaneität.

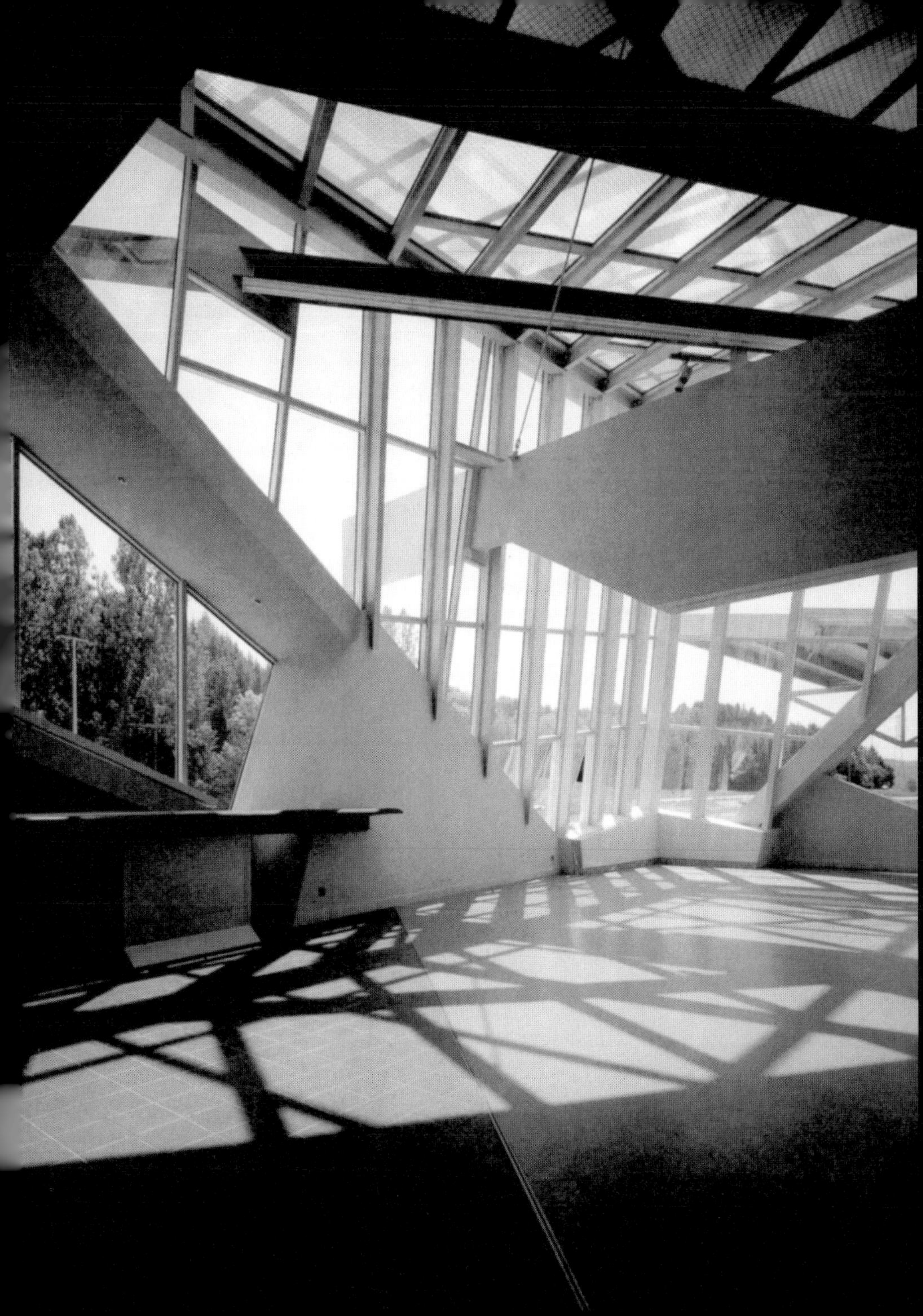

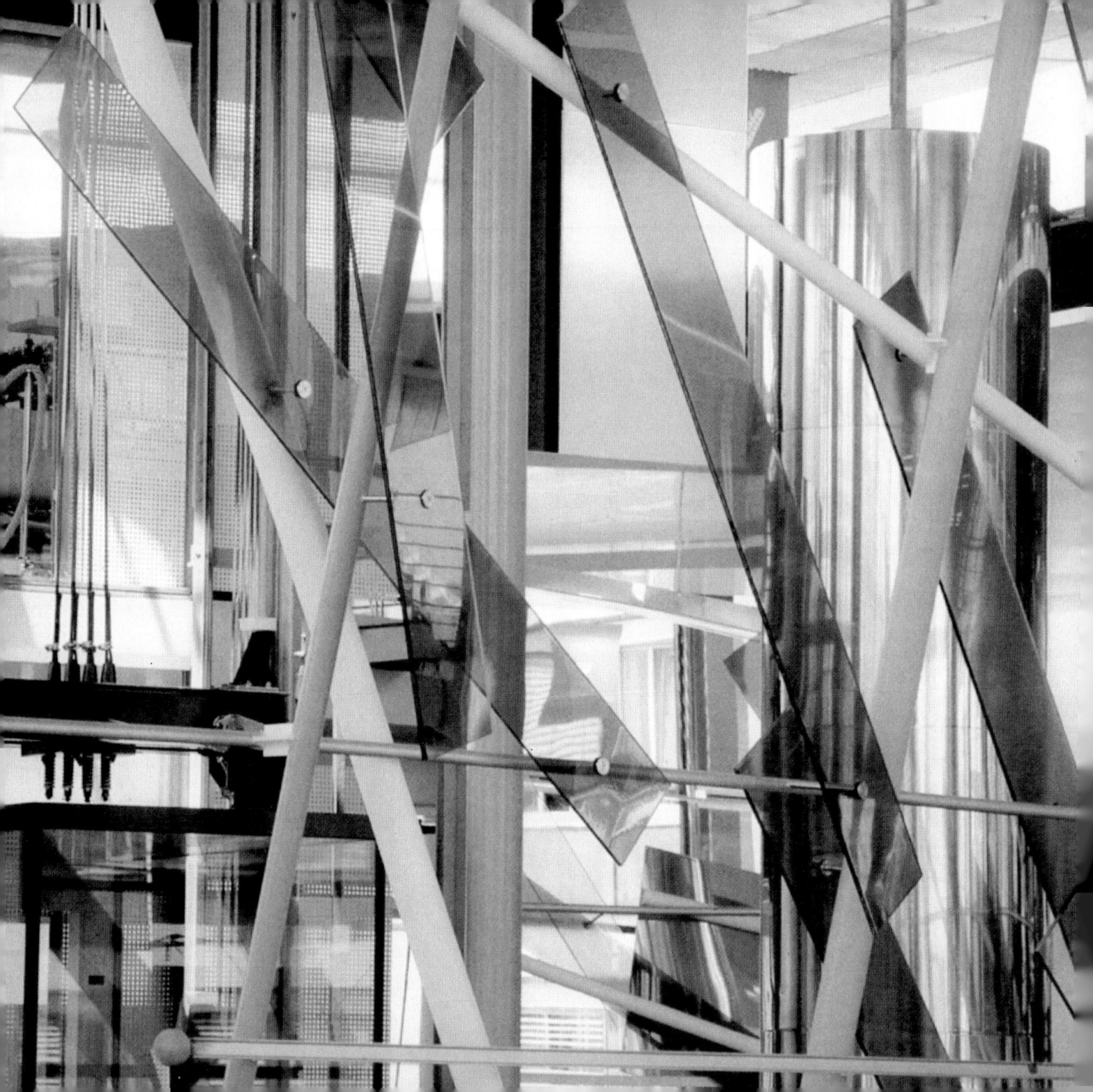

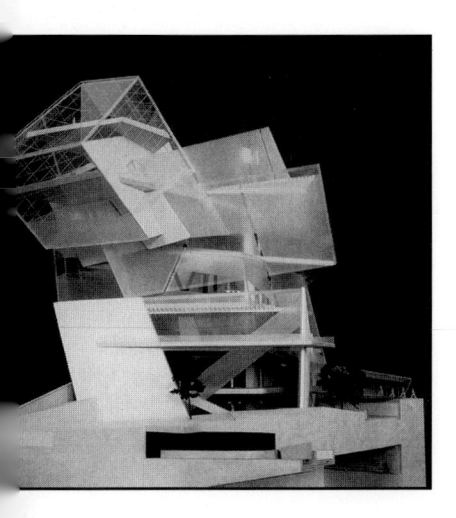

Wahrnehmung erlaubt. Der Ariadne-Faden zur Ordnung des Vielerlei in einem Ganzen ist allerdings nicht mehr im Raum der Dinge zu finden, sondern im Erlebnisvorgang selbst. Über eine Kette von Ereignissen springt die Empfindung von Gegenwart zu Gegenwart und baut aus dem flüchtigen Stoff der Erinnerungen und Erwartungen, aus Überraschung und Enttäuschung das Theater des Jetzt.

Das Pendeln der Gefühle zwischen Chaos und Harmonie hängt ganz und gar von den Strategien der Wahrnehmung ab. Es ist nicht mehr das Faszinosum vom schönen Raum, das uns beglückt, sondern das einmalige Ereignis in der Lücke zwischen Vergangenheit und Zukunft. Es ist die Ausbreitung der verschwindenden, nie wiederkehrenden Zeit.

Das Spiel mit dem Zufall kann eine gestalterische Methode sein, die das Entzücken am Neuen steigert, die nie gehabte Überraschungseffekte erzeugt und unendliche Variationen der

Längst ist die Erfahrung mit
Bühnen-Illusionen in die
Komposition der Stadtbilder,
der Kaufhaus-Fassaden, der
unterhaltsamen Innenräume
von Großmärkten, Pizzerien,
Pubs usw. eingegangen:
die Schachtelung der nicht
endenden Überraschungen,
die Herstellung der Tiefe in
der Fläche, die träumerische
Verwandlung der Gegenwart
durch die Vergangenheit,
die Steigerung der Lust zum
Festlichen. In rascher
Abfolge erscheinen die
Bilder, in denen die Tiefe
der Zeit erscheint.
Das Phantastische, das
Unerreichbare wird in die
Gegenwart geschoben,
jedermann verfügbar.
Ein Jauchzen wird aus
der Banalität des Alltages
gelockt.

Theaterräume. Bühnen. Kulissen. Szenische Bilder.

4
19

Rausch. Der verrückte Raum.

„Action, action!" Die Ewigkeit des Flüchtigen.

Der Urstoff des Lebens ist eine „Handlungsmolluske", weder Material noch Raum noch Zeit. Raum und Zeit sind noch nicht voneinander abgehoben. „Im Anfang ist die Tat" - faustische Erkenntnis. Der Raum ruft Ereignisse hervor, er enthält in sich die Essenzen der Zeit. Raum und Zeit in ihrer Überlagerung bilden Zusammenhänge ab, sie werden als Strukturen eines möglichen Dramas verstanden. Im diesem Sinne ist architektonischer Raum „virtueller" Handlungsraum, also wesentlich „raum-zeitlich" und auf mögliche Aktivitäten gerichtet.
Die „Provokation des Raumes" durch Zeitphänomene macht für den architektonischen Entwurf eine „Theorie der Störungen" erforderlich. Ist es doch gerade die Störung der räumlichen Struktur, die den Ausdruck des Gebauten erzeugt, d.h. seinen Aufforderugscharakter. Eine Typologie solcher „Störphänomene" sollte punktuelle, lineare, dreidimensionale, kurzzeitige und ständige Irritationen räumlicher Strukturen unterscheiden. Einfache Störungen sind punktuelle Irritationen und Brüche einer räumlichen Gestalt, die an einer Ecke, am Rand oder an einer beliebigen Stelle im Raum einsetzen und das regelmäßige System erschüttern. Lineare Irritationen erzeugen den Eindruck der Bewegung durch Krümmung, Biegung, Brechung usw.. Rhythmische Veränderung suggeriert im Raum dem Eindruck der Schrumpfung oder Dehnung, der Pulsation, des Zitterns etc.. Schließlich ist eine totale Irritation des Raumes durch Zeitfaktoren möglich, so daß der Eindruck von Schwindel und Rausch, ja Ekstase entsteht: Raum scheint völlig in Zeit aufgelöst, statt des räumlichen Nebeneinander gibt es nur noch das ständig sich verändernde Flimmern von Form- und Farbfragmenten, den flächigen Eindruck von Ereignisfetzen sowie beim Beobachter-Subjekt das Gefühl von ekstatischer Herausforderung. Architektur, verlorener Raum und Chaos werden zu einem gestalterischen Thema! - und dies, obgleich das räumlich Ganzheitliche im Wirbel der Zeit verloren geht.

Gestaltung wird - entsprechend den Beobachtungen und definitorischen Analysen der Gestaltpsychologie seit v. Ehrenfels - zunächst als Tendenz der ganzheitlichen Wahrnehmung bestimmt. Gestaltung als kreative Arbeit gilt in Design und Architektur vorwiegend als eine Anstrengung, die ganzheitliche Phänomene formt, die nicht nur aus ihren Ursprungselementen zusammengesetzt sind, sich vielmehr durch Charakteristika neuer Art auszeichnen. Aber schon beim Begründer der Gestaltpsychologie, v. Ehrenfels, ist die definitorische Bestimmung von „Gestalt" nicht auf Raumphänomene eingeschränkt, sondern ausdrücklich auch auf Zeit bezogen: er spricht (bei der musikalischen Melodie etwa) von zeitlicher Gestalt, und er deutet neben der Existenz von zeitlichen auch die von komplexen Gestalten an, die von mehreren Sinnen wahrgenommen werden, also synästhetische Phänomene, stimmungshafte Situationen, die für Augen, Ohren und möglicherweise auch Nase und Gleichgewichtssinn gegeben sind. Bedeutende Architektursituationen sind de facto immer solche synästhetisch gestalteten Szenen, in denen Raum und Zeit in Handlungszusammen-

hängen miteinander verwoben sind. Und es sind gerade die Störungen, die den Ausdruck und den Sinn der Situationen hervortreten lassen. Ich will ein Beispiel anführen. Ein guter chinesischer Garten, etwa der „Garten des törichten Beamten" in Souzhou, erscheint, wenn man ihn mehrfach besucht, jedesmal neu und andersartig, weil er nie ganz und sofort, sondern nur phasenartig nacheinander erobert werden kann und weil der Besucher jedesmal andere Wege-Entscheidungen trifft, die den Erlebniszusammenhang herstellen. Das aber wird kompositorisch durch den Umstand erreicht, daß an den „Schaltstellen" der Entscheidungsfolge jeweils mehrere verschiedenartige Verlockungen angeboten werden, verbunden mit einer gewissen Störung der Erwartung. Das geschieht etwa so: beim Hindurchtreten durch ein Gartentor erscheint als Verlockung ein zauberhafter, durch Farbe und Silhouette erregender Pavillon. Er erscheint zwar traumhaft im Spiegelbild eines Teiches, man wird aber die angebotenen Umwege gehen müssen, die ihrerseits in neue Verlockungen hineinführen, durch kühle Grotten, duftende Gebüsche, durch Innenräume benachbarter Architektur usw., so daß der Besucher sein Erinnerungsbild bewußt festhalten muß, um den Traum-Pavillon schließlich doch noch zu erreichen - oder ihn zu vergessen. So werden die Störungen der Wege zu auslösenden Faktoren für die Eroberung eines kostbaren Erlebnisses, und zugleich sind diese Störungen die Aufforderung, sich neuen Angeboten für Augen, Ohren, Nase und andere Sinne zuzuwenden.
Durch die Verschiebung der Erinnerungs- und Erwartungsbilder entsteht allmählich ein theaterhaftes Raum-Zeit-Konstrukt, das sowohl in den objektiven Szenen als auch in der Tiefe unserer subjektiven Vorstellung verankert ist.

Szenarien unserer Umwelt, in denen die Zeit „den Raum aufsaugt", sind auch die Großkaufhäuser mit ihren ständig wechselnden Konsumangeboten, die Diskos in ihrer ekstatisch gesteigerten Sinnlichkeit, Caféhäuser und Bahnhofshallen, Marktplätze und Flughäfen, nicht zuletzt die überirdischen und unterirdischen Brennpunkte der Großstädte (besonders Tokyo, Hongkong, New York) mit ihrer erregenden Raserei. Nichts steht still, nichts ist faßbar, dennoch treffen diese „Raumzeit-Maschinen" offenbar den Lebensnerv - besonders der jungen Generation. Hier spricht die Architektur die Sprache der Jugend, hier kann sie betörend und verwirrend, begeisternd und hinreißend sein!

Selbstverständlich ist dabei der ganze Leib mit seiner Erinnerung und seiner Sehnsucht angesprochen und aufgefordert. Geräusch und Stimmung, innere und äußere Berührung sind einbezogen, und das manchmal bis zur Schmerzgrenze. Das architektonische Ereignis ist nicht mehr ein primär räumliches, vielmehr ein total szenisches, sich ausbreitend und verwandelnd im widersprüchlichen Gewebe der Zeit.

Die Auflösung des Ich,
des Wahrnehmungs-Ich,
des Handlungs-Ich,
des Vorstellungs-Ich.
Das Verschwinden
des Körper-Ich durch
Aufhebung des Raumes im
Rasen der Zeit.
Im Rausch wird das Stehen /
der Ort / das Hier zugunsten
des Schwebens / des
Fliegens / des Irgendwo
aufgegeben. Im Zauber der
Vorstellungsbilder erscheint
der Raum facettiert,
verdreht, aufgelöst.
Die Erlebniszeit hat den
Raum zersetzt.

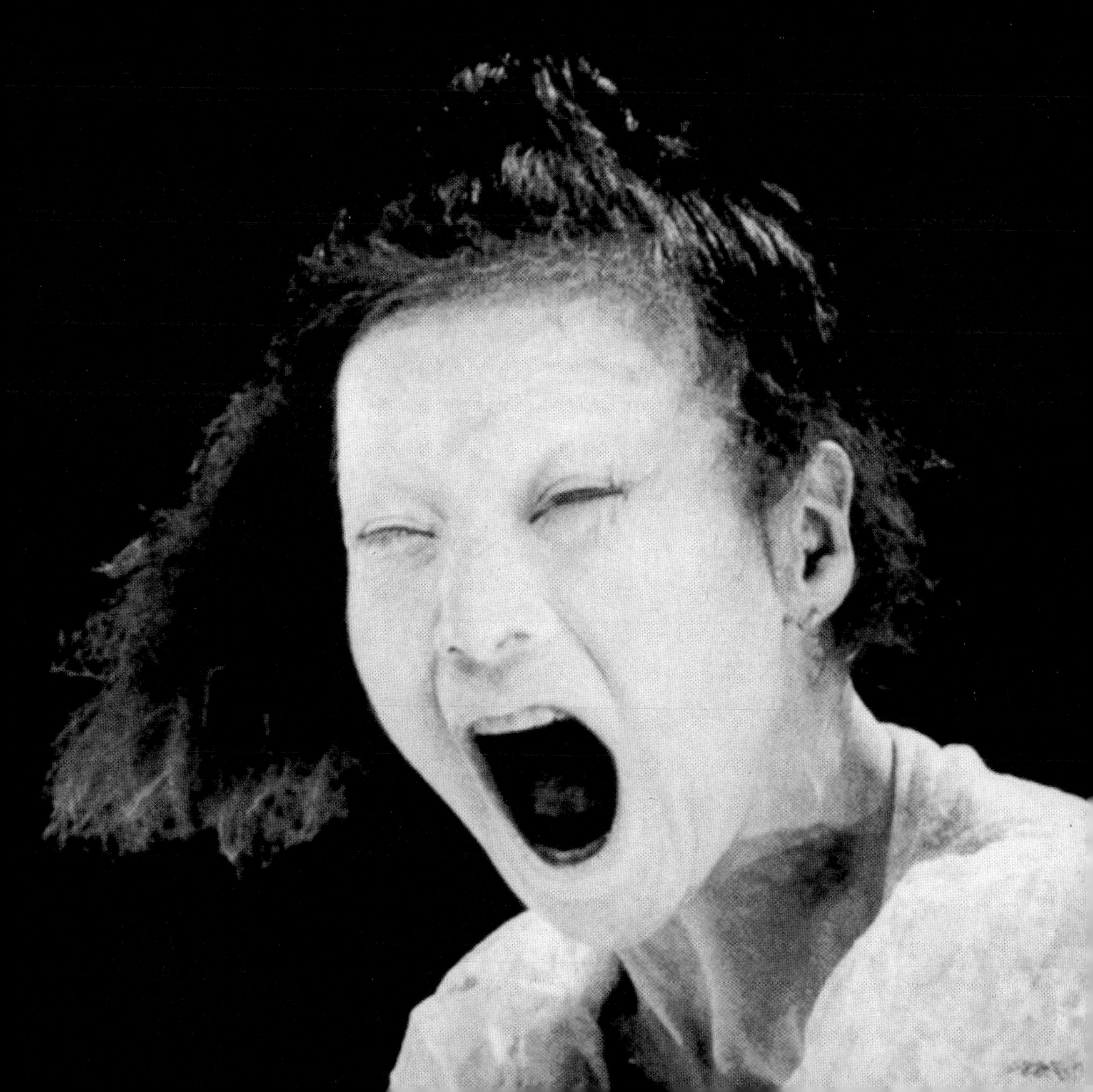

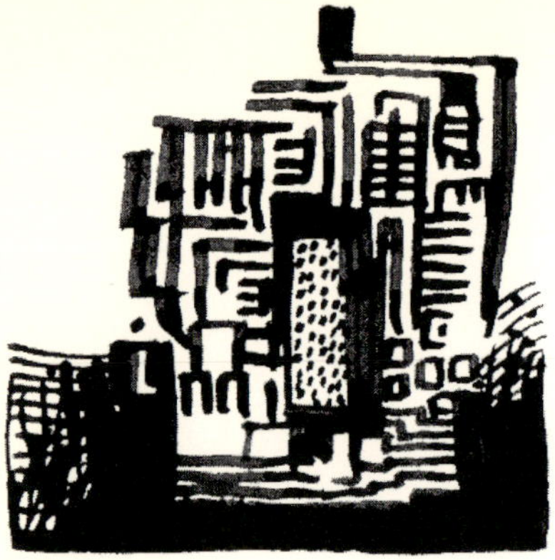

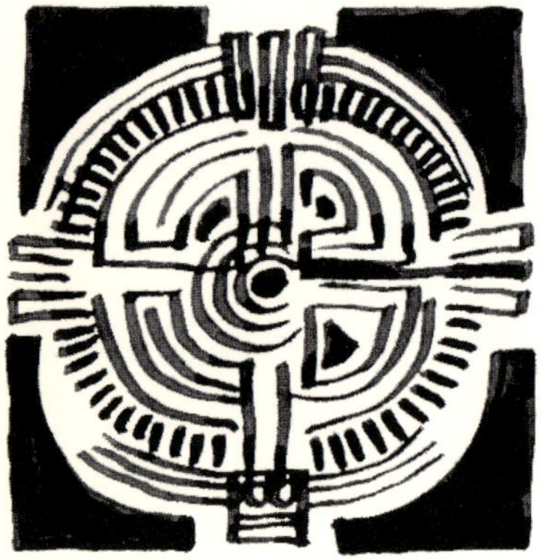

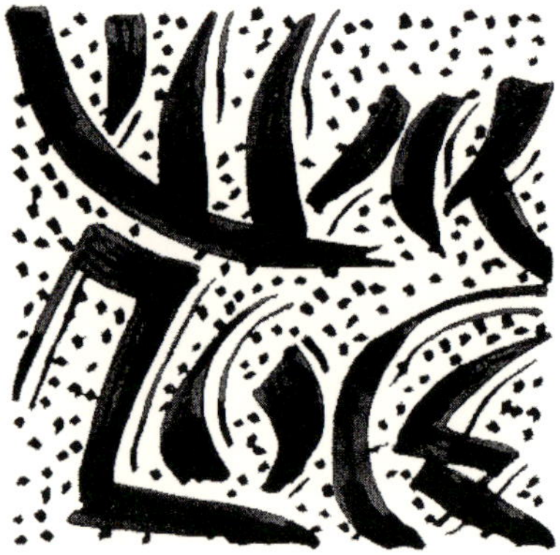

4 Labyrinthe. Irrgärten.

21

Der Versuch einer Auflösung des Raumes in sich selbst. Labyrinthe sind Wege in ein Inneres, das unbekannt, nicht überschaubar und nicht beschreibbar ist. Ein Raum stülpt sich nach innen, er dehnt sich nicht mehr nach außen, sondern nach innen aus. Innen entsteht Ferne, Unendlichkeit. Im Inneren liegt der Sehnsucht nach dem Unendlichen auf begrenztem Raum, nach der Ferne, der Nähe. Labyrinthe, diese uralten Such-Figuren, stellen das Sich-Verlieren des Menschen in seinen inneren Bildern dar.

Die Knickung. Die Kippung. Wenn die Felder einer Struktur in ihrem Duktus umkippen, wenn sie ihre Richtung ändern, abknicken, unvermittelt ans Fremde angrenzen, abreißen, entsteht - als dramatischer Entwurf - die Frage nach Ordnung. Die Unmöglichkeit des Übergangs, die Aufhebung des geschlossenen Ganzen gibt den Blick frei für die Regel der Komposition. Das Diskontinuum wird zum Thema.

Das Stoßen und Brechen, Fallen und Kippen sind Formen der Annäherung an das ganz Fremde, Unmöglichkeitsformen. Wir leiden unter ihren schockierenden Gesten. Dann beginnen wir, in ihnen die Elementarien einer neuen Grammatik zu suchen, einer Sprache, die das Fragmentarische in ihre Formen einbezieht.

Diskontin

4
22

Knicken. Kippen. Brechen.

Spiegel, die blendenden Werkzeuge der Verrücktheit! Verwirrung der räumlichen Ordnung. Verdoppelung. Vervielfältigung. Umkehrung. Verzerrung. Verfremdung. Das Arsenal der den Raum irritierenden Flächen, wie es zur Bewegung des Betrachters herausfordert! Schon das Schieben des Kopfes läßt die statischen Räume kippen, brechen, schweben und zurückweichen. Und die Perspektive des Tänzers erst, sie wird durch die Spiegel hundertfach instrumentiert. Die räumliche Welt gerät in Raserei. Zu den schönsten Kopfgeburten der Sehnsucht nach räumlicher Tiefe gehören die Effekte der Anamorphosen. Versteckspiele im spielerischen Umgang mit den Vorgängen des Sehens.

„Ein wenig Gift ab und zu: das macht angenehme Träume". [Nietzsche, Zarathustra]

Spiegel. Anamorphosen. Illusionistische Verwirrung.

als ob

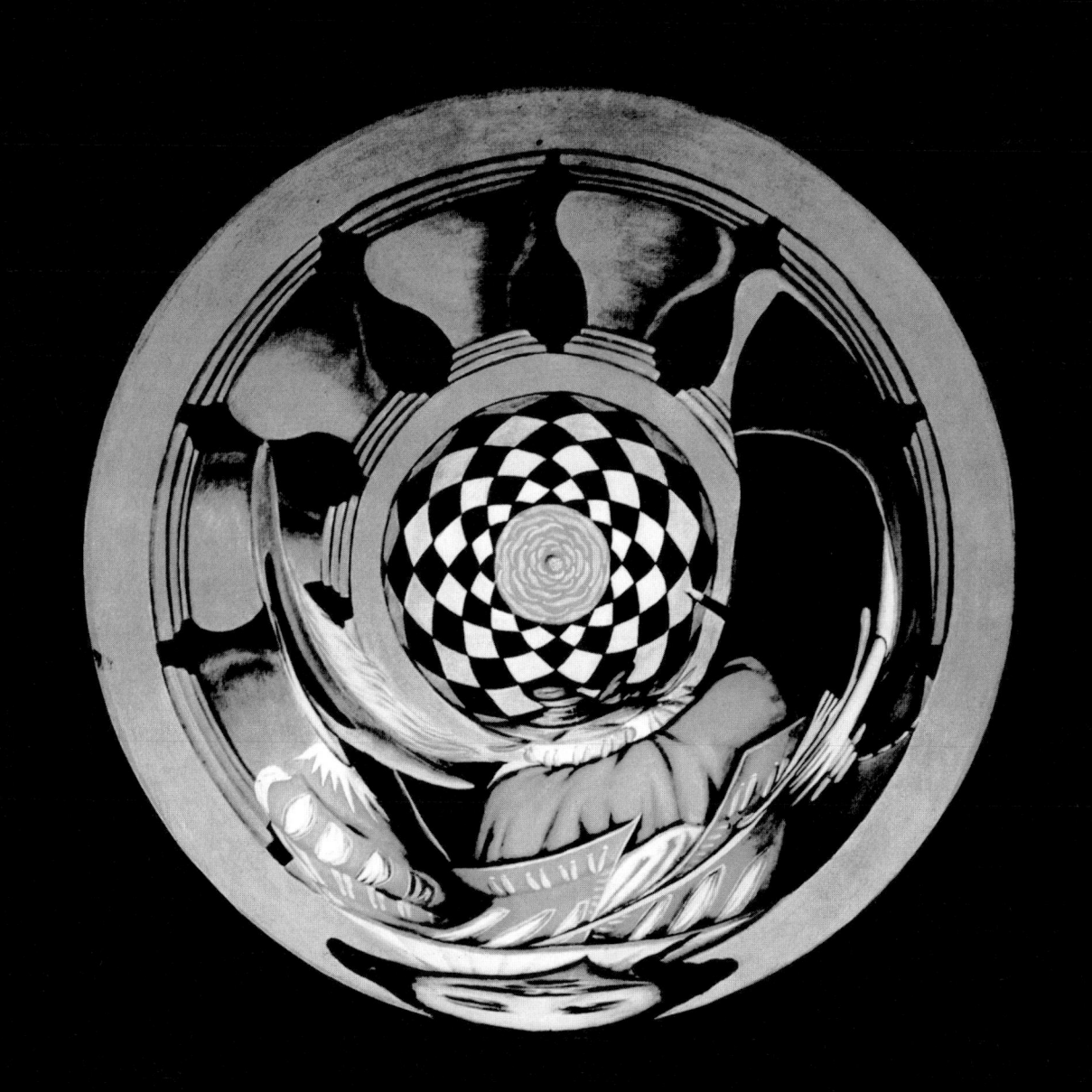

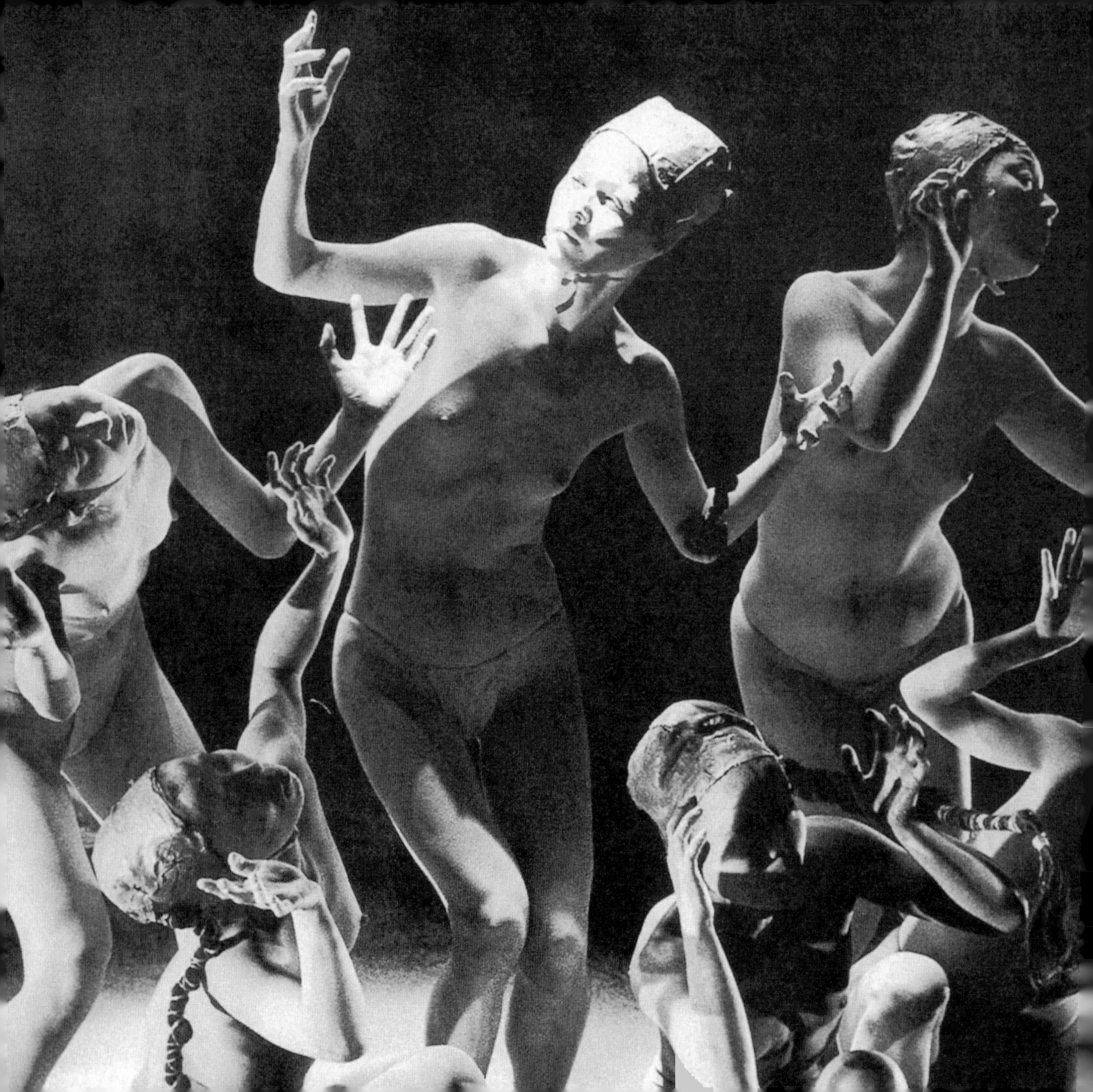

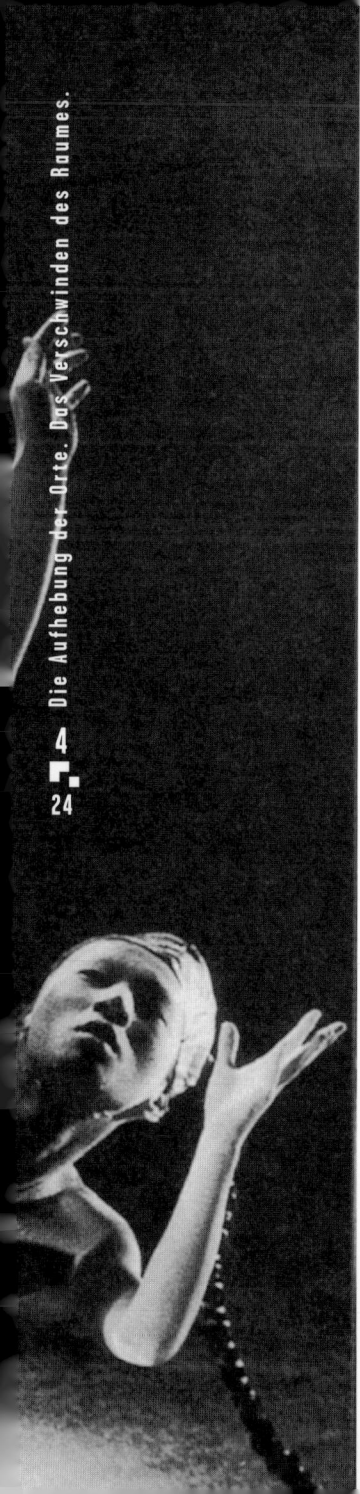

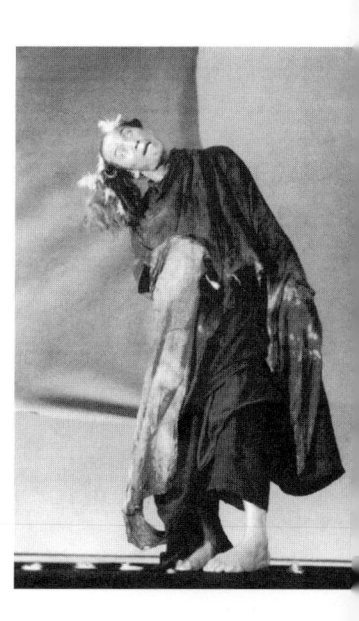

Die Aufhebung der Orte. Das Verschwinden des Raumes.

„Ich sage euch: man muß noch Chaos in sich haben, um einen tanzenden Stern gebären zu können. Ich sage euch: ihr habt noch Chaos in euch." (Nietzsche, Zarathustra)

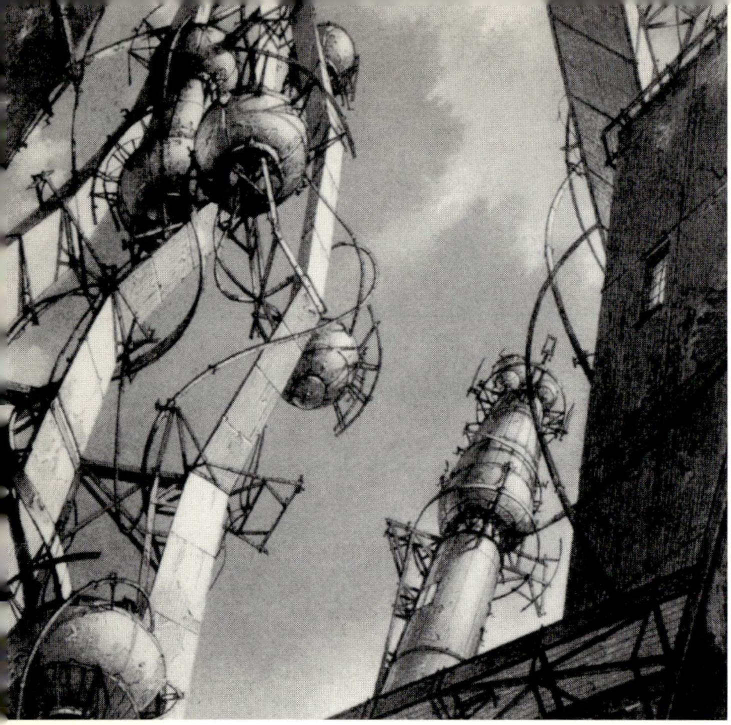
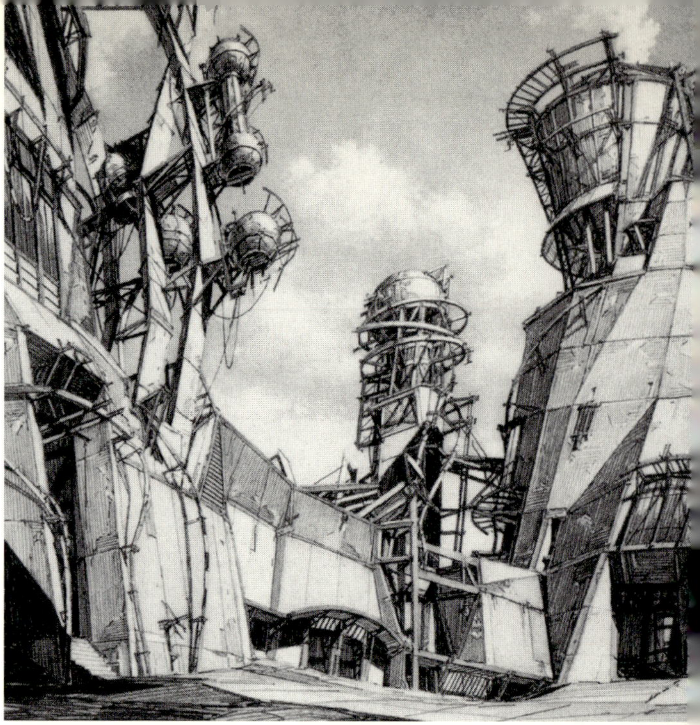
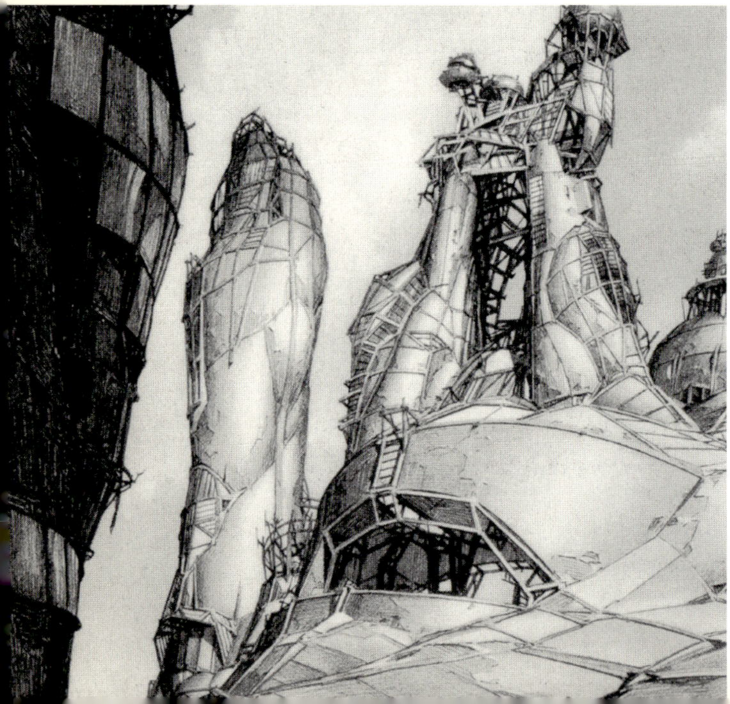
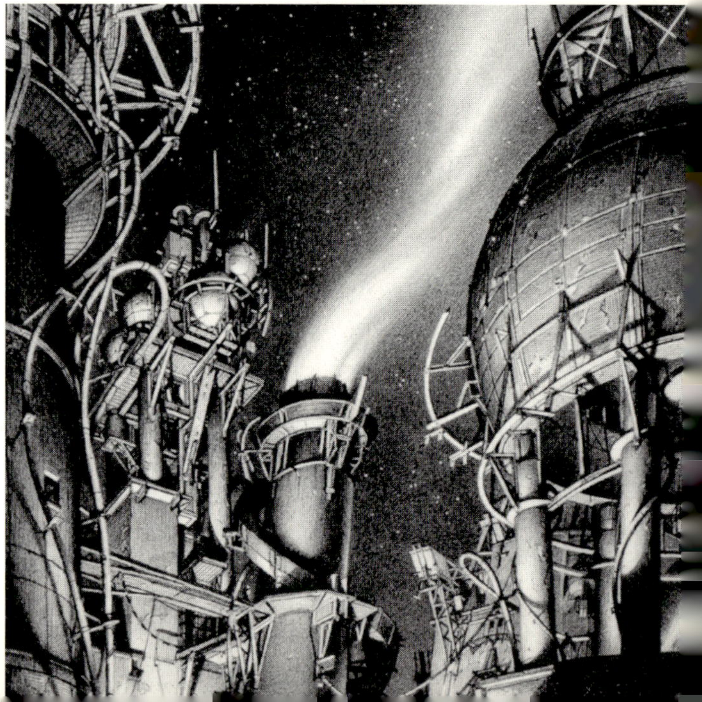

Der Mythos Fliegen ! Abheben ! Auflösen ! Ikarusmotive.

Tanz und Architektur finden seit Jahrtausenden in ihren Formensprachen Kürzel für die uralte Sehnsucht, die Erde zu verlassen, zu fliegen, die Schwere des Körpers wenigstens gestisch aufzulösen. Schwebefiguren entstehen. Die Fahrt nach oben wird demonstriert, die Auflösung der trägen Masse im Bewegungsrepertoire angedeutet. Daidalos überträgt den Flug des Vogels in die triumphale Fahrt eines Geräts.
Dimensionen des Traums weiten die Gestik der gebauten und der getanzten Gestalten bis an die Grenze der physischen Möglichkeit. Der natürliche Druck der schweren Masse scheint durch die virtuellen Bilder des Schwebens aufgehoben. Die Erde ist nicht mehr der Ort dieser Handlung, das Raumgefühl verliert sich in den Qualitäten der Zeit.

auf !

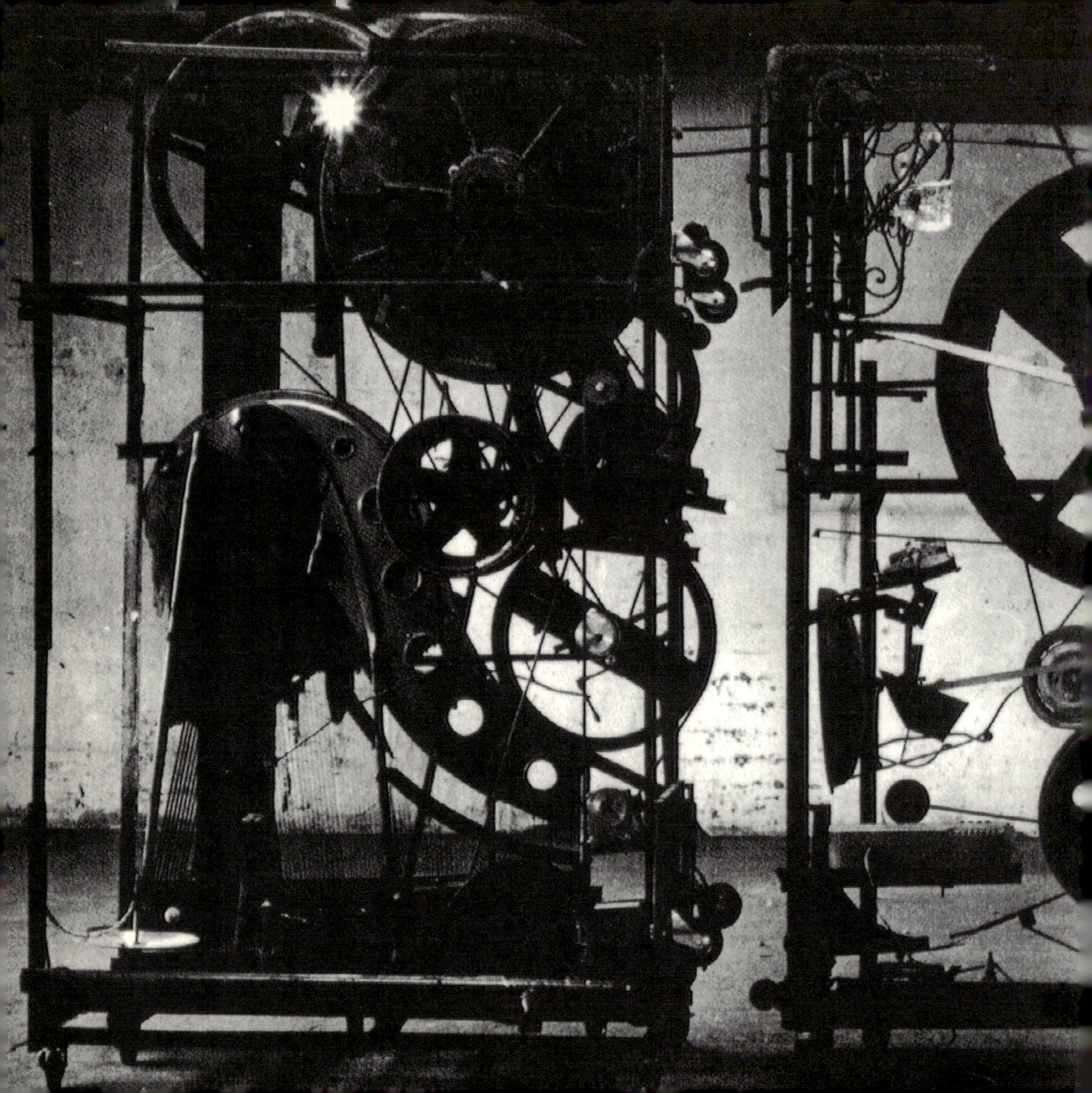

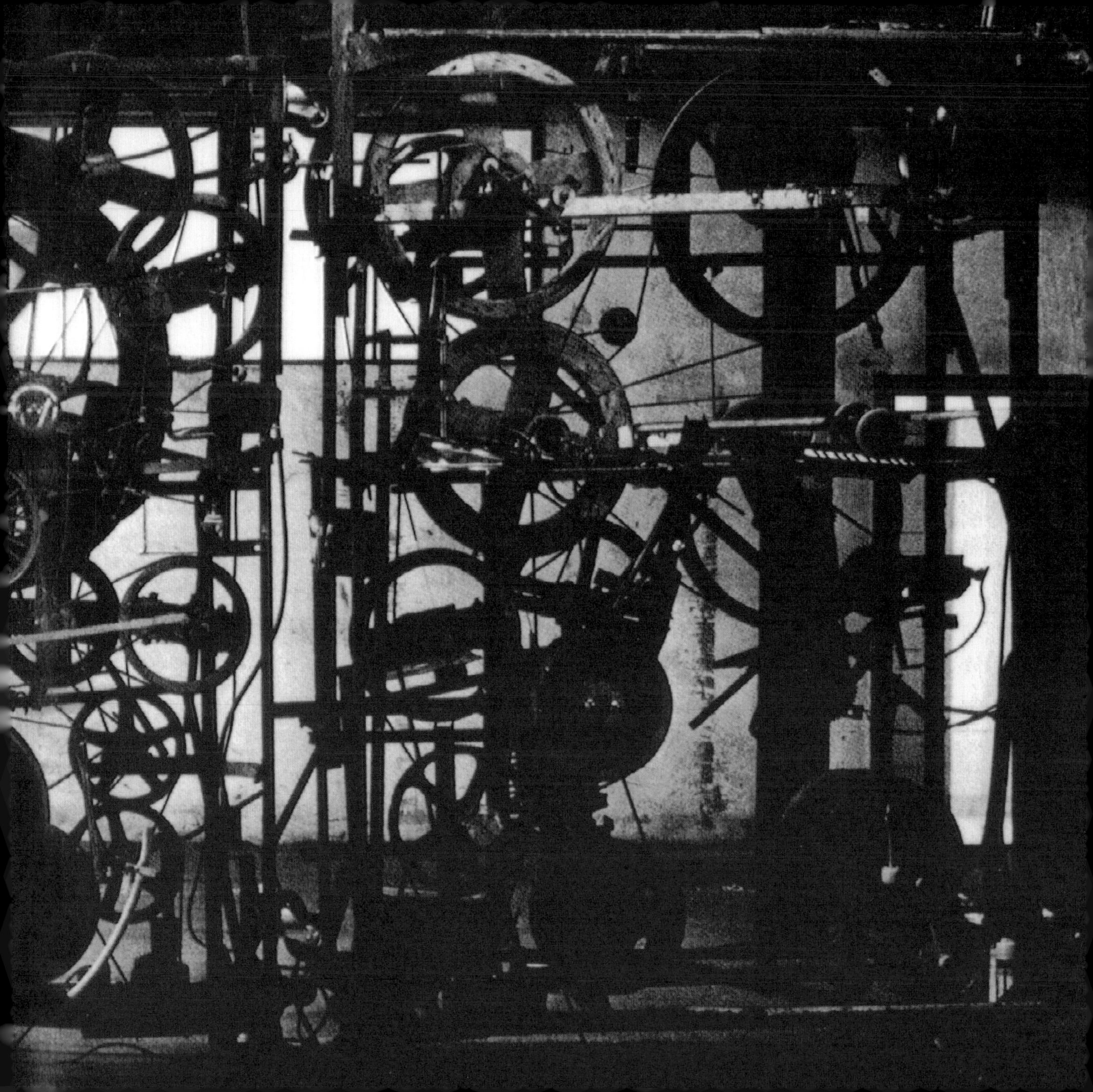

4 Das Rasen der Maschine als Ausdrucksmotiv.

26

Die Maschinenform als Motiv für gebaute Dinge hat ihre eigene Geschichte. In einer ersten Entwicklungsphase der Moderne wird die Silhouette benutzt, den Wechsel und die Geschwindigkeit als erzählerische Themen in die Sprache der Architektur einzuführen. So erinnert die ruhende Masse des Baukörpers gleichwohl an moderne Fahrzeuge (Wagen, Schiffe, Flugzeuge, Raketen). Für die Phantasie des Betrachters liegt der Antrieb in den Bildwirkungen der Form. Große Fahrt wird suggeriert - wie in Landschaftsgemälden - das Ablegen und Abfahren in fremde Länder und damit ein Stich Exotik im Ambiente der Arbeitswelt.

In einer zweiten Phase (1917-24 im russischen Konstruktivismus etwa) wird das Rasen der Maschine pathetisch interpretiert. In seriellen Wiederholungen der Bauteile, in gewaltsamen Dimensionen und vor allem in der exzessiven Darstellung von Höhe und Tiefe wird der Begriff „Arbeit" zum mythischen Thema.
Der Takt der Maschinen erscheint skulptural und bühnenhaft erstarrt.

Erst in einer dritten Phase der Entwicklung dieses Motivs - etwa in den 60er Jahren - wird die Maschine als Bewegungsobjekt - in actu verstanden. Physische Bewegung kommt ins Spiel. Der begehbare Raum ist eine Szene, ein Gerät in Verwandlung. Zuschauer und Benutzer werden als Akteure eingeschleust, die Zonen des Raumes sind Handlungszonen, der Raum verändert während der Handlung sein Gesicht. Zum Raum gehört die Zeit. Die Raumgestalten der Architektur sind szenische Gestalten.

Auf diese dritte Phase aber folgt - in den 90er Jahren - eine vierte. Sie ist durch die Einführung elektronischer Simulationen geprägt. Die Architektur beginnt, Videogeräte nachzuahmen. Nicht Handlungen, sondern elektronisch gesteuerte Bildsequenzen (Lichtvariationen, Filme, Texte, Videos) bestimmen die Verwandlung ihrer Zustände. Der architektonische Raum schrumpft dabei auf Bildflächen mit Fernwirkungen, Handlung gerinnt zu dargestellter Handlung.
„The medium is the message" (Marshal Mc Luhan).
Wie befreien wir das Leben aus seinen Abbildern?

Die Architektur nähert sich erzählerisch dem Gerät, ja dem Fahrzeug, berauschend schön, aber irgendwo abgestellt. Vielleicht liegt gerade heute darin ein gewisser Romantizismus, da der Umgang mit den Fahrzeugen selbst (zum mindesten den elektronisch gesteuerten) an Sinnlichkeit verliert. Ist doch die Geschwindigkeit der sehr schnellen Geräte nur noch höchst indirekt und unkörperlich an Zeigern, Skalen und anderen symbolischen Zeichen ablesbar.

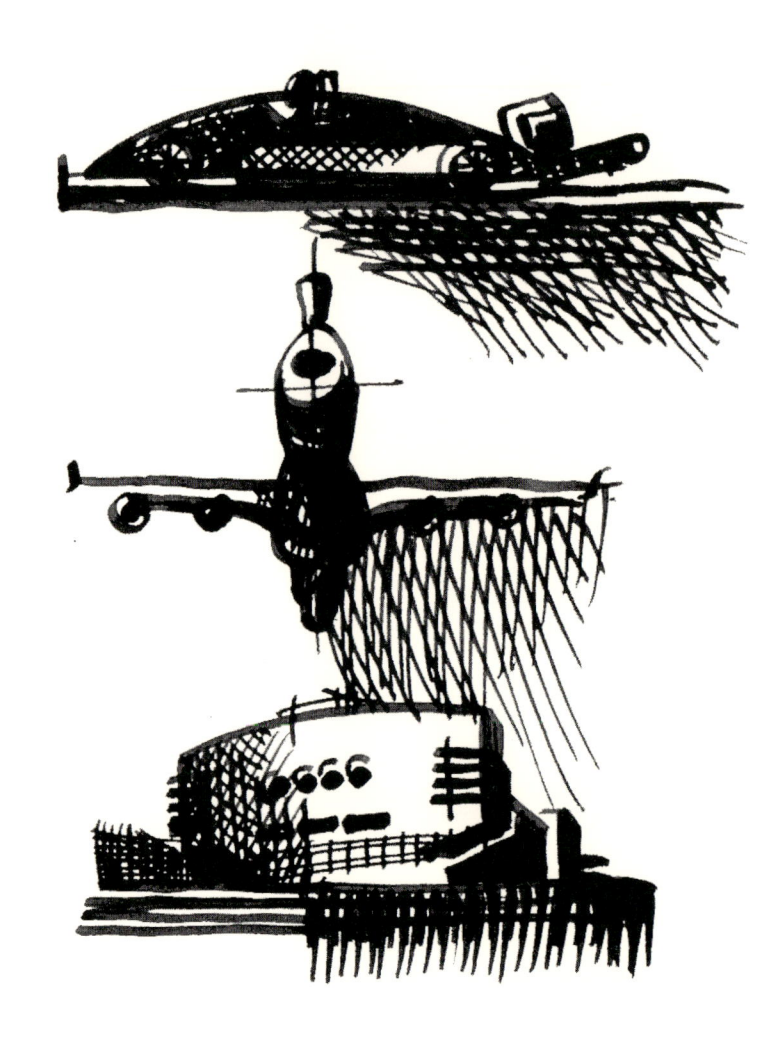

Architektur. Fahrzeug. Flugzeug.

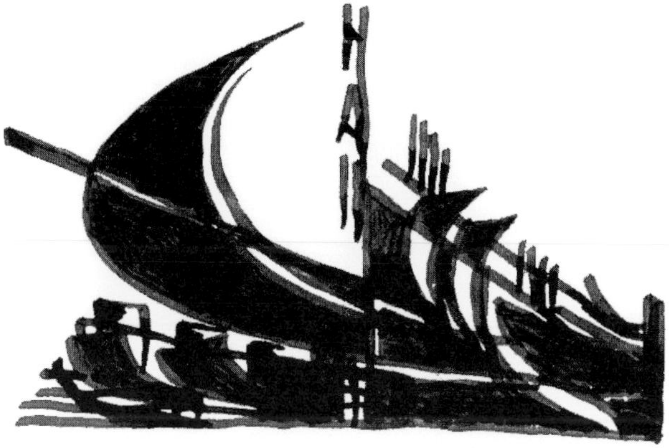
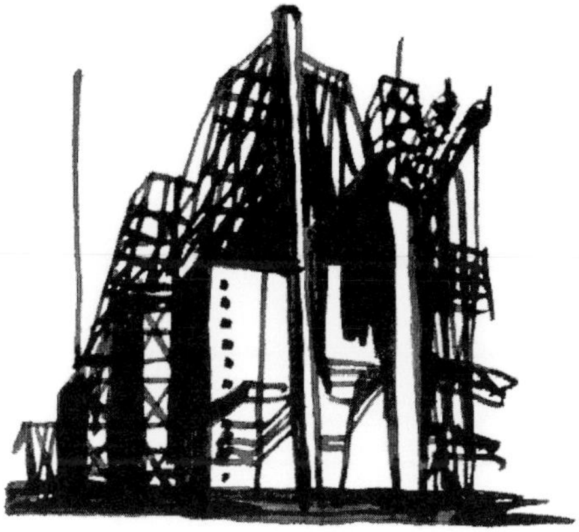
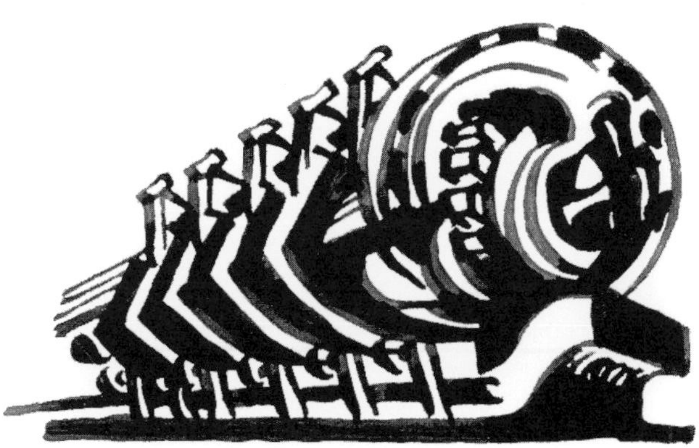
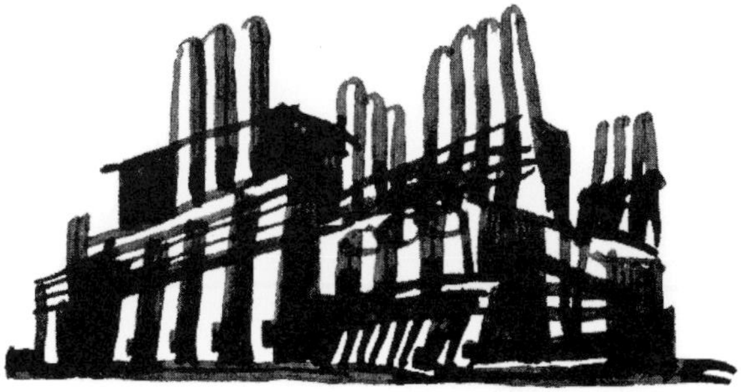
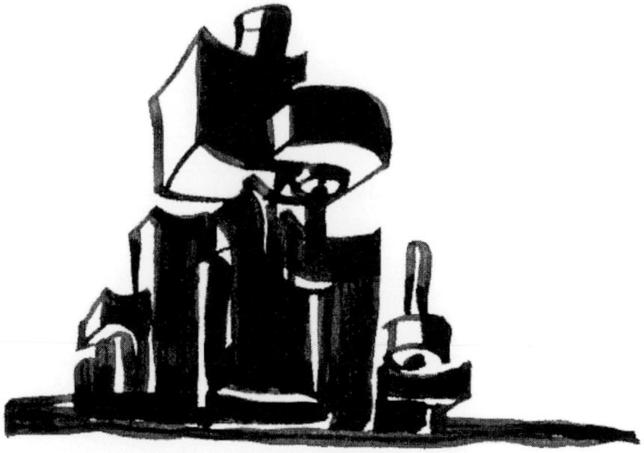
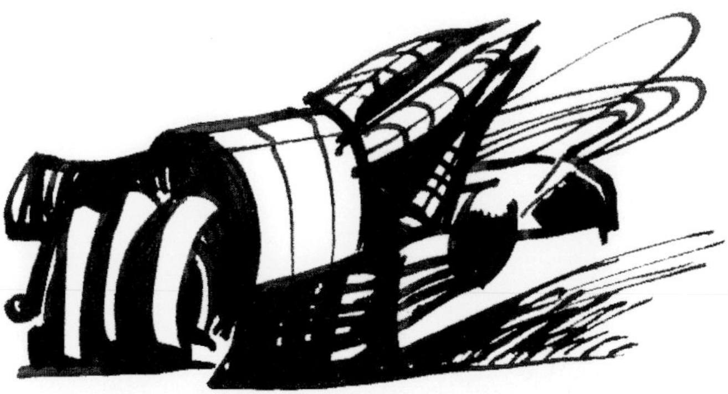

Tasten und Schmerzempfinden. Riechen und Schmecken. Hören und Sehen. Die Potenzierung der sinnlichen Reize. Die Grenze zum Wahnsinn.

Die Reizung dieser Sinnesaktivitäten ist in den „normalen" Erlebnissituationen - oberhalb der Reizschwelle und unterhalb der Wahngrenze - an den vertrauten Umgang mit „Dingen" gebunden, an die Korrespondenz von Ich und Umwelt, die füreinander da sind, einander erzeugen. Menschen können aber - anders als Tiere - aus ihrer Umwelt ausrasten, wahnsinnig sein. Wahn- Welten erzeugen, etwa im Tanz, im Rausch, in der Kunst oder in der religiösen Ekstase. Seit Jahrtausenden gilt das als höchste Lust: durch Potenzierung der sinnlichen Reize die geordnete Umwelt zu verlassen - dicht an der Grenze zum Wahnsinn. Etwa die Haut reizen durch Hitze und Schmerz, Augen und Ohren in Räume stärkster Verfremdung tauchen, oben und unten in Zweifel bringen etc. Der Leibraum beginnt, in der ekstatischen Übertreibung der sinnlichen Reize seine Verläßlichkeit aufzukündigen. Gibt es „die Erde" noch, gibt es noch „Dinge" mir gegenüber - oder nur noch den Wirbel wechselnder Empfindung?

Skizze zu einer „Katastrophentheorie"

Die Lust der Erfindung tastet nach den äußersten Möglichkeiten, will Grenzen übertreten, greift nach dem Horizont. Ähnlich wie sexuelle Liebe will die Sehnsucht nach neuer Gestaltung den Rausch. Sie ist bereit, sich ins Unbekannte fallen zu lassen, in Abgründe, in das Unmögliche, aus dem etwas entstehen muß.

So hält sich der Weg der Erfinder am Rande des Unbeschriebenen und Unbeherrschten. Die Grenzen der Werkzeuge - die „Fahrzeuge" der Erkenntnis - werden infrage gestellt und damit zugleich die Ordnung, die Sicherheit, die Erwartung und alle mühsam gebündelten Konventionen. Der Neugierige ist einsam, sein Land ist der Un-Raum, Ù-topos.

I. Teil der Theorie ▶ Die Bestandsaufnahme der Katastrophen als Phänomene im Erlebnisraum.
Im Vordergrund der Vorstellung erscheinen die Bilder der technischen Katastrophen:
 ☐ der Flugzeugabsturz (Ikarus) ☐ der Zeppelinbrand ☐ der Untergang der Titanic ☐ das Verlöschen der bemannten Weltraumrakete.
Im Hintergrund beunruhigen die Bilder der Naturkatastrophen:
 ☐ die Ausbrüche der Vulkane (Ätna) ☐ die Überschwemmungen großer Flüsse (Oderbruch) ☐ die Dürren in Wüstenlandschaften (Obervolta)
 ☐ die Epidemien (Pest).
Die Bilder der seelischen Katastrophen treten hinzu, vielleicht nicht die Menschheit, aber unsere persönliche Existenz betreffend:
 ☐ der Tod eines nahen Menschen ☐ der Verlust einer Liebe ☐ Sinnverlust, das Gefühl des Verlorenseins ☐ die Entdeckung der Unfähigkeit (Sex, Arbeit, Kreativität, Gesundheit) ☐ die Folgen der historischen und der zukünftigen Kriege ☐ Hungerkatastrophen etc.

Zur Syntax der Katastrophen-Vorgänge (d.h. zur Ordnung ihres Ablaufes) gehören:
 ☐ das Unerwartete ihres Auftritts ☐ das Umkippen einer bekannten, vertrauten, positiven Situation in eine unbekannte, beängstigende, negative ☐ das Erstarren der Beteiligten ☐ die Angsthaltung ☐ die plötzliche Ausweitung der existentiellen Perspektive ☐ aber auch die Ahnung der Alternative im Nullpunkt und eine Art Hellsichtigkeit in der Leben-und-Tod-Situation.

Es geht um die Analyse in drei Ebenen:
 ☐ die Ebene der „Bilder" (Raum) ☐ die Ebene der Verläufe (Zeit) und ☐ die Werte-Skala.

II. Teil der Theorie: „Instrumentalisierung" durch Einführung von Katastrophen in den Ablauf schöpferischer Vorgänge.

Die Arbeit am Neuen braucht Katastrophen-Momente □ Abschiede (Sterben) □ das Abstoßen des Gewohnten (Verlorensein) □ Tod-und-Leben-Fragen (Verlassenheit) □ Entscheidungssituationen (Nullpunkte) □ Zwänge zur Utopie (Hoffnung).

Der 2. Teil der Theorie führt zu der These:
Katastrophensituationen können die Produktion der Hoffnung stimulieren.
Ohne Hoffnung gelingt keine wirklich neuartige Arbeit.

III. Teil der Theorie: Anarchitektur

Was Architektur betrifft:
Ich nenne Anarchitektur die totale Auflösung des Raumes, das Chaosprinzip beim Entwerfen, die Herstellung einer Architekturidee unter Nonsens-Bedingungen. Zum Beispiel: □ zwecklose Architektur (antisozial) □ schwebende, fliegende Bauten (sich selbst und Lasten nicht tragend) □ gebrochene, kippende, aufgelöste Architektur (nicht beständig) □ Feuerarchitektur □ Duft, Licht, Geräusch als Architektur (unsolide, unbrauchbar) □ Worte, Gesten, Bilder, akustische Collagen, die Architektur darstellen, simulieren, andeuten, erinnern (Architekturdarstellung als Architektur) □ Bücher, die davon berichten (Sekundärdarstellungen von Sekundärdarstellungen).

Notwendige Schlußbemerkung

Das Rettende ist die Darstellung. Nicht die Katastrophe ist das katharrtische Moment, sondern die Darstellung der Katastrophe, das in ihr entdeckte Prinzip. Das ist selbst weder bewohnbar noch haltbar noch schön. Es hilft aber, die Bewohnbarkeit der Erde, die Haltbarkeit der Tragwerke und die Schönheit der Architektur neu zu erzeugen.
Das Chaosprinzip wird auf diese Weise zu einer Entwurfsmethode.

Bei den äußersten unerträglichen Wendungen des Schicksals scheint - seit Jahrtausenden Kulturgeschichte - der Untergang eine letzte Formulierung des Schöpfungsprozesses zu sein. Wenn Aufbau, Erfindung und Errichtung - wodurch auch immer - unmöglich werden, bleibt als masochistische Lust der Untergang als Schauspiel. Das Zersplittern, Zerbrechen, Kippen und Versinken der Bauwerke wird zum memento mori eines gedachten Zuschauers, der - außerhalb der Untergangsszene - die Apokalypse selbst zum Gegenstand eines neuen Lebens macht, freilich in der Formulierung eines anderen Mediums, etwa der Malerei, des Films oder der Bühnenkunst.

4.29 Apokalypse. Zersplittern. Zerbrechen als Schauspiel.

Verbrecherische Aufhebung des Raumes.

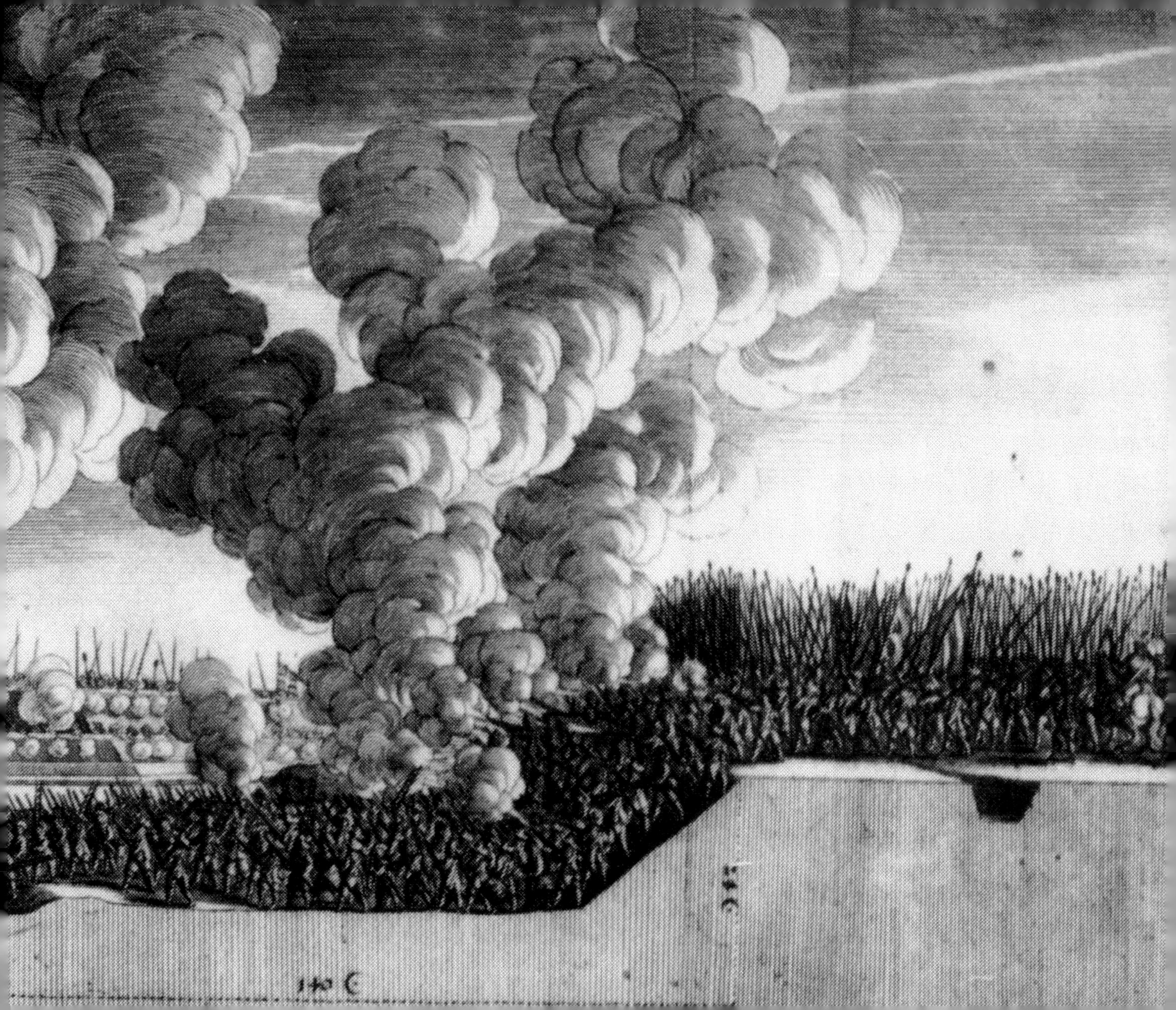

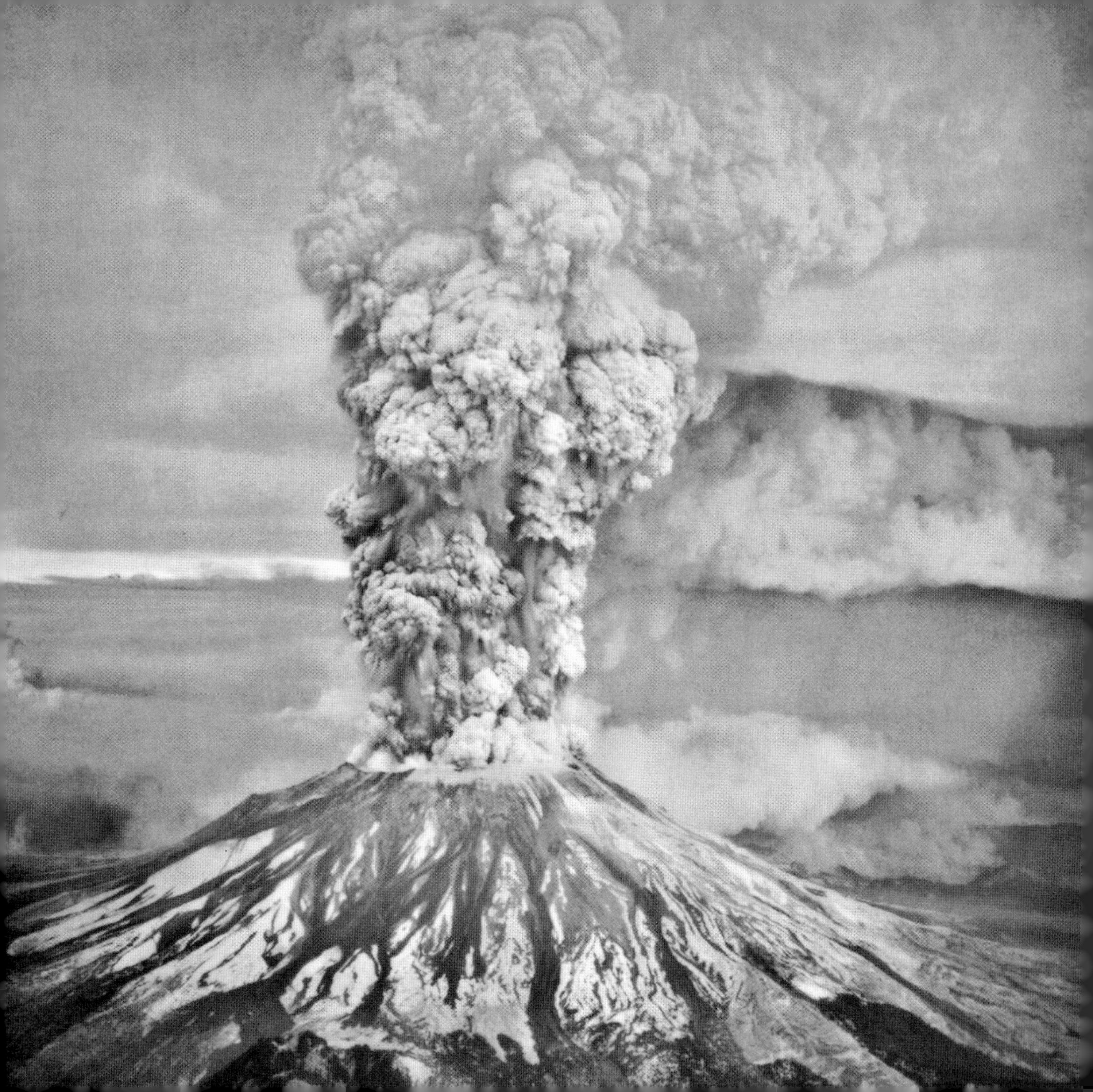

Explosion. Implosion. Heilige Raserei.

4
31

Wahnsinn:
Ausbruch aus dem Selbst.
Das Ich verlieren,
die Erde verlassen,
verglühen, verbrennen,
sich auflösen in Nichts.

Jubelformen an den
Grenzen der Ohnmacht.
Lichtwunden.

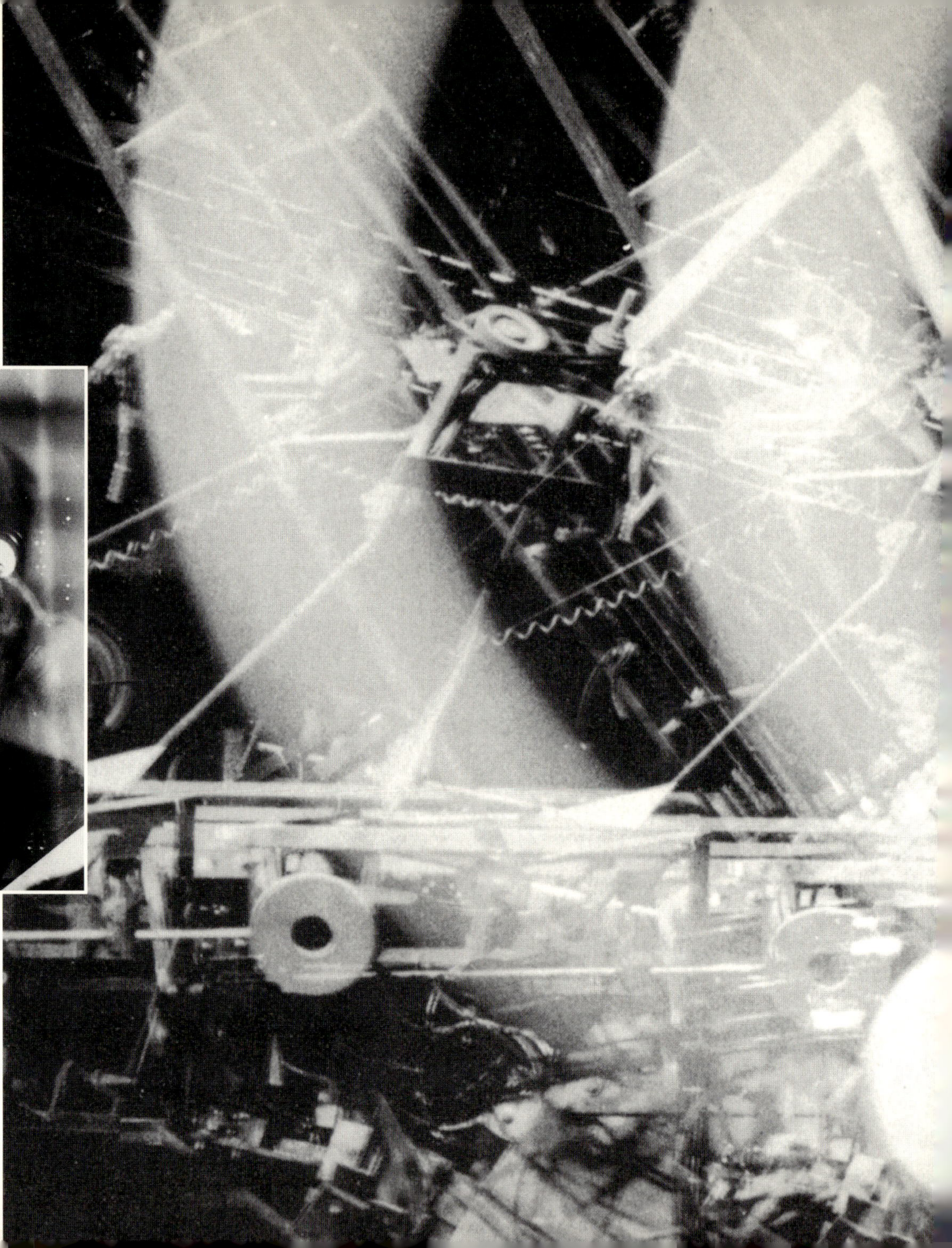
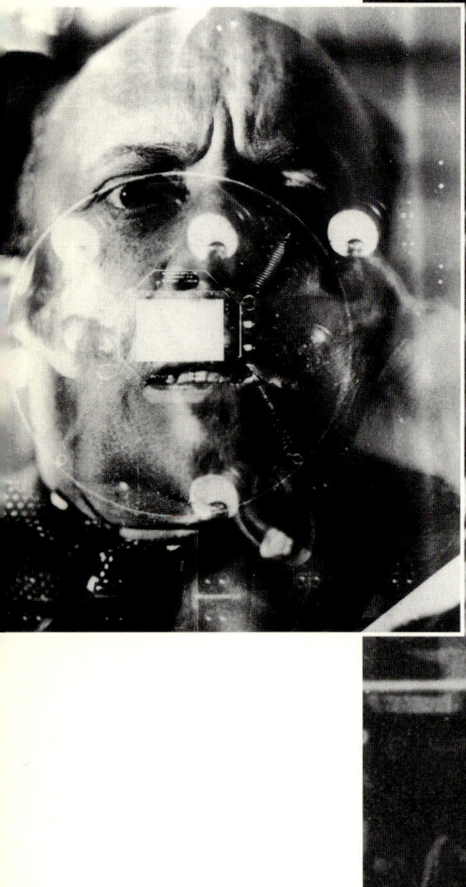

Ekstase. Der Sprung aus dem Raum in die Zeit.

4
32

Anarchitektur.

Das Verschwinden der Architektur.

Die Auflösung des Raumes in der Zeit.

1.1 Der Wagenlenker von Delphi, S. 244, R. Beny, Zeit der Götter, Droemer Knaur 1963 ▪ **1.2** Die Hände des Pantomimen Robert Lemke, Fotos: A. Schrewe ▪ **1.3** Feldzeichen, 1973-1975, S. 37, H.-J. Voth, Zeichen der Erinnerung, Foto: I. Amslinger, Kat. DAM Frankfurt a. M. 1987 ▪ **1.4** Garten Daitoku-ji bei Kyoto, S. 63, K. Inumaru, Die heilige Stadt Kyoto, Atlantis Verl. 1989 ▪ **1.5** Polonnaruva. Rankot Vehera (Ruvanväli), S. 169, M. Bussagli, Architektur des Orients, Belser Verl. 1975 ▪ **1.6** Maison des Directeurs de la Loue, S. 50, Ledoux, Uhl Verl. 1981 ▪ **1.7** Rechte Seite des Theaters von Epidauros (spiegelbildlich verdoppelt), S. 28 / 29, R. Beny, a.a.O. / Salzburg, Dreifaltigkeitskirche, S. 47, C. Norberg-Schulz, Architektur des Spätbarock und Rokoko, Belser Verl. 1975 / Karlsruhe, Ansicht von Norden, C. Thron in J. M. Steidlin, 1739 Planstädte der Neuzeit, Kat. Bad. Landesmuseum Karlsruhe 1990 / C.-N. Ledoux, S. 16, Grundriß der Saline von Chaux 1773, Planstädte der Neuzeit, a.a.O. / Scamozzi, Palmanova 1593, A. Papageorgiou, Stadtkerne im Konflikt, S. 59, Wasmuth 1970 ▪ **1.8** Arkade am Ende der Stoa des Attalus, Agora in Athen, S. 109, R. Beny, a.a.O. ▪ **1.9** Grabmale aus Venezien, S. 23 f, Ultimo Dimore, Kat., Arsenale Editrice, Venezia 1987 ▪ **1.10** 7 Wohnzimmer-Szenen, H. Koebel, M. Sack, Das Deutsche Wohnzimmer, Listverl. 1995 ▪ **1.11** Das Abendmahl in Viridiana 1961, S. 204, Y. David, ¿ BUÑUEL !, Kat. Kunst- und Ausstellungshalle der Bundesrepublik Deutschland, Bonn 1994 ▪ **1.12** Der Platz Vendôme, Paris, S. 60 / Akropolis Athen, S. 102, A. Papageorgiou a.a.O. Piazza San Marco, Venedig, S. 121, A. Papageorgiou, a.a.O. ▪ **1.14** Giza, S. 91, P.L. Nervi (Hg.), Architektur der frühen Hochkulturen, Belser Verl. 1975 / Agora in Athen, S. 93 / Hephesteion, Agora in Athen, S. 90 / Istanbul, Soliman-Moschee, S. 101 / Paris, Place de l'Étoile, S. 64 / Straßburger Münster, S. 82, A. Papageorgiou, a.a.O. / Rom, Forum Romanum mit Septimus-Severus Bogen, S. 17, J. B. Ward-Perkins, Rom DVA 1988 ▪ **1.15** Aufstand in Buenos Aires (1955), S. 334, M. F. Braive, L'Âge de la Photographie, Ed. de la Connaissance 1965 ▪ **1.16** NASA-Bild, S. 161, Erdsicht, Kat. Kunst- und Ausstellungshalle der Bundesrepublik Deutschland, Bonn, Hatje Verl. 1992 ▪ **1.17** Zeichnung L. Woods, One Five Four, Princeton Architectual Press 1989 ▪ **1.18** Der weiße Anzug (1969) S. 179, Coop Himmelblau, Architektur ist Jetzt, Hatje Verl. 1983

Zwischentitel „Anfang und Ende. Schwellenphänomene." Woman climbing up and jumping from saw horse, Plate 144, Muybridge, The human figure in motion, Dover Publications, Inc. / N. Y. 1955 ▪ **2.3** Bronzestatue der Athene (Detail), S. 243, R. Beny, a.a.O. ▪ **2.4** Villa Badoer 1556, S. 119 / Villa Repeta, S. 319 / Lionello Puppi, Andrea Palladio, Deutsche Verlagsanstalt GmbH 1977 / Höhlenwohnung, Qianling, Provinz Shaanxi, S. 33, Jietansie, Peking, S. 63, Ch.-K. Chang / W. Blaser, China, Birkhäuser Verl. 1987 ▪ **2.5** Woman Climbing, Plate 144, Muybridge, a.a.O. ▪ Zwischentitel „Der gerade Weg." Woman walking with hand to mouth, Plate 96, Muybridge a.a.O. ▪ **2.8** Wohnhof, S. 42, Pflasterdetail, S. 142, F. Ch. Wagner, Kato Petali auf Siphnos, Hg. Fachhochschule Düsseldorf 1982 ▪ **2.10** Hauptbahnhof Zürich Schweiz, S. 88 / Containerhafen Hong Kong, S. 89, G. Gerster, Der Mensch auf seiner Erde, Atlantis Verl. 1975 ▪ **2.11** Luftaufnahme der Zufahrten zur George Washington Brücke, New York, Foto Projekt Sky Count, The Port of New York Authority, S. 10, G. Kepes (Hg.), Wesen und Kunst der Bewegung, La Connaissance 1969 / Lokomotive 44, 1958, S. 95, R. Sachsse, P. Keetman, Bewegung und Struktur, Cinubia 1996 ▪ **2.12** Dynamit-Zündhölzchen, Momentaufnahme, S. 12, G. Kepes (Hg.) a.a.O. ▪ **2.13** Hände Fotos: A. Schrewe / Peristyl des Apollon-Tempels von Bassae, S. 237, R. Beny, a.a.O. / Tempeldurchgänge Karnak, Ägypten / Goethes Haus am Frauenplan, Weimar ▪ **2.14** Ohr des Dionysius, Syrakus, Sizilien, S. 175 / Tiryns, Griechenland, S. 125 / Grotte der Sybille von Cumae, Neapel, S. 186 / Mykene, S. 157, R. Beny, a.a.O. ▪ Zwischentitel „Krümmung. Wendung. Kurve." Woman walking downstairs, Plate 121, Muybridge a.a.O. ▪ **2.15** Mary Wigman Tanzgruppe, um 1927, S. 184, Sprung in die Zeit, Kat. Berlinische Galerie, Ars Nicolai 1992 ▪ **2.16** Hände Fotos: A. Schrewe ▪ **2.17** Sportivi, Mosca 1928, S. 38, A. Rodcenko, Gruppo Editoriale Fabbri (Hg.) 1983 (spiegelbildlich verdoppelt) ▪ **2.18** Hände Fotos: A. Schrewe / Kaaba, Mekka, S. 394-395, A. Hopkinson, 150 Jahre Fotojournalismus, Band II., Könemann Verl. 1995 ▪ **2.19** Zufahrt zur George Washington Brücke, S. 10, G. Kepes (Hg.), Wesen und Kunst der Bewegung, a.a.O. ▪ Zwischentitel „Steigung. Gefälle. Auf und ab." Woman climbing ladder, Plate 146, Muybridge a.a.O. ▪ **2.20** Hände Fotos: A. Schrewe ▪ **2.21** Woman climbing ladder, Plate 146, Muybridge a.a.O. / Die Füße des Pantomimen Robert Lemke, Foto: A. Schrewe ▪ **2.22** Himmelstreppe, Marha-Ebene, Marokko, S. 297, H. J. Voth, Tempeltreppe Karnak, Ägypten a.a.O. / ▪ **2.23** Denkmal für die III. Internationale, W. Tatlin, S. 40, S. O. Chan-Magomedow, Pioniere der sowjetischen Architektur, VEB Verl. der Kunst 1983 / Hitler am Brückenberg 1933, S. 87, in A. Hopkinson, a.a.O. ▪ **2.24** Man performing standing broad jump, Plate 30, Muybridge a.a.O. ▪ **2.25** L. Woods, One Five Four, a.a.O. ▪ **2.26** Füße Foto: A. Schrewe / Woman walking downstairs, Plate 121, Muybridge a.a.O. / Grab aus mykenischer Zeit, S. 154, Roloff Beny, a.a.O. ▪ Zwischentitel „Verzögerung. Beschleunigung." Man walking, Plate 4, Muybridge a.a.O. ▪ **2.27** Organische Wandform, S. 108 / 109, W. Blaser, Hofhaus in China, Birkhäuser Verl. 1995 / Garden Gate, Ts'ang-lang T'ing, Soochow, Bild 153, Nelson I. W., a.a.O. ▪ **2.28** Stachus München, S. 93, R. Sachsse, a.a.O. ▪ **2.29** Flüchtlinge in Zambia, Foto: P. Marlow, S. 273, W. Manchester, Zeitblende, Schirmer Verl. 1989 / Eurythmische Übung in der Art Isadora Duncans, S. 31, A. Hopkinson, a.a.O. ▪ **2.30** Justizpalast Chandigarh, S. 191, Le Corbusier 1910-60, Girsberger Verl. 1960 ▪ Zwischentitel „Sisyphus-Phänomene. Der unendliche Weg." Man walking, Plate 4, Muybridge a.a.O. ▪ **2.31** Goldene Spirale, H. J. Voth 1992-1996, S. 121, Ch. W. Thomsen, H.-J. Voth, Zeitzeichen, Lebensreisen, Kat. Prestel Verl. 1994 / Elektronenbahn in einer Bläschenkammer mit flüssigem Wasserstoff, Foto: Alvaroz Group, University of California, S. 9, G. Kepes (Hg.), Wesen und Kunst der Bewegung, La Connaissance, a.a.O. / Wasserwirbel, S. 31, ARCH+ 119 / 120, Dezember 1993 / Sintflut, Leonardo 1516, S. 153, Leonardo da Vinci, Kat. Historisches Museum Speyer 1995 ▪ **2.32** Verknotete Schiffstaue, S. 169, R. Beny, a.a.O. ▪ **2.33** Schraubenpumpe 1960, S. 81, R. Sachsse, a.a.O. ▪ **2.34** Turmbau zu Babel, Pieter Bruegel d. Ä. 1563, Planstädte der Neuzeit, a.a.O. ▪ **2.35** Stürzender Ikarus, S. 154, H.-J. Voth, a.a.O.

3.1 „Zwei Steine sind nie gleich", Nils-Udo, 1978, S. 11, M. Pitzen, Umwelt-Naturkunst, Hg. Frauen Museum, Kat. 1985 / Feldbett Napoleons, S. 42, A. Burgess, Wiege, Bett und Récamier, Südwest Verl. GmbH. u. Co. KG. 1985 ■ **3.2** Le lit Larousse du XXᵉ s., S. 95, H. Juin, le lit, Atelier Hachette 1980 ■ **3.3** Japanisches Bad, S. 173, P. Grilli, D. Levy, Pleasures of the Japanese Bath, Weatherhill 1992 ■ **3.4** Städtisches Bad, Japan, S. 106 / 107, P. Grilli, a.a.O. ■ **3.5** Haus in Neu Mexiko, S. 17, W. M. Ebert, Home Sweet Dome, Träume vom Wohnen, Verl. D. Fricke GmbH 1978 / **3.6** Die Briefschreiberin, J. Mistler, Vermeer, Verl. H. Scrépel 1973 ■ **3.7** Le Colisée, S. 282, Roma Antiqua, Kat. Académie de France à Rome 1985 ■ **3.8** Luis Barragán House, Mexico City 1947, S. 44, A. Salas Portugal (Hg.), Barragán, Rizzoli 1992 / Hofanlage in China, Peking Verbotene Stadt, W. Meisenheimer, Aus dem Tagebuch einer Chinareise, 1987 ■ **3.9** Die Yeni-Kaplidscha, S. 169, U. Vogt-Göknil / E. Widmer, Osmanische Türkei, Office du Livre 1965 / Zwei Schwestern, Foto: I. Cunningham, S. 59, eros, Taschen Verl. 1997 ■ **3.10** W. Meisenheimer, Skizzenbuch Malta ■ **3.11** Innenaufnahme der Vallicelliana-Bibliothek, S. 65, P. Portoghesi, F. Borromini, Belser Verl. 1977 ■ **3.12** Dogon-Dorf, S. 196, Ch. Jencks / G. Baird, Meaning in Architecture, Barrie and Rockliff 1969 ■ **3.13** A. Canova, Monumento funerario al generale Angelo Emo 1792-1793, S. 32, Ultime Dimore, Kat., Arsenale Editrice, Venezia 1987 / Cheops-Pyramide, Ägypten, W. Meisenheimer, Skizzenbuch Ägypten ■ **3.14** Castelvecchio Verona, S. 72, S. Los / K. Frahm, C. Scarpa, Taschen Verl. 1994 / Schloß Tegel, Antikensaal S. 91, W. Volk, K. F. Schinkel, Deutsche Verlagsanstalt 1981 ■ **3.15** Die Nacht, W. Meisenheimer, Skizzenbuch Ägypten ■ **3.16** Die Wüste, W. Meisenheimer, Skizzenbuch Ägypten ■ **3.17** Bhaja. Chaitya-Halle, S. 38 / 39, M. Bussagli, Architektur des Orients, Belser Verl. 1975 ■ **3.18** Mistra, Peleponnes, S. 69, Th. Müller-Alfeld (Hg.), Griechenland und die Inseln der Ägäis, Deutsche Buchgemeinschaft 1963 ■ **3.19** Luis Barragán House, Mexico City 1947, S. 62, A. Salas Portugal (Hg.), a.a.O. ■ **3.20** Tempel Ryoan-ji, Kyoto, S. 91, G. Nischke, Japanische Gärten, Taschen Verl. 1993 ■ **3.23** The Ruins of the Town, S. 39, N.-O. Lund / Ch. W. Thomsen, Collage Architecture, Ernst & Sohn Verlag für Architektur 1990 ■ **3.24** Isfahan, Palastkomplex, S. 346, J. Hoag, Islamische Architektur, Belser Verl. 1976 ■ **3.25** Hortus conclusus. Der Garten als Innenwelt. Chiostro del Paradiso in Amalfi, S. 290 / 291, G. Crespi, Die Araber in Europa, Belser Verl. 1983 ■ **3.26** A punishment cell, Leningrad, 1988, S. 82 / 83, W. Manchester, a.a.O. / Giovanni Battista Piranesi, Carceri d'Inventione, Bilder von Orten und Räumen, Kat. Hamburger Kunsthalle, Hatje Verl. 1994 ■ **3.27** Stalingrad im November 1942, S. 120 / 121, A. Hopkinson, a.a.O.

4

Index

4.1 Rose 1925, S. 9, in Gruppo Editoriale Fabbri (Hg.), T. Modotti / Aerial view of Roden Crater 1980, S. 198, C. Adcock, J. Turrell, University of California Press 1990 / W. Meisenheimer, Skizzenbuch Griechenland ■ **4.2** Überlagerung zweier konzentrischer Kreise, Moiréeffekt, S. 67, Transformation - rotatorische und translatorische Überlagerung, S. 116, H. W. Franke, Phänomen Kunst, Heinz Moos Verl. 1967 / Bewegungsstudie, S. 51, G. Kepes (Hg.), a.a.O. ■
4.3 „Wandlung" Köln 1960, S. 104, G. Zacharias, Ballett - Gestalt und Wesen, Du Mont 1962 / Transportlage, S. 100, J. Tschernichow, Konstruktion der Architektur und Maschinenformen, Birkhäuser Verl. 1991 / P. Fischli und D. Weiss: Die gefeierte Rübe, S. 117, Daidalos Nr. 37, September 1990 ■ **4.4** Bronzezeitliche Hügelgräber, S. 226, G. Gerster, a.a.O. / Der Ryu-ten, der „Tee-Laden am Gartenbach", S. 196, G. Nitschke, a.a.O. ■ **4.5** B. Bordnick, Akt I, 1982, S. 55, eros, a.a.O. ■ **4.6** Haus Renker, Langenboich, Foto: W. Meisenheimer / Alhambra. Saal der Könige, S. 191, G. Crespi, a.a.O. ■ **4.7** Würzburg, Residenz, Kaisersaal, S. 264, Ch. Norberg-Schulz, Architektur des Spätbarock und Rokoko, Belser Verl. 1975 / Teilansicht des Palazzo Centrale der Villa Rufolo (Salerno), S. 289, G. Crespi, a.a.O. ■ **4.8** Eisstadion München 1958, S. 99, P. Keetman, Bewegung und Struktur, Cinubia 1996 / The Louis-Walcott fight, Madison Square Garden 1947, S. 98 / Divison Street, S. 153 / Ninth Avenue, Harlem, S. 149, A. Feininger, New York in the forties, Dover Publications, NY 1978 ■ **4.9** Amusement rides at Coney Island, S. 144, A. Feininger, a.a.O. / Mobile Werkstatt von Renzo Piano, S. 47 Arch- Nr. 107, März 1991 / Instant City Airships, S. 52, Outriders of the Layer City, S. 109, P. Cook, a-u Nr. 12, 1989 ■ **4.10** Instant City, S. 93, P. Cook, Archigram, Praeger Publishers NY, 1973 / Times Square by day and night, S. 90, A. Feininger, a.a.O. / Times Square NY, S. 98, Ch. W. Thomsen, Bauen für die Sinne, Prestel Verl. 1996 ■
4.11 Die Hochzeit zu Kana, S. 71, C. de Tolnay, Hieronymus Bosch, Holle Verl. 1965 ■ **4.12** B. Passow und Ensemble, H. Müller, N. Servos, G. Weigelt, P. Bausch, Wuppertaler Tanztheater, Ballett-Bühnen-Verl. 1979 / Palazzo della Sapienza, Innenansicht, S. Ivo, Blick auf die Kuppel von einem der Domportale, S. 87, Ansicht der Kuppel von unten, S. 88, P. Porthoghesi, F. Borromini, Belser Verl. 1977 ■ **4.13** Le vol du goéland, S. 92 / 93, F. Dagognet, É.-J. Marey, Hazan, Paris 1987 ■ **4.14** Licchavi-Chaitya, Chabahil, S.281, L. S. Bangdel, Nepal, E. A. Seemann Verl. 1987 / Konzentrische Gruppe, 1925, Württembergischer Kunstverein, Oskar Schlemmer, Kat. Staatsgalerie Stuttgart 1977 ■ **4.15** Signal Hill oil field, S. 32, A. Feininger, Industrial America 1940-1960, Dover Publications, Inc., NY 1981 ■ **4.16** Rom, Vatikanischer Palast, S. 182, F. Borsi, G. L. Bernini, Belser Verl. 1983 / Anonymus, Schule von Delft, Perspektivisches Kabinett, Plate 39, Anamorphoses, Kat. H. N. Abrams, NY 1976 / Palazzo della Sapienza, Innenansicht S. Ivo, S. 89, P. Porthoghesi, a.a.O. ■ **4.17** Sylvette, Vallauris 1954, S. 273, W. Spies, Picasso, Das plastische Werk, Kat. Kunsthalle Düsseldorf, Hatje Verl. 1984 / Coop Himmelblau, Funderwerk 3, Innenaufnahme Glaseck, S. 79, Ch. W. Thomsen, Experimentelle Architekten der Gegenwart, Du Mont 1991 ■ **4.18** Detail, Plenarsaal des Deutschen Bundestages, Bonn, S. 77, Behnisch und Partner, Hatje Verl. 1993 / Schnittmodell, S. 175, El croquis, Nr. 80 1996, Daniel Libeskind ■
4.19 Mysterious Architecture, 1982, S. 56, N.-O. Lund, Collage Architecture, Ernst und Sohn 1990 ■ **4.20** C. Ikeda in Utt, S. 149, M. Haerdter, S. Kawai, Butoh, Alexander Verl. 1986 ■ **4.22** Kupfer-Silizium-Legierung, S. 35, G. Kepes (Hg.), Struktur in Kunst und Wissenschaft, La Connaissance, 1967 / Das Eismeer, C. D. Friedrich, S. 159, E. Roters, Jenseits von Arkadien, Du Mont 1995 / Modell, S. 181, El croquis, Nr. 80 1996, a.a.O. ■ **4.23** S. van Hoofstraten, Perspektivisches Kabinett, Plate 44, Anamorphoses, a.a.O. / Zylinderanamorphose, Buchumschlag, Anamorphoses, a.a.O. ■ **4.24** C. Ikeda in Zarathustra, S. 149, Min Tanaka, S. 81, M. Haerdter, S. Kawai, a.a.O. / Min Tanaka, S. 81, Butoh, a.a.O. ■ **4.25** Biomechanical tower, D-QUAD, 190: Geothermal livinglab, D-QUAD, OAN: Biomechanical and biodynamic towers, QUAD 19, with central photon accumulator, L. Woods, Centricity, Kat. Ardes 1987 / Ch. Rudolph, Palucca, 1922 / 24, Sprung in die Zeit, Kat. Berlinische Galerie Museum für Moderne Kunst, Photographie und Architektur, Ars Nicolai Verl. 1993 ■ **4.26** Meta-harmony I, 1978, S. 272 / 273, P. Hulten, J. Tinguely, A Magic Stronger than Death, Gruppo Editoriale Fabbri 1987 / Airplane engines, S. 137, A. Feininger, a.a.O. ■ **4.27** Fluggleiter, S. 257, N. Yapp, 150 Jahre Fotojournalismus, Band I, Könemenn Verl. 1995 ■ **4.28** Otto Mühl, S. 36, Aktionismus, Aktionsmaler, Wien 1960-65, Kat. Österreichisches Museum für angewandte Kunst, Wien 1989 ■ **4.29** Zaha Hadid, Verden 1983, S. 65, Louisiana Revy, Nr. 2, Februar 1993 ■ **4.30** Sturm auf dem Festungswerk von Fredericia, S. 59, Planstädte der Neuzeit, a.a.O. ■ **4.31** Eruption des Mt. St. Helens Vulkans in Californien, S. 151, Erdsicht, Kat. Kunst- und Ausstellungshalle der Bundesrepublik Deutschland, Hatje Verl. 1992 / La Argentina (A. Mercé), S. 71, M. Haerdter, S. Kawai, Butoh, a.a.O. ■ **4.32** F. Demanins, Marinetti à la Radio, 1932, Sprung in die Zeit, a.a.O. / Chaos I, 1973-1974, S. 223, P. Hulten, J. Tinguely, a.a.O.

► Alle nicht gesondert aufgeführten Fotos und Zeichnungen: Wolfgang Meisenheimer.

Das also

ist meine Sammlung von möglichen Unterscheidungen. Nehmt davon, Freunde, was Euch berührt, in Eure Versuche, Entwürfe und Analysen auf. Aus den Skizzenbüchern ist ein Ideensystem geworden, das den Vergleich ähnlicher Phänomene betrifft, - für mein Verständnis eine Art „Denk-Werkstatt".

Ich stelle mir vor, Ihr zögert ein wenig, dann tretet Ihr ein! Nicole, Benedikt, Konrad, Georg, Knud, Ali, Silvia, Renate, Manuel, Günter, Sonja, Gerda, Susanne, Axel, die Freunde aus Gnadenthal und Rolduc und alle die anderen.

Für wissenschaftliche Mitarbeit (Susanne Annen) und grafische Gestaltung (Uli Meisenheimer) meinen besonderen Respekt und Dank! WM "ad 23", Veröffentlichung der Fachhochschule Düsseldorf, 1999

Wissenschaftliches Konzept: Wolfgang Meisenheimer
Text + Zeichnungen: Wolfgang Meisenheimer
Wissenschaftliche Mitarbeit: Susanne Annen
Grafische Gestaltung: Uli Meisenheimer
Druck: Schloemer & Partner GmbH, Düren
Auslieferung: Buchhandlung Walther König, Köln
Papier: Gardapat 13, 135 g, Schneidersöhne
1. Auflage: 1500

ISBN 3-923669-55-0